学前教育专业规划教材

学前儿童健康教育

XUEQIAN ERTONG JIANKANG JIAOYU

主　编　胡　莉

副主编　申晓燕　曾　莉　谌铜平

编　委　胡若雪　王　芳　张娜娜

彭　曦　沈天竹

西南师范大学出版社

国家一级出版社　全国百佳图书出版单位

图书在版编目(CIP)数据

学前儿童健康教育 / 胡莉主编. — 重庆 : 西南师范大学出版社, 2018.6(2021.9重印)

ISBN 978-7-5621-9382-1

Ⅰ. ①学… Ⅱ. ①胡… Ⅲ. ①学前儿童 – 健康教育 – 高等职业教育 – 教材 Ⅳ. ①G613.3

中国版本图书馆CIP数据核字(2018)第102993号

学前儿童健康教育

XUEQIAN ERTONG JIANKANG JIAOYU

胡　莉　主编

策　　划：杨景罡　钟小族

执行策划：熊家艳　周明琼　翟腾飞

责任编辑：胡秀英

装帧设计：尚品视觉 CASTALY　周　娟　钟　琛　何欢欢

排　　版：王　兴

出版发行：西南师范大学出版社

地址：重庆市北碚区天生路2号

市场营销部：023-68868624

邮编：400715

印　　刷：重庆长虹印务有限公司

幅面尺寸：185mm×260mm

印　　张：16.75

字　　数：296千字

版　　次：2018年8月　第1版

印　　次：2021年9月　第3次印刷

书　　号：ISBN 978-7-5621-9382-1

定　　价：45.00元

学前教育专业规划教材

总主编

杨晓萍

温馨提示

本书配有丰富的教学资源(PPT、教学设计、教学案例……)

可扫描上方二维码进行浏览,获取原版资源请联系我们!

联系电话:023-68252455　熊老师

ZONGXU 总序

党的十九大报告指出,我国社会主要矛盾已经转化为人民日益增长的美好生活需要和不平衡不充分的发展之间的矛盾。在学前教育领域,就是人们日益增长的对高质量学前教育的需要和学前教育质量不平衡不充分发展之间的矛盾。目前幼儿教师的专业性薄弱成为制约学前教育发展的关键因素。为了满足社会对优质学前教育人才的需要,我国必须建立健全应用型学前人才培养机制。2010年,《国务院关于当前发展学前教育的若干意见》中指出“师资队伍不健全”是学前教育薄弱环节的主要表现之一,提出要“完善学前教育师资培养体系”;2014年,《国务院关于加快发展现代职业教育的决定》再次强调:“在学前教育、护理、健康服务、社区服务等领域,健全对初中毕业生实行中高职贯通培养的考试招生办法。”可见,师资培养已经成为当前学前教育发展的重中之重。

教材建设是幼儿教师教育改革的重要环节,直接影响着未来幼儿教师的专业素养。我们立足于学前教育师资培养的实际,着眼于夯实学生的基本理论和基本能力,培养符合时代要求、具有良好专业素养的新型幼儿教师,力求体现时代性、科学性和实践性,组织编写了本套教材。教材的特色体现在以下几个方面:

1.编写队伍上,阵容强大,经验丰富

本套教材的主编、副主编及参编人员来自各级各类院校、教研机构以及一线名园,均长期从事相关专业工作,有着扎实的理论基础和丰富的实践经验。

2.内容选择上,以生为本,适应学情

教材编写强调以学生为中心,融合“教材即学材”的理念,符合职业教育的培养目标与学生认知规律,适应学生的学习能力和自主学习的需要。

3.呈现形式上,创新模式,易教利学

融入多种板块(如学习目标、学习重难点、知识结构图、案例导入、本章小结、思考与练习)和学习材料(资料链接、人物介绍、拓展阅读),部分学科采取以项目执行来设置教学单元,增强了可读性,易教利学。

4.配套资源上,立体建设,拓展资源

配合教学中的教、学、做、测各环节,采用不同的技术手段,开发了多样的教学资源,具体包括PPT、典型案例、题库、名师名课视频等等,为教学提供全面支持。

总之,本系列教材注意了课程结构,反映了各门课程结构之间的联系和衔接,内容分配合理,既相互联系又相互区别,在帮助学生尽快掌握幼儿教育的基本理论和从事幼儿教育工作最基本的工作技能等方面做了有益的探索。

最后,要感谢参与本系列教材编写和审稿的各位老师所付出的大量辛勤劳动,也要感谢西南师范大学出版社职业教育分社的编辑们对本系列教材的支持和编辑工作。由于编写时间紧、人员能力有限等原因,本套教材还存在一些不足。在使用本教材的教师和学生的关心和帮助下,我们会不断改进和完善这套教材,促进我国学前教育专业的教学改革和课程建设,提高人才培养质量,进而促进学前教育质量的提升。

2018年6月

QIANYAN 前言

健康是学前儿童成长的关键部分，不仅是身体健康，更是心理健康以及社会适应等方面良好状态的整体呈现。学前儿童健康教育对幼儿健康的态度和意识的形成，对健康行为习惯和生活方式的养成至关重要。

为满足学前教育专业学生对学前儿童健康教育课程的需求，本书根据学前教育专业人才培养的国家要求、行业岗位能力需求以及专业技能要求进行设计和编写。全书立足于培养学前教育专业学生的学前教育理念、学前健康教育意识和教学综合运用能力，强调以“学生为中心”，融合“教材即学材”的理念，编写时注重选取面向专业要求、适应岗位需求、符合行业要求的内容，适应专业学生的学习能力和自主学习的需要。本书具有三大特点。一是理论适度够用，重能力培养。相关理论不片面追求学理性叙述，而是以提升学生运用能力为核心，将健康领域专业知识变得通俗化、生活化、游戏化。二是编写模式创新，重易教利学。结合现在的学生乐于学习和使用新媒体技术的特点，教材在编写时适当调配内容与案例的比例，增加新媒体资源，融入多种学习板块和学习材料，使教材易教利学，可读性增强。三是以国家需求为导向，重课程针对性。根据学生未来的岗位需求，紧密结合国家幼儿教师资格考试大纲和标准，提炼考点与教学重难点对应度，做到章章有重点，节节有考点，真题解析与真题模拟有针对性、实效性。

本书编写紧密结合《教师教育课程标准(试行)》、《幼儿园教育指导纲要(试行)》、《3–6岁儿童学习与发展指南》、《幼儿园教师专业标准(试行)》以及《幼儿教师资格考试大纲》等文件,最终确定了八章内容。第一章是学前儿童健康教育概述,着重介绍健康与学前儿童健康教育的概念、学前儿童身体发育的特点和规律,学前儿童健康教育对教师专业素养的要求;第二章是学前儿童健康教育的基本问题,着重介绍学前儿童健康教育的目标、内容、实施以及评价;第三章至第八章,分别就学前儿童生活习惯和生活能力、身体保健、饮食与营养、安全与自我保护、心理健康以及学前儿童体育等方面进行论述。

教材的编写充分体现"产教融合"理念,选配多年从事学前教育理论研究者、高校专职教师、知名幼儿园园长及骨干老师组成编写组。编写组在多年从事职业教育教学管理的主编胡莉的带领下,严谨认真,群策群力,在通力合作的基础上历经调研论证、大纲编写、资源采集、初稿讨论、内容修改等过程,反复对教材的结构体例、观点内容、编写规范、资源建设等方面进行研讨,确保教材质量。参加本书编写的人员分工执笔情况如下:第一章由胡若雪、胡莉编写,第二章由王芳编写,第三章由申晓燕、曾莉编写,第四章和第五章由张娜娜编写,第六章由申晓燕、胡莉编写,第七章由彭曦编写,第八章由沈天竹、谌铜平编写,全书由主编胡莉统稿。

本书付梓得益于西南大学教育学部李静教授、西南师范大学出版社社长及编辑老师在理论上的指导,重庆文化艺术职业学院、西南医院附属幼儿园在编写及素材资源建设上的鼎力支持,在此深表感谢。本书在编写过程中参阅和借鉴了许多专家、学者的研究成果,除了文献所列之外,未能详尽之处敬请谅解,在此一并表示衷心的感谢。

由于时间仓促,加之编者水平有限,书中难免有疏漏之处,恳请各位老师批评指正,衷心致谢!

MULU 目录

第 1 章
学前儿童健康教育概述

在生活中，我们经常看到这样的现象：“快点画画！”“快点看书！”“快点写作业！”家长不断地对孩子发出完成学习任务的指令，而根本不管孩子画画时弯着腰、弓着背，做题时眼睛都快贴到本子上了……只重视孩子知识的获取而忽视健康教育。[①]

著名教育家洛克在他的《教育漫画》中提到：“健康之精神寓于健康之身体，凡是身体、精神都健康的人就不必再有别的什么奢望了。身体、精神有一方面不健康的人，即使得到了别的种种，也是徒然。”健康是人生的首要财富，是正常学习、生活、工作的必要条件。而健康教育是儿童健康成长的基础，那么，什么是儿童健康教育呢？本章从健康教育的内涵出发，重点对影响儿童健康的因素、儿童身体发育的规律和特点以及健康教育对教师专业素养的要求三个方面进行讲解。

①管旅华.《3—6岁儿童学习与发展指南》案例式解读[M].上海：华东师范大学出版社，2013.

【学习目标】

1. 了解学前儿童健康教育内涵、影响健康的因素；掌握学前儿童身体发育的特点与规律；掌握幼儿教师的专业素养。

2. 能够对影响学前儿童健康的因素进行辨别并运用。

3. 能够树立正确的幼儿教师职业道德观，热爱幼教事业。

【学习重难点】

1. 掌握影响健康的因素，学前儿童健康教育对教师专业素养的要求。

2. 掌握学前儿童身体发育的规律与特点，学前儿童教师的专业知识与专业技能要求。

【知识结构图】

- 学前儿童健康教育概述
  - 学前儿童与健康教育
    - 什么是健康
    - 学前儿童健康教育的内涵
    - 影响学前儿童健康的因素
  - 学前儿童生长发育的特点与规律
    - 学前儿童生长发育特点
    - 学前儿童生长发育规律
  - 学前儿童健康教育对教师专业素养的要求
    - 幼儿教师的职业道德
    - 幼儿教师的专业知识与专业能力
    - 幼儿教师保育和教育的态度和行为
    - 幼儿教师一日生活的组织和保育能力

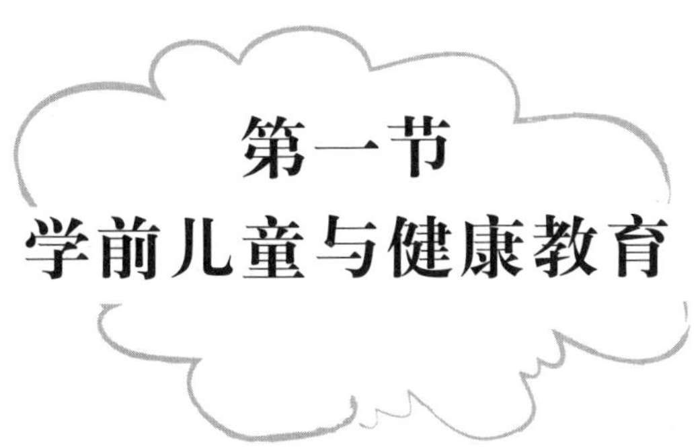

第一节
学前儿童与健康教育

一、什么是健康

（一）健康概念的演变

健康是一个发展的概念，纵观历史不同时期，人们对于疾病和健康概念的理解有所不同。

在人类社会发展的早期，生产力发展水平极为低下，人们在与大自然搏斗的过程中，失去健康便无法生存，那时的健康等同于生命，因此称为“健康的生命观”。

随着历史发展、社会进步，人类可以治疗和预防疾病，延长生命。因此，在很长的历史时期中，个体是否健康是以是否患病和患病程度来衡量。

进入20世纪后，随着人们对保护健康、防御疾病经验的逐步积累，人们逐渐意识到心理、社会因素在健康与疾病中起着不容忽视的作用，因此，疾病的发生和变化，由生物层次深入到心理与社会层次。1947年，世界卫生组织（WHO）在成立宪章中指出“健康是心理、生理和社会的健全状态，而不只是没有疾病”，强调了健康不仅是没有疾病，还应是身体、心理和社会适应三方面的结合。1989年，世界卫生组织对健康的概念进行了深化，指出“健康应包括躯体健康、心理健康、社会适应良好和道德健康”，之后又将“道德健康”修改为“道德完善”。这是对健康较为科学、全面、系统、完整的定义。

此外，健康具有整体性、动态性、客观性、主观性和调适性五大特性。整体性指健康是人与环境之间、心与身之间整体关系和谐、健全；动态性指健康与疾病之间存在多种可以相互转化的状态，不一定存在明确界限；客观性指个体身体状况可以运用一定的客观指标加以衡量与测定，从而判定是否健康；主观性是指个体的主观感觉是反映健康的重要标志；调适性指健康本身意味着有机体能够有效地适应内外环境、有效应对各种未来威胁的能力。[①]

（二）健康的标准

从世界卫生组织对健康概念的四大要素进行分析：

躯体健康是指身体各器官组织结构完整，发育正常，功能良好，各项生理生化指标正常，具有生活的自理能力。

心理健康是指个体人格发展健全，智力、情感、意志行为活动正常，能够正确认识自己，及时调整自己的心态，人际关系良好。

社会适应能力良好指个体有较强的社会适应能力，能与社会保持良好的接触，对社会有清晰、正确的认识，既有远大的理想和抱负，又不会沉湎于不切实际的幻想和奢望，注重现实与理想的统一。

道德健康指个体能够履行社会的、对他人应尽的义务，不违背自己的良心，不以损害他人的利益来满足自己的需求，具有辨别真伪、善恶、美丑、荣辱等是非观念，能按照社会行为的规范准则来约束自己及支配自己的思想和行为。

世界卫生组织的健康标准：

（1）有足够充沛的精力，能从容不迫地应付日常生活和工作的压力，而且不感到过分紧张与疲劳。

（2）处事乐观，态度积极，乐于承担责任，事无大小，不挑剔。

（3）善于休息，睡眠良好。

（4）应变力强，能适应外部环境的变化。

（5）能抵抗一般性感冒和传染病。

（6）体重得当，身材均匀，站立时，头、肩、臀位置协调。

（7）眼睛明亮，反应敏锐，眼睑不易发炎。

（8）牙齿清洁，无龋齿，无痛感，牙龈颜色正常，无出血现象。

（9）头发有光泽，无头屑。

（10）肌肉丰满，皮肤有弹性。

二、学前儿童健康教育的内涵

（一）学前儿童健康教育的概念

1988 年，第十三届世界健康教育大会提出关于健康教育的定义：健康教育是

① 教育部基础教育司.《幼儿园教育指导纲要（试行）》解读 [M]. 南京：江苏凤凰教育出版社，2002.

一门研究以传播保健知识和技术、影响个体和群体行为、预防疾病、消除危险因素、促进健康的科学。健康教育的教育活动是有计划、有组织、有系统、有评价的，它的核心是教育人们树立健康意识，养成良好的行为和生活方式。

学前儿童健康教育是健康教育的基础，它根据学前儿童身心发展的特点，提高学前儿童的健康认识，树立学前儿童的健康态度，培养学前儿童的健康行为，是保持和促进学前儿童健康的系统的教育活动。它的关键是使幼儿形成健康的行为。

（二）学前儿童健康的标志

幼儿的生理健康是指幼儿各个器官、组织的生长发育正常，没有生理缺陷，能有效抵抗各种急、慢性疾病，体质不断增强。《3—6岁儿童学习与发展指南》中指出："健康是指人在身体、心理和社会适应方面的良好状态。"因此，衡量学前儿童健康的标准，主要可从以下三个方面进行。

1. 身体健康

幼儿生长发育良好，体型正常，身体姿势端正；机体对内外环境有一定的适应能力；体能发展良好。

2. 心理健康

幼儿动作发展正常，认知发展正常，情绪积极向上，人际关系融洽，性格特征良好，没有严重的心理卫生问题。

3. 良好的社会适应力

幼儿能较快地融入集体生活；乐于与人交往合作，有良好的人际关系；能主动、积极地承担各种压力，以保持自己与环境之间以及自身内在的平衡。

（三）学前儿童健康教育的意义

1. 学前儿童健康教育是保护幼儿健康成长的需要

《幼儿园教育指导纲要（试行）》中指出："幼儿园必须把保护幼儿的生命和促进幼儿的健康放在工作的首位。"幼儿生长发育十分迅速，但其个体器官的生理机能远未发育成熟，组织比较柔嫩，可塑性强但独立生活能力差，活动欲望强烈但自我保护意识薄弱。因此，要提供一切有利因素促进学前儿童生长发育，增进和维护学前儿童身心健康。

2. 学前儿童健康教育是幼儿教育的重要组成部分

幼儿教育的内容是全面的、启蒙性的，可以相对划分为健康、语言、社会、科学、艺术等五个领域。《幼儿园工作规程》中指出，幼儿园的主要任务是“实行保育与教育相结合的原则，对幼儿实施德、智、体、美全面发展的教育，促进其身心和谐发展”。学前儿童健康教育在促进幼儿身心健康发展的同时还能促进其他领域的发展。如在健康教育活动中包含着人体美、姿态美、动态美的审美内涵；包含着合群共享、有爱协助、勇往直前的美好品质。

3. 学前儿童健康教育是幼儿健康成长的基础

学前教育是终身学习的开端，是国民教育体系的重要组成部分。《3—6岁儿童学习与发展指南》中指出：“幼儿阶段是儿童身体发育和机能发展极为迅速的时期，也是形成安全感和乐观态度的重要阶段。发育良好的身体、愉快的情绪、强健的体质、协调的动作、良好的生活习惯和基本生活能力是幼儿身心健康的重要标志，也是其他领域学习与发展的基础。”幼儿时期的健康教育不仅能提高幼儿的生命质量，而且能为终身健康奠定良好的基础。

4. 学前儿童健康教育是国家、社会发展的需要

《中共中央国务院关于深化教育改革，全面推进素质教育的决定》指出：“健康的体魄是青少年为祖国和人民服务的基本前提，是中华民族旺盛生命力的体现。”因此学前儿童的健康是提高人口素质、民族素质的重要保证。

三、影响学前儿童健康的因素

影响幼儿健康的因素是多方面的，概括起来主要包括生物因素和环境因素。

（一）生物因素

1. 遗传素质

遗传素质是指有机体通过遗传获得的生理构造、形态、感官和神经系统方面的解剖生理特征。现代医学发现，人类的多种疾病都与遗传因素有关，某些先天的缺陷、变异、老化等导致身体发育畸形、代谢障碍、内分泌失调和免疫功能异常，如兔唇、21-三体综合征等。自然流产儿中，部分由于染色体异常引起；新生儿中，部分有先天缺陷，其中大部分由遗传因素所致，因此，重视遗传因素对健康的影响具有特殊意义。

2. 机体损伤

各种病原微生物，如细菌、病毒、真菌等在人体内的繁殖会引发新陈代谢紊

乱、生理功能障碍，最终导致罹患各种疾病。例如由病原微生物引起的霍乱、伤寒、脊髓灰质炎等疾病，幼儿机体抵抗力不足，容易受到影响。其次，外伤、中毒、病变等原因也会影响幼儿健康。

真题解析

（2016 年下半年《保教知识与能力》考题）生活在不同环境中的同卵双胞胎的智商测试分数很接近，这说明（　　）。

A. 遗传和后天环境对儿童的影响是平行的。

B. 后天环境对智商的影响较大。

C. 遗传对智商的影响较大。

D. 遗传和后天环境对智商的影响相当。

【答案解析】C。同卵双胞胎的遗传因素是相同的，生活在不同的环境中说明其后天环境是不同的。因此，智商测试分数接近说明了遗传对智商的影响较大。

（二）环境因素

环境是以人类为主体的外部世界，是人类赖以生存和发展的基本条件。环境的发展与变化对人类的健康产生重要影响。环境包括自然环境和社会环境。

1. 自然环境因素

自然环境是围绕于人们周围的各种自然因素的总和。良好的自然环境，如新鲜的空气、洁净的水源、适宜的气候能为幼儿提供维持和促进其正常生命活动的物质条件和精神条件，使其清醒愉悦，积极向上。例如充足的阳光不仅使儿童身心愉悦，同时紫外线的照射有助于维生素 D 的产生，有利于预防儿童佝偻病。不良的自然环境，如变化莫测的天气，不适当的湿度等会影响幼儿生长发育和心理发展。例如强烈的太阳光会对幼儿视力造成一定伤害。

2. 社会环境因素

社会环境指人类生存及活动范围内的社会物质、精神条件的总和。广义的社会环境包括整个社会经济文化体系，如生产力、生产关系、社会制度、社会意识和社会文化。狭义的社会环境仅指人类生活的直接环境，如家庭、学习条件和其他集体性社团等。从狭义定义来看,学前儿童受影响较深的社会环境主要包括家庭、托幼机构、社区。

(1)家庭的影响。家庭是幼儿最早接触的社会环境。家庭的社会经济地位、家庭结构、家庭氛围、家长的文化素养及生活方式、家庭的教养方式都影响着幼儿的身心健康。家庭对幼儿的教育可以分为两类。一是直接教育。家长根据一定社会生活的准则及自己相应的理解,对幼儿的行为和活动提出要求,给予指导,做出评价,使幼儿明辨是非。二是间接教育。幼儿在家庭的气氛中,尤其是在父母的榜样作用影响下,进行有意或无意的模仿。大量研究显示,这种间接教育对幼儿成长的作用是十分深刻和长久的。如父母的饮食习惯能够影响幼儿的饮食结构、营养状况。在愉悦和谐、充满亲情的家庭里生活成长的幼儿,生长发育正常,性格开朗,乐于与人交往,求知欲强;而家庭不和、家庭气氛冷漠,容易造成幼儿产生恐惧、悲观等不良情绪,影响幼儿生长发育,不易出现积极的健康行为。

(2)托幼机构的影响。托幼机构是对幼儿实施保育和教育的机构,是影响幼儿身心健康的重要社会环境。其主要包括:托幼机构的管理体系,如管理制度、呈现的园风等;教师质量,如托幼机构中教师、儿童的师生比,教师文化素养,健康教育的指导情况;服务质量,如对幼儿进行健康检查、生长发育评价、身心疾病防治、预防接种、生活照顾、建立家园联系等;保健设施,如基本的卫生设施、安全的饮用水、合理平衡的膳食等。这些都直接影响幼儿的健康状况。例如,班级学生人数越少,儿童感染疾病的可能性越小。教师专业素质和文化素养越高,教师就更能形成科学的教育观和儿童观。

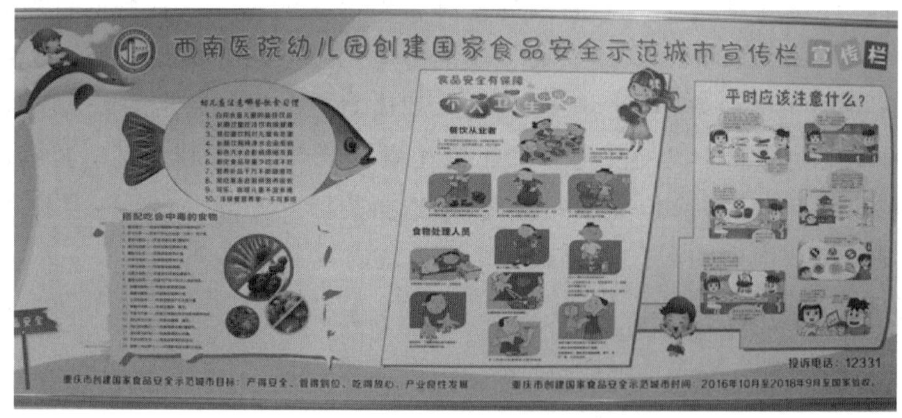

图1-1-1　幼儿园健康环境创设

(3)社区的影响。社区是聚居在一定地域中的人群的生活共同体,通常包括一定的社会关系、一定的地域条件、各方面的生活服务设施、特有的文化制度或生活方式、居民对社区的情感和心理上的认同感。社区内的人口、地理、环境、经济、文化、社会组织等资源,都会对幼儿健康产生影响。例如健康的同辈对幼儿身心发展十分重要,通过同辈群体中的相互模仿、交往、游戏,能够形成和巩固幼儿各种社会生活的基本态度。社区的医疗卫生机构的健全,健康教育的开展,医疗服务质量的提升,能够保障幼儿的卫生条件和健康水平。

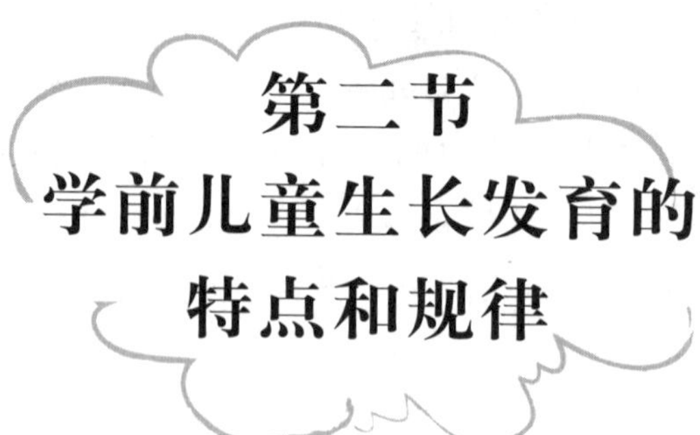

第二节 学前儿童生长发育的特点和规律

一、学前儿童生长发育特点

根据学前儿童的体格发育，我们将学前儿童年龄阶段划分为新生儿期、婴儿期、先学前期和学前期四个阶段。

新生儿期（0—28天）。这一时期的主要特点是新生儿脱离了子宫环境独立生存，面临生活环境骤然改变，对环境的适应性差，对疾病的抵抗能力较弱，患病后的反应性也差，死亡率高。

婴儿期（出生后28天—1岁）。这一阶段的主要特点是婴儿生长发育迅速。婴儿一年内体重约增长到出生时的3倍，身高增长约50%，大脑发育迅速，脑重比出生时增加1倍左右。这一时期的另一特点是来自母体的被动免疫逐渐消失，后天获得性免疫尚未完全建立，故易患各种传染性疾病。

先学前期（1—3岁）。这一阶段的主要特点是幼儿身高、体重等较前一阶段的增长有所减慢，中枢神经系统发育加快，动作、语言、思维、交往能力迅速发展。此阶段是培养幼儿良好习惯的重要时期，但由于生活范围扩大，与外界接触较多，幼儿容易受到外界伤害和感染疾病。

学前期（3—六七岁）。这一阶段，幼儿体格发育相对减慢，中枢神经系统发育较快，智力进一步增强，具有很强的求知欲和好奇心，运动的协调能力不断完善。这一阶段是儿童接受正规学前教育的准备阶段，应将孩子送入幼儿园接受启蒙教育，使其从家庭生活转入集体生活，习得社会性行为。

总的来说，在幼儿生长发育过程中，其身体发育呈现出以下特点。

1. 身长中心点随着年龄的增长下移

刚出生时，婴儿身体比例不协调，身长中心点位于肚脐以下。随着年龄的增长，幼儿下肢增长速度加快，身长中心点逐渐下移。

2. 身体发育的顺序是由上而下，由中心至末端

幼儿发育是由头部、躯干、上肢到下肢的顺序进行。婴儿头部发育最早，2岁时，脑重约为成人的75%。婴儿上肢发育较早，在会走路前已经掌握了手的抓、拿、捏等动作。婴幼儿四肢的发育，无论是骨骼、肌肉、血管和神经，都是按先中心后末梢的顺序进行。

3. 婴儿各器官系统的发育不平衡，有先后快慢的差别

婴儿各器官系统的发育呈不平衡的特点。胚胎时期，神经系统最先形成，此后神经系统迅速发展，出生时脑重约占成年人的25%，6岁时达成年人脑重的80%。出生后发育较为迅速的另一系统为淋巴系统，10岁左右，淋巴系统的发育达到高峰，12岁左右，淋巴系统达到成年时期的200%，青春期达到高峰，随后逐步退缩。而生殖系统总体发育迟缓，新生儿时就具有生殖系统的基本器官和结构，到青春期才迅速发育。

二、学前儿童生长发育规律

（一）学前儿童生长发育是连续性与阶段性的统一

学前儿童的生长发育有一定的连续性与阶段性。每一发展阶段各自具有特点，各阶段按顺序连接。前一阶段为后一阶段的发展提供了基础，任何一个阶段的发育受到阻碍会给下一阶段的发育带来不良影响。

（二）学前儿童生长发育速度是波浪式的

学前儿童生长发育不是直线上升的，而是快慢交替，呈波浪式发展，各年龄时段的生长发育速度不均衡和各系统器官发育不平衡。以身体各部分的生长发育为例，由胎儿到发育成熟时期，有两次突增阶段，第一次突增是从胎儿期到1岁，1岁时身高比出生时增长约50%，体重约为出生时的3倍，头围增长了近1倍。

第二次突增是青春期(10—15岁),身高每年增加7—8cm,最快可达10—12cm,体重每年增加5—6kg,有时为8—10kg,其后,生长发育速度减慢。

(三)学前儿童生长发育具有一定程序性

学前儿童身体各部分的生长发育一般遵循由上到下,由近到远,由粗到细,由低级到高级,由简单到复杂的规律,具有一定程序性。0—6岁幼儿的发育具有两个规律,头尾律与正侧律。头尾律是指幼儿出身时头部发展最快,其次是躯干,最后是四肢。例如,婴儿在动作发育上,新生儿只会躺卧,3个月后,便能俯卧时以肘支撑,6—7个月时会坐,7—8个月时会爬,10个月时扶物能走,11个月时会站,12—15个月能独立行走。正侧律是指从人体中部到人体边缘的发展,如婴儿开始拿东西,发展过程为由手抓到指头捏。

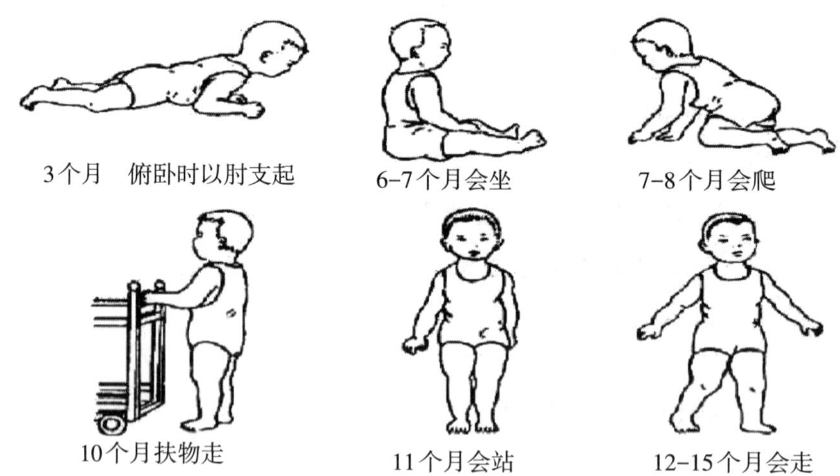

图1-2-1　学前儿童身体各部分生长发育的规律

(四)学前儿童生长发育不均衡但统一协调

学前儿童身体发育虽然不均衡,但各系统的生长是相互联系、相互影响的一个整体。例如,神经系统的发育可以推动运动系统的发展,反之,运动系统的活动又能促进神经系统的发展。

学前儿童的生理、心理发展是统一的,是相互关联、互相影响的。生理发育是心理发育的基础,反之,心理发育又影响生理功能。例如,身高、体重、语言等生理发展若有缺陷会对儿童造成严重的心理影响,会使其表现出自卑、悲观、退缩、人际交往或行为障碍。同样,幼儿的情绪异常也会对其生理发育产生一定的影响。

精神、情绪良好的幼儿，记忆力良好、想象力丰富，能够促进其智力发展；而精神、情绪不良的幼儿，会无理取闹、做事无兴趣，阻碍其智力发展。

（五）学前儿童生长发育具有个体差异性

学前儿童的生长发育有一定的规律，但每个儿童的先天遗传和后天环境并不完全相同，因而无论是身体的形态还是机体的功能都存在明显的个体差异。例如，有些儿童大动作发展较快，有些儿童言语发展较快，这都是由学前儿童个体差异决定的。在研究和评价幼儿的生长发育时，不能简单地将某个幼儿的指标数据同标准平均数比较而得出结论，应考虑到学前儿童个体发育的差异性，从而制订出符合学前儿童身心发展要求、切实可行的健康教育目标。

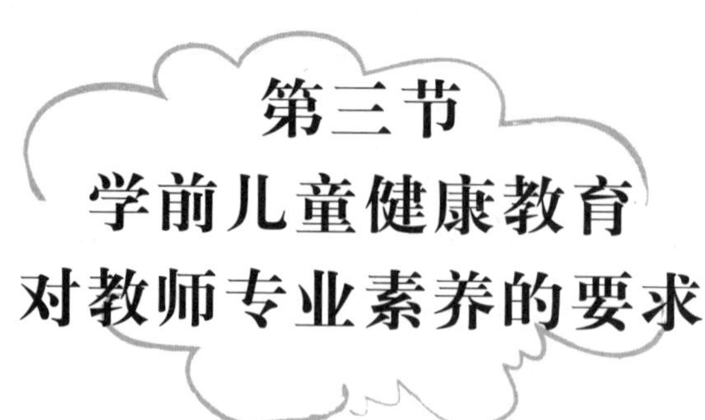

第三节 学前儿童健康教育对教师专业素养的要求

学前教育是基础教育的基础，由于这一阶段的儿童身心发展很不完善，因此特别需要教师的悉心呵护和培养，教育部2012年颁布的《幼儿园教师专业标准（试行）》指出："幼儿园教师是履行幼儿园教育教学工作职责的专业人员，需要经过严格的培养与培训，具有良好的职业道德，掌握系统的专业知识和专业技能。"该标准立足师德为先、幼儿为本、能力为重、终身学习四大基本理念，从职业道德、专业知识和专业技能三个方面对幼儿教师提出了要求，为幼儿教师的专业发展指明了方向。

一、幼儿教师的职业道德

（一）学法守法，依法执教

学法守法、依法执教是指幼儿教师要认真学习宪法和其他相关法律法规，严格依照宪法和法律规范自己的言行，忠于人民的教育事业。学法守法、依法执教是幼儿教师从事教育活动的先决条件。其基本要求是：自觉学习和遵守《中华人民共和国宪法》、《中华人民共和国教育法》、《中华人民共和国教师法》、《中华人民共和国未成年人保护法》等法律法规，严格遵守各级教育行政部门和所在幼儿园的各项规章制度，拥护党的基本路线，全面贯彻党的教育方针。

（二）爱岗敬业、保教并重

爱岗敬业、保教并重是幼儿教师做好本职工作的思想基础。其基本要求是：理解幼儿保教工作的意义，热爱学前教育事业，具有职业理想和敬业精神；注重培养幼儿良好的思想品德,不传播有害幼儿身心健康的思想;牢固树立保教并重的教育理念,努力促进幼儿德、智、体、美全面发展。

(三)尊重幼儿、热爱幼儿

尊重幼儿、热爱幼儿是幼儿教师职业情感的集中体现。其基本要求是:关爱幼儿,重视幼儿身心健康,将保护幼儿生命安全放在首位;尊重幼儿人格,维护幼儿合法权益,平等对待每一位幼儿,不讽刺、挖苦、歧视幼儿,不体罚或变相体罚幼儿;信任幼儿,尊重个体差异,主动了解和满足有益于幼儿身心发展的不同需求;重视生活对幼儿健康成长的重要价值,积极创造条件,让幼儿拥有快乐的幼儿园生活。

(四)严谨治学,锐意创新

严谨治学、锐意创新反映了幼儿教师探求科学真理的端正态度。幼儿教师要认同幼儿园教师的专业性和独特性,注重自身专业发展。其基本要求是:学习知识自觉主动,孜孜不倦;教学工作严格认真,一丝不苟;钻研业务刻苦勤奋,持之以恒;对待问题谦虚谨慎,不耻下问;及时更新教育观念,不断探索教育规律,积极开展教学内容、教学方法和教学手段的改革。

(五)团结协作,取长补短

团结协作、取长补短是指幼儿教师要正确处理与同事的关系,做到互相尊重、互相学习、团结一致、密切配合,共同促进幼教事业的发展。团结协作、取长补短是教育事业的内在要求。其基本要求是:谦虚谨慎,尊重同事,互相学习,互相帮助,维护其他教师在幼儿中的威信,维护集体荣誉,共创和谐园风。

(六)尊重家长,热情服务

尊重家长、热情服务是指幼儿教师要尊重幼儿家长,热情地为家长服务,使学校教育和家庭教育形成合力,共同促进幼儿的健康成长。尊重家长、热情服务是做好幼教工作的一个重要方面。其基本要求是:尊重幼儿家长,对所有家长一视同仁,不训斥、指责家长;主动与家长联系、沟通,取得家长的支持与配合,认真听取家长的意见和建议;积极向家长宣传科学的教育思想和教育方法,帮助家长确立正确的教育观;强化服务意识,时时处处、设身处地地为家长着想,为家长解除后顾之忧。

（七）拒腐防变，廉洁从教

拒腐防变、廉洁从教是指幼儿教师要正确处理事业与利益的关系，不利用职务之便牟取私利，做到清正廉洁，公正无私。拒腐防变、廉洁从教是教育事业的性质和教师的职业理想对教师提出的特殊要求。其基本要求是：培养高尚人格，坚守高尚情操，自觉抵制社会不良风气的影响，不利用自己的特殊身份牟取私利，为幼儿做出表率，达到身教与言教的统一。

（八）以身立教，为人师表

以身立教、为人师表是指幼儿教师在教育教学过程中，要用自己高尚的言行为幼儿做出表率，从而影响幼儿、教育幼儿。以身立教、为人师表体现了教师职业道德的典范性。其基本要求是：一方面在个人修养上要富有爱心、责任心、耐心和细心；乐观向上、热情开朗，有亲和力；善于自我调节情绪，保持平和心态；勤于学习，不断进取；衣着整洁得体，语言规范健康，举止文明礼貌。另一方面在工作上要遵守劳动纪律，尊重社会公德；举止文明礼貌，语言健康规范；行为检点，作风正派；以身作则，注重身教。

统一的幼儿教师职业道德规范的提出，具有双重意义：一方面，为幼儿教师从事职业活动明确了行为准则；另一方面，为人们评价幼儿教师行为提供了具体标准。

真题解析

（2014年上半年《综合素质》考题）李老师认真学习《幼儿园教师专业标准（试行）》，并制订了自己的专业发展规划。李老师的做法体现了（　　）。

A. 终身学习的理念　　　　B. 先进的管理策略

C. 良好的沟通能力　　　　D. 高超的教育技能

【答案解析】A。李老师认真学习《幼儿园教师专业标准（试行）》，并制订发展规划，体现了终身学习的能力。

（2017年上半年《综合素质》材料分析题）材料：

小（二）班有一个叫涛涛的孩子，因为有全家人的宠爱，自己的东西从来不让别人碰，还很任性。

一天，幼儿园开展区域游戏活动，涛涛想去搭积木，可是建构区里已经挤了很多孩子，涛涛不管那么多，拼命往里挤，边挤边推正在搭积木的幼儿，嘴里还嚷嚷："你们让开，让我先玩。"由于没有人让自己，他一屁股坐在地上大哭起来。这个过程被李老师看在眼里，李老师走过去将涛涛扶起来，说："涛涛，你继续哭下去的话，那么好多好玩的玩具你都玩不到了，不如我们先到别的地方去玩，等一会儿再回来搭积木。"涛涛止住了哭声，点了点头，跟着李老师走到另一个活动区域玩起了拼图游戏，不一会儿就拼出小花来，涛涛开心地笑了。李老师趁机说："我们能不能邀请其他小朋友一起来拼出更有趣的图案呢？"涛涛点点头，高兴地跑去找小朋友。

之后，李老师有意引导涛涛和小朋友一起游戏，慢慢地，涛涛不再只顾自己的感受，也能与同伴分享玩具。

问题：

请结合材料，从教师职业道德的角度，评析李老师的教育行为。

【答案解析】李老师的行为符合教师职业道德相关要求，值得我们学习。

第一，李老师的行为符合教师职业道德"教书育人"的要求。教书育人要求教师遵循教育规律，实施素质教育。材料中，李老师对涛涛的行为，并不是简单粗暴地加以制止，而是认真引导并教育其学会和其他小朋友分享，促进了幼儿身心的全面健康发展。

第二，李老师的行为符合教师职业道德"关爱学生"的要求。关爱学生要求教师关心爱护全体学生，尊重学生人格，平等公正对待学生。材料中，李老师面对涛涛的"自我中心"和任性，引导涛涛先去玩拼图，再玩积木，这种行为体现了对幼儿的关心和爱护，真正做到了教师是幼儿的良师益友。

总之，李老师的行为真正实现了"为每一个孩子的发展"，是我们学习的榜样。

二、幼儿教师的专业知识与专业能力

教师职业化、专业化建设是教师教育的发展方向。1966 年，联合国教科文组织和国际劳工组织发布的《关于教师地位的建议》指出："应该把教育工作视为专门的职业，这种职业要求教师经过严格的、持续的学习，获得并保持专门的知识和特别的技术。"1998 年，在北京师范大学召开的"面向 21 世纪师范教育国际研讨会"明确"当前师范教育改革的核心是教师专业化问题"。《幼儿园教师专业标准（试行）》中指出，我国幼儿园教师专业标准的基本理念是师德为先、幼儿为本、能力为重、终身学习。培养具有专业化水准的教师成为国际教师教育改革的目标。幼儿园教师的专业知识和专业能力体现了幼儿园教师作为一种专门职业的独特性与不可替代性，是幼儿园教师胜任幼儿保育教育工作的条件和保障。

《幼儿园教师专业标准（试行）》中指出，幼儿教师的专业知识由幼儿发展知识、幼儿保育和教育知识以及通识性知识三个部分组成。幼儿发展知识是专业知识结构的核心知识，主要包括幼儿身心发展的一般规律、发展的年龄特征与个体差异、发展中的常见问题和有关儿童生存发展权利的法律法规。幼儿保育和教育知识是幼教教育的基本原理，主要包括幼儿教育的主要目标、任务和基本原理，幼儿教育的内容、途径与方法，幼儿卫生保健与安全知识，幼儿学习与发展的基本方法，幼儿园教育与其他阶段的教育衔接。通识性知识是幼儿教师知识的重要组成部分，主要包括自然科学知识、人文社会科学知识、艺术素养、现代信息技术。

专业能力是幼儿教师专业化发展在教育实践中的集中表现，它直接影响幼儿的保教质量与幼儿发展。《幼儿园教师专业标准（试行）》中指出，幼儿教师专业能力包括环境的创设与利用、一日生活的组织与保障、游戏活动的支持与引导、教育活动的计划与实施、激励与评价、沟通与合作、反思与发展七个方面，共27条条目。其中保教结合是幼儿园阶段教育的突出特点；游戏是幼儿园的基本活动；活动的计划和实施是开展幼儿年龄特点教育的保障；良好的激励与评价机制对幼儿的主动学习和良好发展有重要意义；沟通与合作能力是推进家园共育的必然要求；反思与发展能力是推动教师不断实现和完善自我的内在动力。

【知识链接】

《幼儿园教师专业标准（试行）》对幼儿教师专业能力的要求

序号	领域	要求
1	环境创设与利用	(1)建立良好的师幼关系，帮助幼儿建立良好的同伴关系，让幼儿感到温暖和愉悦。 (2)建立班级秩序与规则，营造良好的班级氛围，让幼儿感受到安全、舒适。 (3)创设有助于促进幼儿成长、学习、游戏的教育环境。 (4)合理利用资源，为幼儿提供和制作适合的玩教具和学习材料，引发和支持幼儿的主动活动。

（续表）

序号	领域	要求
2	一日生活的组织与保育	(1)合理安排和组织一日生活的各个环节，将教育灵活地渗透到一日生活中。 (2)科学照料幼儿日常生活，指导和协助保育员做好班级常规保育和卫生工作。 (3)充分利用各种教育契机，对幼儿进行随机教育。 (4)有效保护幼儿，及时处理幼儿的常见事故，危险情况优先救护幼儿。
3	游戏活动的支持与引导	(1)提供符合幼儿兴趣需要、年龄特点和发展目标的游戏条件。 (2)充分利用与合理设计游戏活动空间，提供丰富、适宜的游戏材料，支持、引发和促进幼儿的游戏。 (3)鼓励幼儿自主选择游戏内容、伙伴和材料，支持幼儿主动地、创造性地开展游戏，充分体验游戏的快乐和满足。 (4)引导幼儿在游戏活动中获得身体、认知、语言和社会性等多方面的发展。
4	教育活动的计划与实施	(1)制定阶段性的教育活动计划和具体活动方案。 (2)在教育活动中观察幼儿，根据幼儿的表现和需要，调整活动，给予适宜的指导。 (3)在教育活动的设计和实施中体现趣味性、综合性和生活化，灵活运用各种组织形式和适宜的教育方式。 (4)提供更多的操作探索、交流合作、表达表现的机会，支持和促进幼儿主动学习。
5	激励与评价	(1)关注幼儿日常表现，及时发现和赏识每个幼儿的点滴进步，注重激发和保护幼儿的积极性、自信心。 (2)有效运用观察、谈话、家园联系、作品分析等多种方法，客观地、全面地了解和评价幼儿。 (3)有效运用评价结果，指导下一步教育活动的开展。
6	沟通与合作	(1)使用符合幼儿年龄特点的语言进行保教工作。 (2)善于倾听，和蔼可亲，与幼儿进行有效沟通。 (3)与同事合作交流，分享经验和资源，共同发展。 (4)与家长进行有效沟通合作，共同促进幼儿发展。 (5)协助幼儿园与社区建立合作互助的良好关系。
7	反思与发展	(1)主动收集分析相关信息，不断进行反思，改进保教工作。 (2)针对保教工作中的现实需要与问题，进行探索和研究。 (3)制定专业发展规划，不断提高自身专业素质。

真题解析

（2016年上半年《保教知识与能力》考题）《幼儿园教师专业标准（试行）》规定，我国幼儿园教师专业标准的基本理念是（　　）。

A. 师德为先、幼儿为本、能力为重、知识为主

B. 幼儿为本、能力为重、知识为主、终身学习

C. 师德为先、幼儿为本、能力为重、终身学习

D. 师德为先、幼儿为本、知识为主、终身学习

【答案解析】C。《幼儿园教师专业标准（试行）》规定，我国幼儿园教师专业标准的基本理念是师德为先、幼儿为本、能力为重、终身学习。

三、幼儿教师保育和教育的态度和行为

（一）注重保教结合，培育幼儿良好的意志品质，帮助幼儿养成良好的行为习惯

保教结合强调了在幼儿园教育中，教育和保育必须相互结合、相互联系、相互渗透。《幼儿园管理条例》中指出："幼儿园应当保障幼儿的身体健康，培养幼儿的良好生活、卫生习惯；促进幼儿的智力发展；培养幼儿热爱祖国的情感以及良好的品德行为。"

（二）遵循学习特点，培养想象力与兴趣爱好

一是"注重保护幼儿的好奇心，培养幼儿的想象力，发掘幼儿的兴趣爱好"。好奇心是推动幼儿获得新知的主要动机，在幼儿教育中，要重视引导幼儿对身边常见事物和现象的特点、变化的规律产生兴趣和探究的欲望，同时提供幼儿自由表现的机会，以分享他们创造的快乐，挖掘他们的兴趣爱好。二是"重视丰富幼儿多方面的直接经验，将探索、交往等实践活动作为幼儿最重要的学习方式"。幼儿的思维特点是以形象思维为主，应注重引导幼儿通过直接感知、亲身体验和实际操作进行科学学习。三是"重视自身日常态度言行对幼儿发展的重要影响与作用"。幼儿的社会性主要源于日常生活和游戏中的观察模仿，成人应注意日常言行和榜样作用。

（三）重视环境和游戏对幼儿发展的独特作用，创设富有教育意义的环境氛围，将游戏作为幼儿的主要活动

幼儿园环境是指幼儿园内幼儿身心发展所必须具备的一切物质条件与精神条件，环境与幼儿产生的互动效应将影响幼儿的发展。游戏是幼儿进行全面发展教育的重要形式，游戏能够促进幼儿的认知、情感发展以及人际交往能力。《3—6岁儿童学习与发展指南》中指出，要珍视游戏和生活的独特价值，创设丰富的教育环境，合理安排一日生活，最大限度地支持和满足幼儿通过直接感知、实际操作和亲身体验获取经验的需要。

1-3-1　幼儿园环境创设1

1-3-2　幼儿园环境创设2

（四）重视幼儿园、家庭和社区的合作，综合利用各种资源

《3—6岁儿童学习与发展指南》提出，家庭、幼儿园和社会应共同努力，为幼儿创设温暖、关爱、平等的家庭和集体生活氛围，建立良好的亲子关系、师生关系和同伴关系，让幼儿在积极健康的人际环境及文化的熏陶中学会遵守规则，形成基本的认同感和归属感。

【知识链接】

幼儿保育和教育的知识

1. 熟悉幼儿园教育的目标、任务、内容、要求和基本原则。

2. 掌握幼儿园各领域教育的学科特点与基本知识。

3. 掌握幼儿园环境创设、一日生活安排、游戏与教育活动、保育和班级管理的知识与方法。

4. 熟知幼儿园的安全应急预案，掌握意外事故和危险情况下幼儿安全防护与救助的基本方法。

5. 掌握观察、谈话、记录等了解幼儿的基本方法，以及教育心理学的基本原理和方法。

6. 了解0—3岁婴幼儿保教和幼小衔接的有关知识与基本方法。

[资料来源：《幼儿园教师专业标准(试行)》]

四、幼儿教师一日生活的组织和保育能力

幼儿园一日生活是根据幼儿的生活特点安排幼儿一天的生活，即对幼儿主要的生活内容，如吃、睡等活动在时间和顺序上予以合理的安排与划分。教师一日生活的组织与保育能力的践行需要有相应的专业态度和专业知识。《幼儿园教育指导纲要(试行)》提出要科学、合理地安排和组织一日生活，幼儿园教师应遵守以下基本原则：

(1)时间安排应有相对的稳定性与灵活性，既有利于形成秩序，又能满足幼儿的合理要求，照顾个体差异。

(2)教师直接指导的活动和间接指导的活动相结合，保证幼儿园每天有适当的自主选择和自由活动的时间。教师直接指导的集体活动要能保证幼儿的积极参与，避免时间的隐形浪费。

(3)尽量减少不必要的集体行为和过渡环节，减少和消除消极等待现象。

(4)建立良好的常规，避免不必要的管理行为，逐步引导幼儿学习自我管理。

专业的幼儿教师应该让幼儿在一日生活中感到安全、愉快、温馨、有序，能积极主动地进行学习和游戏。《幼儿园教师专业标准(试行)》中从幼儿生活的安排与照料、随机教育与教育渗透、幼儿安全与保护等四个方面对幼儿教师所具备的一日生活和组织保育能力提出了要求。一是合理安排和组织一日生活的各个环节，将教育灵活地渗透到一日生活中。二是科学照料幼儿日常生活，指导和协助保育员做好班级常规保育和卫生工作。三是充分利用各种教育契机，对幼儿进行随机教育。四是有效保护幼儿，及时处理幼儿的常见事故，危险情况优先救护幼儿。

儿童日常生活的每一个环节都具有教育价值，都应从儿童发展的现实出发，加以充分地组织和利用。因此，在幼儿一日生活中要高度重视幼儿的健康安全，建立科学合理的生活制度，关注生活细节，抓住教育契机。

真题模拟

1. 儿童身心发展产生的自然物质基础是(　　)。

A. 遗传差异　B. 教育差异　C. 环境差异　D. 物质差异

2. 以下对健康检查的目的论述错误的一项是(　　)。

A. 尽早对有疾病或有身体缺陷的儿童采取矫治措施。

B. 了解儿童生长发育和健康状况。

C. 杜绝疾病的发生。

D. 尽早发现儿童的疾病或身体缺陷。

3. 材料

从做幼儿教师的第一天起,赵老师就为自己定下“干一行、爱一行、精一行”的工作准则。她认真学习优秀教师的成功保育经验,不断提升教学和保育水平,课堂教学效果优秀。经过多年努力,她成为一名优秀的幼儿教师,先后获得市级保育竞赛一等奖和省级幼儿教师技能大赛三等奖;她积极承担省、市级教育科研项目,撰写了多篇论文,并获得了省、市教育科研奖励。在日常教育教学中,她以母亲般的爱心关爱每一个幼儿,尤其对行为不良、父母离异的小朋友爱护有加,受到了学生和家长的交口称赞。

请结合材料,从教师职业道德的角度,评析赵老师的教育行为。

【思考与实训】

思考:

1. 调查一下你周围的人群对幼儿健康的认识,做好记录,根据本章所学知识谈谈自己的看法。

2. 影响学前儿童健康的主要因素有哪些?

3. 0—6岁幼儿发育的两大规律是什么,并举例说明。

实训:

结合幼儿教师职业要求,制订自身职业发展规划。

第2章 学前儿童健康教育的基本问题

马老师正在组织孩子们玩游戏“网小鱼”(一部分幼儿扮演小鱼,一部分幼儿扮演网鱼的人),保育老师在一旁协助。“小鱼”们因运动量大且穿得太厚,早已汗流浃背。其中,珊珊已经连续扮演了好几次“小鱼”,不停地奔跑使得她小脸通红,显得十分疲惫……在体育活动中,教师和保育老师应该怎样分工?面对孩子的运动情况,教师和保育老师应该怎样做?

【学习目标】

1. 掌握学前儿童健康教育的总目标与各年龄段目标，理解各层次目标之间的关系。

2. 熟悉学前儿童各年龄段健康教育的内容，理解并掌握学前儿童健康教育实施的原则、途径与方法。

3. 乐意并能灵活根据实际情况开展健康教育活动及实施评价。

【学习重难点】

1. 明确学前儿童健康教育的总目标及价值取向。

2. 能灵活根据实际情况开展健康教育活动并实施评价。

【知识结构图】

- 学前儿童健康教育的基本问题
  - 学前儿童健康教育的目标
    - 学前儿童健康教育的总目标
    - 学前儿童健康教育的年龄阶段目标
    - 学前儿童健康教育的活动目标
  - 学前儿童健康教育的内容
    - 选择学前儿童健康教育内容的基本原则
    - 学前儿童健康教育的主要内容
  - 学前儿童健康教育的实施
    - 学前儿童健康教育实施的原则
    - 学前儿童健康教育实施的途径
    - 学前儿童健康教育实施的方法
  - 学前儿童健康教育的评价
    - 学前儿童健康教育评价的内容
    - 学前儿童健康教育评价的方法

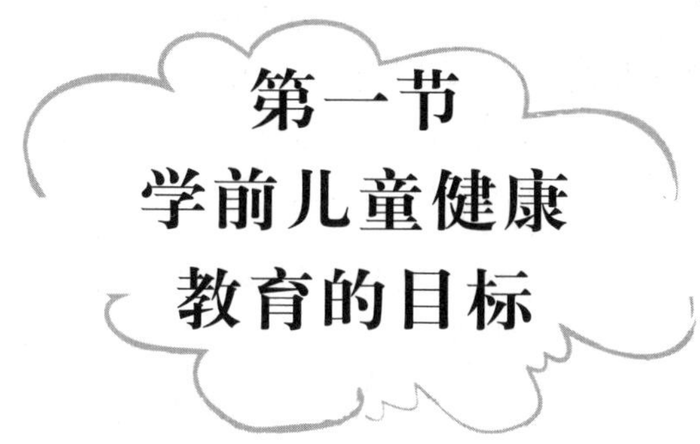

第一节 学前儿童健康教育的目标

一、学前儿童健康教育的总目标

2001年,我国教育部颁布《幼儿园教育指导纲要(试行)》,该文件将我国幼儿园教育的内容划分为五大领域,即健康、语言、社会、科学、艺术,并明确指出了幼儿园教育在每一领域的目标、内容与要求及指导要点。其中,健康领域的总目标一共是四条,即:

(1)身体健康,在集体生活中情绪安定、愉快;

(2)生活、卫生习惯良好,有基本的生活自理能力;

(3)知道必要的安全保健常识,学习保护自己;

(4)喜欢参加体育活动,动作协调、灵活。

上述内容正是对学前儿童健康教育总目标的高度概括,表明了以下三种价值取向:

第一,强调身心和谐发展。学前阶段,儿童身心皆处于迅速发育与发展的重要时期,但因该阶段儿童身心基础都较为薄弱,很容易受到各种不良因素的影响,为此,关注和促进学前儿童身体健康和心理健康,强调二者的和谐发展,是学前儿童健康教育的两个重要方面。其中身体健康以体态与机能发育健全,动作协调、灵敏,具备基本的生活自理能力为主要特征;心理健康以情绪安定愉快,能较好适应集体生活为主要特征。因学前儿童的身体健康与心理健康是密不可分的两个方面,因此目标“良好的生活与卫生习惯”既包含日常生活中饮食、盥洗等生理意义上的良好生活与卫生习惯,如不偏食、不挑食、常喝白开水、用眼卫生、早晚刷牙、饭前便后洗手等，也包含没有吸吮手指、心理疾病等心理意义上的问题行为。

第二，强调保护与锻炼并重。学前儿童健康教育一方面要重视学前儿童在成人的指导下学习和掌握基本的保健与安全知识，如对活动与运动中安全的认识、与他人交往中的安全认识及对环境中危险物或事情的认识等，并具备一定的自我保护能力，学会自己照顾自己，在生活中安全、健康地成长；另一方面，学前儿童健康教育又强调通过培养幼儿对体育活动的兴趣，提升动作的协调性和灵活性等，加强体育锻炼、提升身体素质。

第三，强调行为的形成与态度的转变并重。学前儿童健康教育既关注儿童的行为表现，也注重儿童积极主动、自主自觉态度的培养。如《幼儿园教育指导纲要（试行）》中“喜欢参加体育活动”，直接指明幼儿积极主动的态度养成的重要性；再如《幼儿园教育指导纲要（试行）》与《3—6岁儿童学习与发展指南》中皆谈到的“良好生活与卫生习惯的养成”，虽从字面的表达看不出对于学前儿童态度参与的强调，但我们知道儿童良好习惯的养成绝不是在成人引导下被动机械训练的结果，它更需要学前儿童自觉自主的态度及坚持性等良好品质的参与，唯有此，“习惯成自然”。

真题解析

[2011年贵州省某市招聘考试《教育理论综合（幼儿园部分）》]健康是指人（　）的健全状态。

A. 心理与社会适应　　B. 心理适应

C. 身体与心理适应　　D. 身体、心理与社会适应

【答案解析】D。健康不仅指身体健康，还包括心理健康与社会适应，健康是一个整体概念。

拓展阅读

2012年，教育部正式印发《3—6岁儿童学习与发展指南》。根据以往文件精神，结合最新研究成果，《3—6岁儿童学习与发展指南》在健康领域中，按照幼儿学习与发展最基本、最重要的内容，将幼儿在健康领域的学习发展目

标划分为“身心状况”、“动作发展”以及“生活习惯与生活能力”三个维度。在每个维度下，又包含着若干个幼儿学习与发展的目标。

健康领域学习与发展目标

领域	子领域	目标
健康	1.身心状况	(1)具有健康的体态。
		(2)情绪安定愉快。
		(3)具有一定的适应能力。
	2.动作发展	(1)具有一定的平衡能力，动作协调、灵敏。
		(2)具有一定的力量和耐力。
		(3)手的动作灵活协调。
	3.生活习惯与生活能力	(1)具有良好的生活与卫生习惯。
		(2)具有基本的生活自理能力。
		(3)具备基本的安全知识和自我保护能力。

通过上表可知，“身心状况”子领域集中体现了对幼儿在身体形态、机能和心理发展方面的基本要求；“动作发展”子领域包含幼儿大肌肉动作和小肌肉动作的学习与发展目标；“生活习惯与生活能力”子领域涵盖了与幼儿健康成长有密切关联的生活习惯、卫生习惯、生活自理能力和安全生活的能力。总之，正如《3—6岁儿童学习与发展指南》中所说：“发育良好的身体、愉快的情绪、强健的体质、协调的动作、良好的生活习惯和基本生活能力是幼儿身心健康的重要标志。”

二、学前儿童健康教育的年龄阶段目标①

学前儿童健康教育的年龄阶段目标是在学前儿童健康教育总目标的指导下，以3—6岁学前儿童身心发展特征为依据而确定的教育目标，它是对总目标的具体化，又是制订具体活动目标的直接依据。

① 顾荣芳.学前儿童健康教育论(第三版).南京：江苏教育出版社，2009.

(一)小班阶段的健康教育目标

(1)了解盥洗的顺序,初步掌握洗手、刷牙的基本方法;学习穿脱衣服;会使用手帕或纸巾;养成坐、站、行、睡的正确姿势;能及时排便;有良好的作息习惯。

(2)进餐时保持愉快的情绪,愿意独立进餐;认识最常见的食物,爱吃各种食物,主动饮水。

(3)了解身体的外形结构,认识并学习保护五官;能积极配合疾病的预防与治疗。

(4)知道过马路、乘坐交通工具、玩大型运动器械时要注意安全,了解日常生活中的安全与常识。

(5)知道自己的性别。

(6)喜欢并愿意参加体育活动;能自然地走、跑、跳、爬、投掷;学习依据口令和信号做出相应动作;玩滑梯、攀登架、转椅等大型体育活动器械时注意安全;能合作收拾小型体育器材。

(二)中班阶段的健康教育目标

(1)初步学会穿脱衣服、整理衣服;学习整理活动用具,能保持玩具清洁;有初步的生活自理能力。

(2)结合品尝经验,进一步认识各类常见食物;爱吃各类食物的同时,懂得要科学合理地进食,逐步形成良好的饮食习惯。

(3)进一步认识身体的主要器官,逐步形成接受疾病预防与治疗的积极态度和行为;在成人帮助下学习处理常见外伤的最简单的方法,知道快乐有益于健康。

(4)认识相关安全标志,能够在成人提醒下遵守交通规则;不接触危险物品;遇到危险时能告诉成人,有初步的自我保护意识。

图 2-1-1　认识交通标识

(5)愿与父母分床而眠。

(6)喜欢并积极参加体育活动;能听信号按节奏协调地走和跑;能按要求跳、投掷、抛接,能左右手拍球;能随音乐节奏做徒手操和轻器械操;能注意活动中的安全与合作,爱护公物,能及时收拾小型体育器材。

(三)大班阶段的健康教育目标

(1)保持个人卫生,关心周围环境的卫生;进一步提高独立生活能力,初步养成良好的学习习惯。

(2)初步理解不同的食物有不同的营养,身体需要各种营养;会使用筷子,进一步养成独立进餐的习惯。

(3)进一步认识身体的主要器官及重要功能,并懂得简单的保护方法;了解有关预防龋齿及换牙的知识;注意用眼卫生。

图2-1-2　了解牙齿

(4)初步了解应付意外事故(如:火灾、雷击、地震、台风等)的常识,具有粗浅的求生技能。

图2-1-3　了解台风预警信号

(5)知道男女厕所,初步具有性别角色意识。

(6)喜欢锻炼身体并能感到体育活动有趣;能轻松自如地走、跑、跳、攀登、滚翻;会肩上挥臂投掷轻物并投准目标,能抛接高球;能熟练地听各种口令和信号并作出相应的动作；能随音乐节奏有精神地做徒手操和轻器械操，动作有力、到位；能注意安全，自觉遵守体育活动的规则，合作谦让；体验到克服困难取得胜利的愉悦；能独立收拾各种小型体育器材。

图2-1-4 户外体育活动

拓展阅读

《3—6岁儿童学习与发展指南》对学前儿童在健康领域"身心状况、动作发展、生活习惯与生活能力"三个维度上对不同年龄段幼儿的学习与发展的目标做了较为详细的划分。

维度一：身心发展状况

目标1：具有健康的体态

3-4岁	4-5岁	5-6岁
(1)身高和体重适宜。 参考标准： 男孩： 身高：94.9-111.7厘米 体重：12.7-21.2公斤 女孩： 身高：94.1-111.3厘米 体重：12.3-21.5公斤 (2)在提醒下能自然坐直、站直。	(1)身高和体重适宜。 参考标准： 男孩： 身高：100.7-119.2厘米 体重：14.1-24.2公斤 女孩： 身高：99.9-118.9厘米 体重：13.7-24.9公斤 (2)在提醒下能保持正确的站、坐和行走姿势。	(1)身高和体重适宜。 参考标准： 男孩： 身高：106.1-125.8厘米 体重：15.9-27.1公斤 女孩： 身高：104.9-125.4厘米 体重：15.3-27.8公斤 (2)经常保持正确的站、坐和行走姿势。

目标2：情绪安定愉快

3-4岁	4-5岁	5-6岁
(1)情绪比较稳定，很少因一点小事哭闹不止。 (2)有比较强烈的情绪反应时，能在成人的安抚下逐渐平静下来。	(1)经常保持愉快的情绪，不高兴时能较快缓解 。 (2)有比较强烈的情绪反应时，能在成人提醒下逐渐平静下来。 (3)愿意把自己的情绪告诉亲近的人，一起分享快乐或求得安慰。	(1)经常保持愉快的情绪。知道引起自己某种情绪的原因，并努力缓解。 (2)表达情绪的方式比较适度，不乱发脾气。 (3)能随着活动的需要转换情绪和注意。

目标3：具有一定的适应能力

3-4岁	4-5岁	5-6岁
(1)能在较热或较冷的户外环境中活动。 (2)换新环境时情绪能较快稳定，睡眠、饮食基本正常。 (3)在帮助下能较快适应集体生活。	(1)能在较热或较冷的户外环境中连续活动半小时左右。 (2)换新环境时较少出现身体不适。 (3)能较快适应人际环境中发生的变化。如换了新老师能较快适应。	(1)能在较热或较冷的户外环境中连续活动半小时以上。 (2)天气变化时较少感冒，能适应车、船等交通工具造成的轻微颠簸。 (3)能较快融入新的人际关系环境。如换了新的幼儿园或班级能较快适应。

维度二：动作发展

目标1：具有一定的平衡能力，动作协调、灵敏

3-4岁	4-5岁	5-6岁
(1)能沿地面直线或在较窄的低矮物体上走一段距离。 (2)能双脚灵活交替上下楼梯。 (3)能身体平稳地双脚连续向前跳。 (4)分散跑时能躲避他人的碰撞。 (5)能双手向上抛球。	(1)能在较窄的低矮物体上平稳地走一段距离。 (2)能以匍匐、膝盖悬空等多种方式钻爬。 (3)能助跑跨跳过一定距离，或助跑跨跳过一定高度的物体。 (4)能与他人玩追逐、躲闪跑的游戏。 (5)能连续自抛自接球。	(1)能在斜坡、荡桥和有一定间隔的物体上较平稳地行走。 (2)能以手脚并用的方式安全地爬攀登架、网等。 (3)能连续跳绳。 (4)能躲避他人滚过来的球或扔过来的沙包。 (5)能连续拍球。

目标 2：具有一定的力量和耐力

3–4 岁	4–5 岁	5–6 岁
(1)能双手抓杠悬空吊起 10 秒左右。 (2)能单手将沙包向前投掷 2 米左右。 (3)能单脚连续向前跳 2 米左右。 (4)能快跑 15 米左右。 (5)能行走 1 公里左右(途中可适当停歇)。	(1)能双手抓杠悬空吊起 15 秒左右。 (2)能单手将沙包向前投掷 4 米左右。 (3)能单脚连续向前跳 5 米左右。 (4)能快跑 20 米左右。 (5)能连续行走 1.5 公里左右(途中可适当停歇)。	(1)能双手抓杠悬空吊起 20 秒左右。 (2)能单手将沙包向前投掷 5 米左右。 (3)能单脚连续向前跳 8 米左右。 (4)能快跑 25 米左右。 (5)能连续行走 1.5 公里以上(途中可适当停歇)。

目标 3：手的动作灵活协调

3–4 岁	4–5 岁	5–6 岁
(1)能用笔涂涂画画。 (2)能熟练地用勺子吃饭。 (3)能用剪刀沿直线剪，边线基本吻合。	(1)能沿边线较直地画出简单图形，或能边线基本对齐地折纸。 (2)会用筷子吃饭。 (3)能沿轮廓线剪出由直线构成的简单图形，边线吻合。	(1)能根据需要画出图形，线条基本平滑。 (2)能熟练使用筷子。 (3)能沿轮廓线剪出由曲线构成的简单图形，边线吻合且平滑。 (4)能使用简单的劳动工具或用具。

维度三：生活习惯与生活能力

目标 1：具有良好的生活与卫生习惯

3–4 岁	4–5 岁	5–6 岁
(1)在提醒下，按时睡觉和起床，并能坚持午睡。 (2)喜欢参加体育活动。 (3)在引导下，不偏食、挑食。喜欢吃瓜果、蔬菜等新鲜食品。 (4)愿意饮用白开水，不贪喝饮料。 (5)不用脏手揉眼睛，连续看电视等不超过 15 分钟。 (6)在提醒下，每天早晚刷牙，饭前便后洗手。	(1)每天按时睡觉和起床，并能坚持午睡。 (2)喜欢参加体育活动。 (3)不偏食、挑食，不暴饮暴食。喜欢吃瓜果、蔬菜等新鲜食品。 (4)常喝白开水，不贪喝饮料。 (5)知道保护眼睛，不在光线过强或过暗的地方看书，连续看电视等不超过 20 分钟。 (6)每天早晚刷牙，饭前便后洗手，方法基本正确。	(1)养成每天按时睡觉和起床的习惯。 (2)能主动参加体育活动。 (3)吃东西时细嚼慢咽。 (4)主动饮用白开水，不贪喝饮料。 (5)主动保护眼睛。不在光线过强或过暗的地方看书，连续看电视等不超过 30 分钟。 (6)每天早晚主动刷牙，饭前便后主动洗手，方法正确。

目标 2：具有基本的生活自理能力

3–4 岁	4–5 岁	5–6 岁
(1)在帮助下能穿脱衣服或鞋袜。 (2)能将玩具和图书放回原处。	(1)能自己穿脱衣服、鞋袜、扣纽扣。 (2)能整理自己的物品。	(1)能知道根据冷热增减衣服。 (2)会自己系鞋带。 (3)能按类别整理好自己的物品。

目标 3：具备基本的安全知识和自我保护能力

3–4 岁	4–5 岁	5–6 岁
(1)不吃陌生人给的东西，不跟陌生人走。 (2)在提醒下能注意安全，不做危险的事。 (3)在公共场所走失时，能向警察或有关人员说出自己和家长的名字、电话号码等简单信息。	(1)知道在公共场合不远离成人的视线单独活动。 (2)认识常见的安全标志，能遵守安全规则。 (3)运动时能主动躲避危险。 (4)知道简单的求助方式。	(1)未经大人允许不给陌生人开门。 (2)能自觉遵守基本的安全规则和交通规则。 (3)运动时能注意安全，不给他人造成危险。 (4)知道一些基本的防灾知识。

三、学前儿童健康教育的活动目标

学前儿童健康教育的活动目标是学前儿童健康教育总目标与年龄阶段目标在活动中的具体化，它是健康领域活动目标体系中最具体且可操作性强的目标。

（一）学前儿童健康教育活动目标的制订依据

1. 学前儿童身心发展的特点

学前儿童健康教育活动目标的制订依赖于学前儿童身心发展的特点。如在身体发展方面，因中班幼儿较之小班幼儿，精力更为充沛，体力更佳，基本动作也更为灵活，为此活动中对于中班幼儿在动作质量、灵活性、持续时间及自主性程度等方面就会有更高的要求。

2. 学前儿童健康教育的总目标

学前儿童健康教育的总目标规定了学前儿童健康教育的大方向，明确了学前儿童健康教育的基本价值取向，为学前儿童健康教育具体活动目标的制订搭建了基本框架，是制订学前儿童健康教育活动目标的重要依据。与此同时，学前儿童健康教育活动目标的制订与实现也有助于学前儿童健康教育总目标的整体实现。

3. 社会的发展与要求

健康教育活动的目标既要关注主体自身的身心和谐发展，又要关注主体与环境的关系和谐。社会环境对人的思想、行为具有潜移默化的影响，幼儿的接受水平较强，所以，社会的发展与要求，是幼儿健康教育活动目标确定的重要依据。幼儿健康教育要积极适应社会发展的需要，适时调整目标内容，促进幼儿身体、心理及社会性的和谐发展。

（二）学前儿童健康教育活动目标制订的要点

学前儿童健康教育活动的目标是预期结果的标准和期盼，是教学活动的导向，决定了教学活动的性质。适宜的活动目标要体现以下几点要求：

1. 目标表述要体现以幼儿为主体的原则

从幼儿角度进行表述，其行为动词的主语为幼儿。它强调的是幼儿学习后获得的发展和变化。从幼儿角度表述的目标常以“学会……”、“能够……”、“知道……”、“愿意……”等方式表述。

【实例链接】

活动目标修改前后对比表

活动基本信息	修改前的目标	修改后的目标
小班健康领域活动“圆圆的脸上有什么”	(1)引导幼儿认识头部的外部形态，知道五官的名称和功能。 (2)培养初步的自我保护能力，知道不把异物放在嘴、鼻、耳中。 (3)激发参与活动的兴趣。	(1)幼儿能够认识头部的外部形态，并知道五官的名称和功能。 (2)具有一定的自我保护能力，知道不把异物放在嘴、鼻、耳中。 (3)愿意并喜欢参与本次活动。

（修改前的目标来源：http://www.youjiao.com/e/20170909/cdb34dfbd7792.shtml）

2. 目标涵盖内容要全面

学前儿童健康教育活动的目标应尽量考虑幼儿在本次活动中能够学习与发展的各个方面的内容，即活动目标要包含认知、能力和情感态度三个维度。仅有某一个方面的发展，而忽视幼儿在其他两个方面的发展的目标要求是不全面的。

【实例链接】

跳动的心脏（大班）

1. 知识目标：知道心脏是人体的重要器官，了解心脏的位置及其功能。

2. 能力目标：掌握保护心脏的几种方法，具有一定的自我保护能力。

3. 情感目标：对探索人体的奥秘有较强的兴趣。

（资料来源：http://www.youjiao.com/e/20161130/583e95b877948.shtml）

3. 活动目标要具体明确、可操作性强

此要点指的是学前儿童健康教育活动的目标应对幼儿学习与发展的知识、能力或情感有较明确的说明，切忌笼统模糊、含混不清，否则教育活动目标就失去了它的指导作用，使得活动组织起来比较困难。

【实例链接】

活动目标修改对比表

活动基本信息	修改前的目标	修改后的目标
大班健康领域活动“食品袋上的秘密”	(1)认识食品袋上的基本信息。 (2)了解保存食物的方法。 (3)喜欢参与活动，并在合作参与活动中提升自身能力。	(1)知道食品袋上有生产日期和保质期，要食用新鲜的食品。 (2)了解几种常见的保存食物的方法，如冷藏、冷冻、干燥、罐装等。 (3)乐意参加调查实践活动，能和同伴相互配合完成调查内容。

（资料来源：http://www.youjiao.com/e/20170908/ddfe3c0fb6362.shtml）

4. 目标要求要适宜

具体活动目标的制订要考虑本班幼儿具体情况，根据幼儿的“最近发展区”设置适宜的目标，要求过高或过低都将不利于促进幼儿的学习与发展。

【实例链接】

食品安全我懂得(小班)

目标之一:能参考生产日期及安全标志选购安全健康的食品。

评价:这一目标对于小班幼儿来讲,要求过高,可将其调整为“知道食品是有保质期的,并初步具有选择安全健康食品的意识”。

今天,你刷牙了吗(大班)

目标之一:了解刷牙的方法,能在家人的帮助下采用基本的方法刷牙。

评价:一般而言,幼儿自入园起,就已经开始了生活常规的学习与练习,大部分幼儿在中班上期就已掌握刷牙的基本方法,并能独立完成刷牙活动。可见,此目标对于大班幼儿来讲,要求过低。

5. 目标要凸显要点,主次分明

一次具体的教育活动不可能承载过多的发展目标,必须要有所侧重,要有针对性地突出某些关键经验和核心的学习任务。所以在设置目标时要学会取舍,即突出主要目标,舍去次要目标,切忌面面俱到、不明重点。

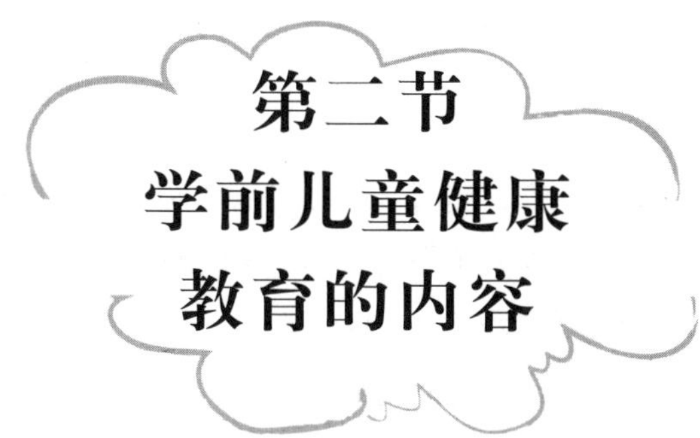

第二节 学前儿童健康教育的内容

一、选择学前儿童健康教育内容的基本原则

（一）整合性原则

完整的幼儿教育，切不可割裂有益于幼儿发展的整体经验，而是应该将教育的内容进行整合。对于学前儿童的健康教育，一方面，关注本领域内不同内容的整合，如整合身体保健与心理保健的内容，整合身心保健与体育锻炼的内容等；另一方面，整合学前儿童健康教育与其他领域教育的内容。

【实例链接】

“齐心协力”（节选）（大班）

◇活动目标

1. 体验不同的运动方式，增强动作的协调性，提高下肢肌肉力量。
2. 在合作游戏中增进与同伴的感情，较快适应新的班级。
3. 体验与人合作的重要性。

◇活动重难点

1. 活动重点：在体育游戏中结识新的朋友。

2. 活动难点：与不太熟悉的同伴进行合作游戏。

【分析】该活动整合了健康领域与社会领域的内容。

（案例来源：北京市石景山区实验幼儿园 刘金玲）

（二）均衡性原则

学前儿童健康教育领域包含多个板块内容的学习，如生活与卫生习惯的养成、安全教育、饮食营养教育等，且每一类内容的教育对幼儿的健康发展都至关重要。如生活与卫生习惯的教育关系到幼儿日常健康行为的养成，安全教育关系到幼儿的身心健全，饮食营养教育关系到幼儿能量的满足。因此，学前儿童健康教育的内容要兼顾幼儿多方面的需要，全面均衡地选择内容，不能以某个方面的内容或以体育取代健康教育的全部内容。

（三）序列性原则

序列性原则就是要重视先前经验对新经验的影响，按照“先简后繁、先易后难”的原则逐步使后续学习成为先前经验的不断加深和扩展。为此，在选择教育内容时应注意时间的逻辑顺序，考虑知识经验间的相互衔接。如中班幼儿在学习“拍球”的单元活动中，应先是学会原地连续地拍球，然后才是左右手轮换拍球或行进中拍球的学习。在饮食营养教育中，要先使幼儿对各类食物有一个初步的认识，之后再进行合理搭配食物能力的训练；在安全教育中，要先让幼儿知道自己家庭的联系信息和各类报警电话，才能进一步学习在一些紧急情况下的应对策略。

（四）生活性原则

学前儿童健康教育的内容选择要与幼儿的生活经验密切结合。为此，要关注幼儿的生活，注重在生活中获得关于生活的知识、经验或技能，并将这些知识、经验、技能还原到生活中去。如大班的幼儿已经开始换牙，在换牙过程中，他们会遇到各种情况，教师便可利用此契机，设计并开展与换牙相关的健康教育活动，幼儿既容易理解，教育效果也较好。

（五）发展性原则

发展性原则是指幼儿健康教育要为幼儿的现实发展负责，同时更要为幼儿的终身发展负责，应该使每一个幼儿得到持续的发展，即幼儿健康教育不能只顾眼前，更应着眼于幼儿的未来发展。所以，那种只强调眼前技能练习却忽视学习品质、兴趣和创造性发展的教育内容并不可取。

二、学前儿童健康教育的主要内容

学前儿童健康教育的主要内容可以分为六个方面，即：心理健康教育、学前儿童日常生活习惯与生活能力教育、饮食与营养教育、身体认识与保护教育、自身安全教育、体育锻炼。具体内容如下表所示：

学前儿童健康教育的分类和内容[①]

分类	内容
心理健康	(1)学会表达和调整自己情绪情感的方式。 (2)学习锻炼社会交往技能。 (3)形成良好的行为习惯。 (4)培养独立生活和学习的能力。 (5)健康的性心理。 (6)预防心理障碍和行为异常。
日常生活习惯与生活能力	(1)学会洗手、刷牙的基本方法。 (2)学会穿脱，养成整理衣服的习惯。 (3)学会手帕或纸巾的使用。 (4)坐、站、行、睡姿势正确。 (5)按时排便。 (6)良好的作息习惯。 (7)学会活动用具的整理。 (8)关心周围环境的卫生。
饮食与营养	(1)情绪愉快，愿意独立进餐。 (2)能辨识常见的食物，膳食平衡，少吃零食，主动饮水。 (3)按时进餐，保持清洁，进餐习惯良好。 (4)中外饮食文化的初步感受。
身体认识与保护	(1)身体外形的了解，五官的认识与保护。 (2)换牙、护牙知识的初步掌握。 (3)用眼卫生。 (4)积极配合疾病的预防与治疗。 (5)培养探索生命现象的兴趣。

① 王潇.幼儿园健康教育与活动指导[M].上海：华东师范大学出版社，2015.

（续表）

分类	内容
自身安全	(1)日常生活中安全常识与规则的了解及遵守，过马路、乘坐交通工具、玩大型运动器械时能注意安全。 (2)认识有关的安全标志，遵守交通规则，初步形成自我保护意识。 (3)了解应对意外事故(如：火灾、雷击、地震、台风等)的常识，具备基本的求生技能。
体育锻炼	(1)培养参加体育活动的兴趣。 (2)走、跑、跳、爬、投掷、攀登等动作协调灵活。 (3)随音乐节奏做徒手操、模仿操和轻器械操。 (4)注意运动中的安全，能守规则、谦让、合作。

真题模拟

下列不属于幼儿园健康教育活动内容的是(　　)。

A. 生活习惯与能力　　B. 保护自身安全

C. 身体活动的知识和技能　　D. 能听懂并理解多种游戏规则

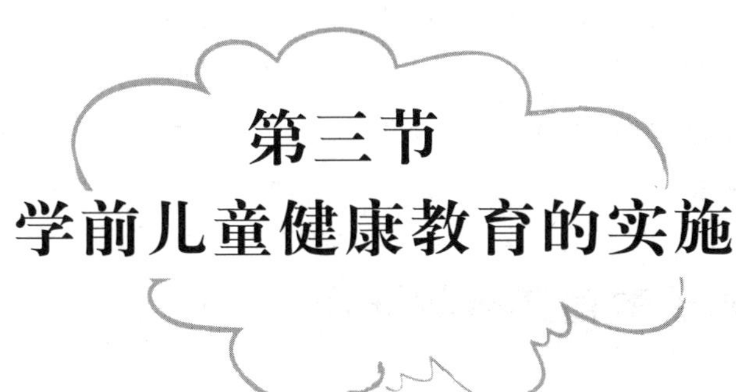

第三节 学前儿童健康教育的实施

一、学前儿童健康教育实施的原则

(一)科学性原则

学前儿童健康教育实施的科学性原则主要体现在两个方面:一是活动的开展要遵循幼儿身心发展规律与特点,要求教师要对幼儿的身体、心理、适应能力、生活习惯、动作发展有着客观、科学的认识;二是指在向幼儿解释周围生活中的健康问题、健康行为及帮助幼儿养成良好的生活与卫生习惯的过程中要保证科学、正确。

(二)活动性原则

基于幼儿的思维特点,活动更能给予他们丰富的感受与体验,更能充分调动其参与的主动性与积极性。为此,教师应多通过活动的形式组织开展健康教育活动,让幼儿在活动体验中获得与日常生活相关的健康知识与经验,在活动操作中获得对健康行为的理解,激发其在活动中体验安全、体验交往,养成习惯,习得运动能力。

(三)渗透性原则

学前儿童健康教育实施的渗透性原则主要包含两个方面的内容:一是各领域内容的相互渗透,如培养幼儿的自我保护意识和能力可以通过儿歌的形式渗透至语言活动中;二是学前儿童健康教育的实施要在一日生活中进行渗透。具体而言,健康教育的内容与幼儿的日常生活密切相关,教师要善于发现并利用日常生活中的教育契机,促进幼儿在日常生活中通过不断的体验、练习与学习,逐渐养成良好的生活与卫生习惯等。

(四)游戏性原则

游戏是幼儿自主自愿的活动,是幼儿生活中最重要的活动,学前儿童的健康教育要多通过游戏的形式来开展。如在体育活动中,教师要积极采用角色扮演的游戏唤醒幼儿的运动经验,创设游戏情境与规则使幼儿参与到体育活动中,这样既能锻炼幼儿身体,又能提升其兴趣,培养幼儿良好的运动品质。

二、学前儿童健康教育实施的途径

(一)在日常生活中渗透健康教育

陈鹤琴先生认为:“儿童离不开生活,生活离不开健康教育;儿童的生活是丰富多彩的,健康教育应把握时机。”学前儿童健康教育的出发点和归宿是培养其良好的习惯、健康的行为,即养成健康的生活方式。然而,学前儿童健康的生活方式的养成是一个循序渐进的过程,它应当贯穿于幼儿一日生活之中。

1. 借助一日生活环节进行教育

一日生活中的各个环节都蕴含着许多学习与发展的机会,学前儿童良好的生活习惯养成教育需要在日常生活中逐步形成。因此,要妥善利用日常生活中的每一个环节,对儿童进行适时的教育。如就餐前介绍食谱,进行营养饮食活动的延伸教育,结合漱口环节加强牙齿健康教育活动的作用等。

真题解析

(2013年上半年《幼儿综合素质》考题)在幼儿园工作实践中,一些教师认为上课是传授知识、发展幼儿智力的唯一途径,组织幼儿进餐、睡眠等只是保育工作,这些思想有违(　　)。

A. 循序渐进原则

B. 发挥一日生活的整体功能原则

C. 重视年龄特点和个别差异原则

D. 尊重幼儿原则

【答案解析】B。幼儿园一日生活是幼儿园每天需要进行的保教活动,进餐、睡眠等教育内容不仅可以在专门的健康领域的教育活动中进行,还需要渗透在一日生活中。教师要让一日生活发挥作用，使教育内容得到整合，寓教育于生活之中。

2. 在日常生活中创设健康的教育环境

《幼儿园教育指导纲要(试行)》指出：“环境是重要的教育资源，应通过环境的创设和利用有效地促进幼儿的发展。”为此，在实施健康教育活动时，应重视在日常生活中为学前儿童营造健康教育的环境，使其在潜移默化中养成健康的生活方式。当然，此环境可分为物质环境和精神环境两个方面。

(1)创设适宜的物质环境。在开展学前儿童健康教育时，可以根据不同的目标借助相应的标志、示意图等实物，引导学前儿童在自然而然的生活过程中逐步形成良好的生活习惯。例如：饮水桶旁边的墙饰可以提醒幼儿多喝水，盥洗室墙面上的“洗手的步骤图”可以告知学前儿童正确的洗手方法，地上的小脚印可以引导幼儿学会有秩序地排队等候。

(2)营造温馨的精神环境。《幼儿园教育指导纲要(试行)》指出：“教师的态度和管理方式应有助于形成安全、温馨的心理环境；言行举止应成为幼儿学习的良好榜样。”宽松、愉悦的精神氛围可以给予学前儿童安全感，使其全身心地投入活动，使活动达到最优状况。在开展健康教育活动时，应充分重视精神环境的构建，营造和谐的氛围，使幼儿在温馨友爱的环境中形成健康的人格。

拓展阅读

创设良好环境 幼儿快乐进餐(节选)

我们发现，环境对进餐质量有着关键性的影响，尤其对小班幼儿而言，环境的作用更为显著。那么怎样为小班幼儿营造一个适宜的进餐环境，让他们充分享受进餐过程，进而养成良好的进餐习惯呢？在实践中，我们总结出一些经验。

1. 组织有利于稳定幼儿情绪的餐前安静游戏

一天，户外游戏活动刚结束不久就到了午餐时间。我们发现午餐时幼儿显得特别兴奋，甚至有些浮躁。幼儿带着兴奋的情绪进餐，不仅不利于食物消化，而且无异于良好饮食习惯的养成。因此如果餐前安排了快节奏的活动，我们会组织一个安静的过渡活动，如手指游戏、谈话活动或给孩子讲段故事，以稳定幼儿的情绪，再引导他们进入用餐环节。

2. 营造舒适的进餐环境

小班幼儿喜欢游戏化的情境，为此我们在餐厅环境创设上花了一番心思。我们将原本独立摆放的桌子拼合成两张长餐桌：一来让幼儿感受到用餐环境与日常活动环境的不同，让幼儿能满怀信心地期盼着快乐的午餐时间；二来可以让幼儿和尽可能多的好朋友坐在一起，放松心情享受美好的午餐时光。我们铺上漂亮的桌布，还播放一些节奏舒缓、柔美的钢琴曲，如《爱的序曲》、《天堂的大门》。音乐仿佛有种神奇的魔力，幼儿于不知不觉中降低了说话的声音，惬意地享受着进餐的愉悦。到后来，幼儿还会把自己喜欢的音乐推荐给大家，在进餐时和小朋友一起分享。总之，我们尽力为幼儿营造一个温馨的用餐氛围，让幼儿保持一种轻松愉快的用餐心情，同时体验到集体生活的快乐。

3. 不勉强幼儿吃不爱吃的食物

面对幼儿的偏食现象，我们曾经用尽各种激励方法，试图引导幼儿爱上自己原本不爱吃的食物。但我们发现，虽然幼儿会为了赢得教师的表扬强迫自己吃，但他们总是皱着眉头、咧着嘴，表情很痛苦，还会违心地说“我爱吃”。幼儿在教师竖起的大拇指的诱导下学会了伪装，这样的教育其实是失败的。

慢慢地我们转变了观念，开始思考：为什么非要逼迫幼儿吃他们觉得味道怪怪的芹菜、香菇呢？这些食物中的营养素在别的食物中就没有吗？现在，我们遇到幼儿不喜欢吃某种食物时，会建议他们少量吃一些，不会要求他们必须吃完。

在进餐量上，我们也不勉强幼儿。我们发现幼儿通常不愿意饭菜盛得太满，因为怕自己吃不完。他们宁愿多添几次，还可以自豪地宣告“我吃了两碗”。因此，给幼儿盛的第一碗饭要适量，以便留出机会让幼儿自己去添饭，幼儿的压力小了，反而吃得更好了。

4. 以平常心对待进餐中的小插曲

小班幼儿手部控制力不足，经常会出现撒饭、洒汤的情况。发生这样的情况，幼儿会很紧张。其实，幼儿的紧张背后反映出的是教师对此事的态度。我们曾经也忍住怒气一遍遍地对幼儿强调：“请你把桌子擦干净，把小胸脯贴着桌子一口菜、一口饭地吃。”这其实是一种“礼貌性的强迫”，幼儿完全会从教师的态度中感到自己犯了错，因此会紧张惊慌。作为教师，我们应改变态度，以平常心对待这类进餐中的小插曲，理解幼儿，知道他们已经非常努力，他们是在不经意中把饭菜撒出来的。在幼儿还没有能力收拾残局的情况下，教师要像妈妈一样帮助他们一起收拾，还要对他们说：“没关系的，用布擦干净就好了。”教师还可以多加示范，以帮助幼儿习得正确的坐姿和用勺方法。

（资料来源：北京市石景山区实验幼儿园 孙涛，邬婧）

(二)开展健康教育活动

幼儿园健康领域教育活动有专门的健康教育活动、主题活动和渗透于其他领域的活动三种形式。

1. 专门的健康教育活动

专门的健康教育活动可以更具体、系统地对学前儿童进行健康指导,这是帮助学前儿童获得健康知识、形成健康意识、培养健康行为与习惯的重要途径。健康教育活动可以围绕健康领域的某一个目标开展,也可以整合其他领域开展。

2. 主题活动

主题活动不是一次教育活动,而是在一段时间内围绕一个主题开展的一系列教育活动,它能够促进儿童认识事物的整体性与系统性,使儿童对某一主题形成较为完整的经验与体验。例如,开展"爱吃蔬菜"的活动,可以让幼儿在种植区亲自种植、采摘蔬菜,可以让家长带幼儿到农贸市场认识各种各样的蔬菜,可以让幼儿参与制作蔬菜菜肴的过程,还可以利用部分蔬菜开展拓印、装饰活动。需要注意,在开展主题活动时,要考虑各个活动之间的内在联系和价值关联,切勿将主题活动做成"拼盘式"活动。

3. 渗透于其他领域的教育活动

其他领域的学习可以帮助促进学前儿童身心健康发展,实现健康教育的某些目标。如歌唱、表演等艺术领域的教育活动可以使幼儿情绪情感得到抒发与释放,有利于其心理健康;绘画、手工制作等活动可以促进幼儿小肌肉动作的发展;在"认识蔬菜"的科学活动中可引导幼儿养成不偏食、不挑食的良好习惯;"遵守交通规则"的社会领域活动可引导幼儿学会自我保护。

(三)幼儿园与家庭、社区合作共育

学前儿童良好生活和卫生习惯等的养成是需要在各种生活环境中一以贯之的,如果仅靠幼儿园的健康教育而没有家庭、社区等其他环境教育的积极配合,教育效果就会大打折扣。因此,学前儿童的健康教育需要争取家庭、社区等的积极配合。如幼儿在幼儿园刚学会穿衣、洗漱,回到家里,父母也应配合,给予幼儿锻炼的机会,以促进幼儿在生活中自然习得这些生活能力与习惯;家长可带幼儿参观集贸市场、菜园、超市等,获得不偏食等营养方面的相关经验;等等。

三、学前儿童健康教育实施的方法

在组织学前儿童健康教育活动时，可以根据幼儿的身心发展特点、学习规律以及健康教育的目的与内容选择不同的健康教育方法。在学前儿童阶段，常用的方法有以下几种。

（一）游戏

游戏是学前儿童的基本活动，在学前儿童教育中占有极为重要的地位。在开展学前儿童健康教育活动时，将健康教育的内容融于游戏，易于儿童接受和理解，可以最大限度地调动儿童的积极性，发挥儿童的主动性，优化教育效果。如在身体健康活动“洗洗小汽车”中，教师将洗脸转化为“洗汽车”的游戏，创设相应的情境，让儿童在轻松的游戏中学习洗脸的方法，并且养成主动洗脸的好习惯。

（二）亲身体验

儿童学习以直接经验学习为主。让儿童亲身体验、实际操作，可以使教育活动生动有趣，提高儿童的参与性。例如，营养教育活动中，可以让儿童参与制作食物的过程，如洗菜、择菜等，儿童的实际操作活动可以加强儿童对于食物的喜爱，丰富关于食品的经验。

（三）动作练习

儿童生活技能和健康行为的养成，需要反复的练习才能形成稳定的动作和行为习惯。例如，正确的洗手方法、衣物的穿脱与整理、使用筷子的方法等，都需要在家长与教师的反复指导下，才能真正掌握。要注意，不能一味地进行技能练习，应通过儿童喜爱的方式予以开展。

（四）讨论

讨论是教育活动中经常使用的方式，通过教师与儿童的问答或者同伴之间的讨论，可以激发儿童结合问题进行积极的思考，加深儿童对问题的理解，也可以帮助儿童尊重他人的观点和情感。例如，安全教育活动“陌生人来了怎么办”，教师可以组织儿童讨论，在讨论中，儿童可以学习、总结不同的做法，丰富他们的生活经验。

此外，还可以采用多媒体、参观、访问等方式开展学前儿童健康教育。这些方法都有各自的优势与局限，教师在组织健康教育活动时，可以综合采用多种方式，以调动儿童学习的兴趣，培养儿童的健康行为。

第四节
学前儿童健康教育的评价

一、学前儿童健康教育评价的内容

从广义上来讲，学前儿童健康教育评价涉及多个方面。它包括对学前儿童健康教育活动的评价，对幼儿知识、态度和行为状况的评价，对生长发育和发展状况的评价，还包括卫生保健工作状况评价等内容。这里重点阐述后三者。

（一）对幼儿的知识、态度和行为状况的评价

对幼儿的知识、态度和行为状况的评价，是对幼儿的健康知识、健康态度和健康行为的养成状况进行调查，从而评价健康教育的效果，进一步了解幼儿对健康教育的需求。

1. 健康知识

对幼儿健康知识水平的评价，通常采用前后对照测试的方法。考虑到幼儿认知水平，一般通过口头测试来了解他们对健康知识的掌握情况。

2. 健康态度

对幼儿健康态度的评价，主要是指对幼儿执行和保持健康行为的态度进行评价。促进幼儿的健康发展离不开成人对幼儿健康的指导，也需要幼儿的主动参与。对幼儿进行健康态度的评价，通常主要考察幼儿是积极主动还是消极被动地执行和保持某一健康行为。

3. 健康行为

对幼儿健康行为的评价，主要是对幼儿良好的生活、卫生、品德、行为习惯等

的形成率进行评价。为了促进幼儿健康的发展，应该让幼儿积极发挥健康潜能，主动参与健康评价的过程。这样的自我评价更有助于幼儿健康态度的培养和健康行为的形成。

（二）对幼儿的生长发育和发展状况的评价

学前儿童生长发育评价主要是对照某一阶段的发展标准，利用形态指标、生理功能指标、生化指标、心理指标对儿童形态、生理功能、心理等方面进行判断。主要用于：评价个体、群体儿童现时的生长发育水平处于什么等级；筛查、诊断生长发育障碍；评价营养和生活环境因素对生长发育的影响，提供保健咨询建议，列入社区健康水平的质变体系；通过观察指标变化，评价幼儿园各项卫生措施的实现，并作为实施卫生监督的依据。

按我国卫生部要求，自1996年起，儿童体格发育评价采用国际通用的世界卫生组织推荐的标准。该标准用年龄与体重、年龄与身高、年龄与心智发育三个标准来衡量儿童的生长发育。

世界卫生组织0—10岁儿童体格心智发育评价标准参考值（男）

标准范围 年龄	体重(kg)	身高(cm)	心智发育
初生	2.9−3.8	48.2−52.8	伏卧抬头，对声音有反应。
1月	3.6−5.0	52.1−57.0	伏卧抬头45度，能注意父母面部。
2月	4.3−6.0	55.5−60.7	伏卧抬头90度，笑出声、尖声叫、应答性发声。
3月	5.0−6.9	58.5−63.7	伏卧抬头，两臂撑起，抱坐时头稳定，视性能跟随180度，能手握手。
4月	5.7−7.6	61.0−66.4	能翻身，握住摇荡鼓。
5月	6.3−8.2	63.2−68.6	拉坐，头不下垂。
6月	6.9−8.8	65.1−70.5	坐不需支持，听声转头，自喂饼干，握住玩具不被拿走，怕羞，认出陌生人，方木能递交。
8月	7.8−9.8	68.3−73.6	扶东西站，会爬，无意识叫爸爸、妈妈，咿呀学语，躲猫猫，听得懂自己的名字，会摇手表示再见。
10月	8.6−10.6	71.0−76.3	能自己坐，扶住行走，自己熟练协调地爬，理解一些简单的命令，如“到这儿来”，自己哼小调，说一个字。

（续表）

年龄＼标准范围	体重(kg)	身高(cm)	心智发育
12月	9.1–11.3	73.4–78.8	独立行走，有意识叫爸爸、妈妈，用杯喝水，能辨别家人的称谓和家庭环境中的熟悉的物体。
15月	9.8–12.0	76.6–82.3	走得稳，能说三个字短句，模仿做家务，能叠两块积木，能体验与成人一起玩的愉快心情。
18月	10.3–12.7	79.4–85.4	能走梯，理解、指出身体部分，能脱外套，自己能吃饭，能识一种颜色。
21月	10.8–13.3	81.9–88.4	能踢球，举手过肩抛物，能叠四块积木，喜欢听故事，会用语言表示大小便。
2岁	11.2–14.0	84.3–91.0	两脚并跳，穿不系带的鞋，区别大小，能识两种颜色，能识简单形状。
2.5岁	12.1–15.3	88.9–95.8	独脚立，说出姓名，洗手会擦干，能叠八块积木，常提出“为什么”，尝试与同伴交谈，相互模仿言行。
3岁	13.0–16.4	91.1–98.7	能从高处往下跳，能双脚交替上楼，会扣纽扣，会折纸，会涂糨糊粘贴，懂饥、累、冷，会用筷，能一页页翻书。
3.5岁	13.9–17.6	95.0–103.1	知道颜色，不再缠住妈妈，开始有想象力，自言自语。
4岁	14.8–18.7	98.7–107.2	能独立穿衣，模仿性强。
4.5岁	15.7–19.9	102.1–111.0	能说简单的反义词，爱做游戏。
5岁	16.6–21.1	105.3–114.5	解释简单词义，识别物件原料。
5.5岁	17.4–22.3	108.4–117.8	开始抽象逻辑思维，自觉性、坚持性、自制性有明显表现。
6岁	18.4–23.6	111.2–121.0	想象力丰富，情绪开始稳定。
7岁	20.2–26.5	116.6–126.8	感知：有目的、有意识的知觉和观察能力，空间知觉和时间知觉不断发展。
8岁	22.2–30.0	121.6–132.3	注意力：无意注意→有意注意，有一定的自制能力。
9岁	24.3–34.0	126.5–137.8	记忆力：无意，具体形象→有意理解，抽象逻辑记忆。
10岁	26.8–38.7	131.4–143.6	思维：具体形象→抽象逻辑思维。

世界卫生组织0—10岁儿童体格心智发育评价标准参考值(女)

标准范围 年龄	体重(kg)	身高(cm)	心智发育
初生	2.7−3.6	47.7 −52.0	伏卧抬头,对声音有反应。
1月	3.4−4.5	51.2−55.8	伏卧抬头45度,能注意父母面部。
2月	4.0−5.4	54.4−59.2	伏卧抬头90度,笑出声、尖声叫、应答性发声。
3月	4.7−6.2	57.1−59.5	伏卧抬头,两臂撑起,抱坐时头稳定,视性能跟随180度,能手握手。
4月	5.3−6.9	59.4−64.5	能翻身,握住摇荡鼓。
5月	5.8−7.5	61.5−66.7	拉坐,头不下垂。
6月	6.3−8.1	63.3−68.6	坐不需支持,听声转头,自喂饼干,握住玩具不被拿走,怕羞,认出陌生人,方木能递交。
8月	7.2−9.1	66.4−71.8	扶东西站,会爬,无意识叫爸爸、妈妈,咿呀学语,躲猫猫,听得懂自己的名字,会摇手表示再见。
10月	7.9−9.9	69.0−74.5	能自己坐,扶住行走,自己熟练协调地爬,理解一些简单的命令,如“到这儿来”,自己哼小调,说一个字。
12月	8.5−10.6	71.5−77.1	独立行走,有意识叫爸爸、妈妈,用杯喝水,能辨别家人的称谓和家庭环境中的熟悉的物体。
15月	9.1−11.3	74.8−80.7	走得稳,能说三个字短句,模仿做家务,能叠两块积木,能体验与成人一起玩的愉快心情。
18月	9.7−12.0	77.9−84.0	能走梯,理解、指出身体部分,能脱外套,自己能吃饭,能识一种颜色。
21月	10.2−12.6	80.6−87.0	能踢球,举手过肩抛物,能叠四块积木,喜欢听故事,会用语言表示大小便。
2岁	10.6−13.2	83.3−89.8	两脚并跳,穿不系带的鞋,区别大小,能识两种颜色,能识简单形状。
2.5岁	11.7−14.7	87.9−94.7	独脚立,说出姓名,洗手会擦干,能叠八块积木,常提出“为什么”,尝试与同伴交谈,相互模仿言行。
3岁	12.6−16.1	90.2−98.1	能从高处往下跳,能双脚交替上楼,会扣纽扣,会折纸,会涂糨糊粘贴,懂饥、累、冷,会用筷,能一页页翻书。

（续表）

年龄 \ 标准范围	体重(kg)	身高(cm)	心智发育
3.5岁	13.5—17.2	94.0—101.8	知道颜色，不再缠住妈妈，开始有想象力，自言自语。
4岁	14.3—18.3	97.6—105.7	能独立穿衣，模仿性强。
4.5岁	15.0—19.4	100.9—109.3	能说简单的反义词，爱做游戏。
5岁	15.7—20.4	104.0—112.8	解释简单词义，识别物件原料。
5.5岁	16.5—21.6	106.9—116.2	开始抽象逻辑思维，自觉性、坚持性、自制性有明显表现。
6岁	17.3—22.9	109.7—119.6	想象力丰富，性绪开始稳定。
7岁	19.1—26.0	115.1—126.2	感知：有目的、有意识的知觉和观察能力，空间知觉和时间知觉不断发展。
8岁	21.4—30.2	120.4—132.4	注意力：无意注意→有意注意，有一定的自制能力。
9岁	24.1—35.3	125.7—139.7	记忆力：无意，具体形象→有意理解，抽象逻辑记忆。
10岁	27.2—40.9	131.5—145.1	思维：具体形象→抽象逻辑思维。

根据上述评价指标，幼儿保教机构对幼儿进行入园前和入园后定期或不定期的健康检查，将检查结果与正常标准相比较，从而对幼儿的生长发育指标达成情况进行全面评价。幼儿入园前的体格检查，一般在特约医疗单位进行，通过检查重点了解幼儿生长发育及健康状况，以鉴定是否适合集体生活，并预防传染病进入保教机构。入园后的体格检查旨在全面了解幼儿生长发育及健康状况，评估体格发育的水平，并检查有无不利于生长发育的因素并及时加以干预，对体检发现的健康问题给予矫治，为体弱儿建立档案以便加强管理。因此，幼儿生长发育指标达成及健康情况是健康教育评价的重要内容。

（三）卫生保健工作状况评价

幼儿卫生保健工作状况评价包括对幼儿健康服务和幼儿健康环境的评价。

1. 对幼儿健康服务的评价

对幼儿健康服务的评价是针对幼儿的一切卫生保健措施的评价，包括卫生保健工作的领导、管理者和组织者（如建立伙食管理委员会、心理咨询小组），保教、保健人员的培训，卫生保健制度的制订，各种保健资料存档，保育、保健职责的落实，等等。

2. 对幼儿健康环境的评价

对幼儿健康环境的评价包括物质环境和精神环境的评价。

物质环境评价主要包括幼儿基本用房及活动场地等空间条件及其合理使用情况，玩具、教具、设备的拥有及其充分利用情况，室内外环境的通风、采光、绿化、安全、卫生状况，等等。

精神环境评价主要包括教师与教师之间、教师与幼儿之间、幼儿与幼儿之间的关系是否融洽，是否充满温馨的情感氛围，是否有利于幼儿与人交往、互助、合作与分享，是否能够经常地满足幼儿的活动、生活、安全等各种需要，能否针对不同幼儿的需要与特点进行个别照顾、个别指导和个别咨询，等等。

幼儿园安全与卫生保健工作评价涉及范围很广，应从本园实际需要和各年龄阶段特点出发，选择并确定评价的内容和指标体系，要将评价内容和目的综合起来加以考虑，发挥评价的导向性。

幼儿园安全和卫生保健工作评价指标体系的内容

评价指标	评价内容	评价水平			
		优	良	中	差
工作制度	(1)与幼儿园安全和卫生保健工作相关的各类人员的岗位职责。 (2)幼儿安全管理制度。 (3)幼儿各种意外伤害预防制度(如烫伤、药物中毒、腹泻、外伤等)。 (4)幼儿园事故处理制度。 (5)幼儿园设施、车辆等管理制度。 (6)幼儿园各种灾害预防应急预案(如火灾、水灾、雪灾、地震等)。 (7)幼儿园室内及环境卫生管理制度。 (8)幼儿体育锻炼制度。 (9)幼儿园卫生消毒及隔离制度。				
安全管理	(1)严格执行各项安全规章制度。 (2)经常对教职工进行安全工作教育。 (3)定期检查园内各种设施和设备有无安全隐患，如有，发现后应立即上报并排除。 (4)在幼儿园各年龄段的课程中皆有对幼儿的安全教育内容并经常训练。 (5)幼儿用品无有毒成分。				

（续表）

评价指标	评价内容	评价水平			
		优	良	中	差
卫生与保健	(1)严格执行卫生保健规章制度。 (2)坚持执行幼儿生活用具、玩教具的消毒工作要求。 (3)户外环境、幼儿活动室、寝室卫生每天要有专人负责清扫，定期粉刷、消毒。				
卫生与班级	(1)培养教职工和幼儿爱护环境、讲卫生的好习惯。 (2)在流行性疾病多发期要做好卫生防疫工作。 (3)每天结合幼儿生活内容，帮助幼儿形成良好的生活习惯、卫生习惯、学习习惯。 (4)科学制订幼儿一日生活制度，要保证幼儿充足的户外活动时间。 (5)每班都要有幼儿出勤记录、服药记录、消毒记录，记录准确，无遗漏。 (6)加强对食堂的管理，坚决杜绝食物中毒现象。 (7)课程中有幼儿情感教育的内容，注重培养幼儿良好的个性。 (8)有专门用于宣传疫病预防知识的设施并经常进行各种形式的宣传活动。 (9)按照规定定期进行幼儿和教职工体检。				

真题模拟

幼儿园环境分为物质环境和（　）。

A. 社会环境

B. 精神环境

C. 城市环境

D. 局部环境

二、学前儿童健康教育评价的方法

幼儿健康教育评价的方法有很多，一般应根据评价的任务、要求和实际需要选择适宜的方法。常采用的方法有以下几种。

（一）观察法

观察法是指人们有目的、有计划地对自然状态下发生的现象和行为进行记录和观察，进而获得事实材料、掌握事实真相的一种方法。当然，在对学前儿童日常健康行为进行观察和记录时，观察者应增强观察的准确性。如幼儿洗手的及时性和干净程度，与同伴交往的主动性，活动中对危机情形的反应能力，等等。

（二）核对名册法

例如，针对是否形成某一健康行为或态度，以及行为或态度水平，对所有幼儿逐一进行评估。

（三）轶事纪录法

对有特殊健康问题的幼儿的进步过程做详细记录是有价值的，记录时应尽量观察准确。

（四）调查法

调查法是指调查者通过查阅、问卷、访谈等手段，有目的、有计划地搜集反映被调查者实际健康状况的方法。常用的调查法主要有资料调查法、问卷调查法、访谈调查法三种形式。

真题模拟

1. 在幼儿园，教师除了引导幼儿了解基本的保健与安全知识之外，还在活动中做好安全预防工作，也积极通过体育活动提升幼儿身体素质，这体现了（　　）。

A. 保护与锻炼并重的原则

B. 身心和谐发展的原则

C. 行为的形成与态度的转变并重的原则

D. 幼儿全面发展的原则

2. 在幼儿园，教师通过《鳄鱼伯伯 牙医怕怕》这一绘本的故事活动引导幼儿懂得爱护自己的牙齿，知道要早晚刷牙、饭后漱口。对此活动，以下表述不正确的是（　　）。

A. 语言领域的学习也能促进幼儿身心的健康发展

B. 学前儿童健康教育活动的实施途径是多样的

C. 渗透于其他领域的活动比专门的健康领域活动效果好

D. 这一活动也能较好达成幼儿健康领域的发展目标

【思考与实训】

思考:

1. 学前儿童健康教育的总目标是什么?

2. 学前儿童健康教育的年龄阶段目标是什么?

3. 选择学前儿童健康教育内容的基本原则有哪些?

4. 举例说明学前儿童健康教育实施的途径。

实训:

1. 请以学习小组为单位,到附近幼儿园进行见习,认真观察、记录一次幼儿园健康教育活动,并根据所学知识做好评析。

2. 请根据所学知识修改并分析以下健康教育活动的目标。

中班体育活动目标

(1)体验手脚协调地在竹梯上攀爬,发展幼儿的攀爬能力和平衡协调能力。

(2)体验在竹梯上勇敢攀爬的乐趣。

中班"我爱蔬菜宝宝"活动目标

(1)通过多种途径进一步认识各种蔬菜。

(2)了解吃菜的好处与不吃菜的坏处。

(3)培养幼儿爱吃蔬菜的习惯。

中班"认识牛奶"活动目标

(1)认识各种乳类食品。

(2)让幼儿懂得喝牛奶对身体有好处。

(3)培养幼儿坚持喝牛奶的良好习惯。

第3章

学前儿童生活习惯和生活能力教育

吃过午餐，孩子们为了更快地参与区角活动，有的饭后擦完嘴巴而忘记了漱口；有的幼儿则敷衍了事地漱口就急忙离开；有的幼儿不接温开水，而去接自来水漱口；有的没有掌握正确的漱口方法，将漱口水溅到身上；还有的竟然直接将漱口水咽下……

《幼儿园教育指导纲要（试行）》指出："幼儿园健康教育要根据幼儿身心发展的特点，通过适宜有效的多种活动，提高幼儿的健康认知水平。改善幼儿的健康态度，培养幼儿的健康行为，最终使幼儿养成健康的生活方式。"本章重点从学前儿童生活习惯、生活能力教育的目标、内容、途径三个方面进行介绍。

【学习目标】

1. 理解和掌握学前儿童生活习惯与生活能力教育的目标、内容及实施方法。

2. 能选择适宜的学前儿童生活习惯与生活能力的活动内容，并进行合理组织与有效指导。

3. 注重保教结合，重视日常各生活环节及教师自身的言行对学前儿童发展的重要价值。

【学习重难点】

1. 掌握学前儿童生活习惯和生活能力教育的内容、方法和指导策略。

2. 能根据不同年龄段幼儿的身心发展特点，选择适宜的生活习惯与生活能力活动内容，并进行有效指导。

【知识结构图】

- 学前儿童生活习惯和生活能力教育
  - 学前儿童生活习惯和生活能力教育概述
    - 学前儿童生活习惯和生活能力教育的概念
    - 学前儿童生活习惯和生活能力教育活动的总目标
    - 学前儿童生活习惯和生活能力教育的年龄阶段目标
    - 学前儿童生活习惯和生活能力教育的内容
  - 学前儿童生活习惯和生活能力教育的实施
    - 学前儿童生活习惯和生活能力教育的途径
    - 学前儿童生活习惯和生活能力教育的方法
    - 学前儿童生活习惯和生活能力教育的注意事项

第一节 学前儿童生活习惯和生活能力教育概述

一、学前儿童生活习惯和生活能力的概念

（一）学前儿童生活习惯的概念

生活习惯是指一个人在日常衣食住行活动中，由于日积月累地不断重复而形成并巩固下来的行为方式。学前儿童良好的生活习惯包括卫生习惯、饮食习惯、睡眠起居习惯、基本的生活自理习惯等。学前阶段的幼儿身体迅速生长，可塑性大，是养成良好生活习惯的关键年龄阶段。

（二）学前儿童生活能力的概念

生活能力是指自己料理个人生活、自己管理自己的能力，是每个人独立在社会上生活最基本的能力。[1]生活自理能力是幼儿适应自然、适应社会的表现，也是独立性的重要方面。

《幼儿园工作规程》明确指出："幼儿园日常生活组织，要从实际出发，建立必要的合理的常规，坚持一贯性、一致性和灵活性的原则，培养幼儿的良好习惯和初步的生活自理能力。"《幼儿园教育指导纲要（试行）》指出："培养幼儿良好的饮食、睡眠、盥洗、排泄等生活习惯和生活自理能力"，"教育幼儿爱清洁、讲卫生，注意保持个人和生活场所的整洁和卫生"。

[1] 卢乐山，林崇德．中国学前教育百科全书[M]．沈阳：沈阳出版社，1995.

二、学前儿童生活习惯和生活能力教育活动的总目标

学前儿童生活习惯和生活能力教育活动的总目标是针对同年龄幼儿的一般要求，为具体活动目标的制订提供依据。

（1）了解盥洗的顺序，掌握洗手、刷牙的基本方法。

（2）学会穿脱衣服、整理衣服。

（3）会使用手帕或纸巾。

（4）养成坐、站、行、睡的正确姿势。

（5）能及时排便。

（6）有良好的作息习惯。

（7）进餐时保持愉快的情绪，愿意独立进餐。

（8）认识常见的食物，爱吃各种食物，逐步形成良好的饮食习惯。

（9）主动饮水。

（10）学会整理活动用具，能保持玩具清洁。

（11）保持个人卫生，关心周围环境的卫生。

（12）有初步的生活自理能力。

三、学前儿童生活习惯和生活能力教育的年龄阶段目标

根据《3—6岁儿童学习与发展指南》的要求，幼儿在日常生活习惯和生活能力方面的年龄阶段目标如下所示：

目标1：幼儿具有良好的生活与卫生习惯

3—4岁	4—5岁	5—6岁
（1）在提醒下，按时睡觉和起床，并能坚持午睡。 （2）喜欢参加体育活动。 （3）在引导下不偏食、挑食。喜欢吃瓜果、蔬菜等新鲜食品。 （4）愿意饮用白开水，不贪喝饮料。 （5）不用脏手揉眼睛，连续看电视不超过15分钟。 （6）在提醒下，每天早晚刷牙，饭前便后主动洗手。	（1）每天按时睡觉和起床，并能坚持午睡。 （2）喜欢参加体育活动。 （3）不偏食、挑食，不暴饮暴食。喜欢吃瓜果、蔬菜等新鲜食品。 （4）常喝白开水，不贪喝饮料。 （5）知道保护眼睛，不在过强或过暗的地方看书，连续看电视不超过20分钟。 （6）每天早晚刷牙，饭前便后洗手，方法基本正确。	（1）养成每天按时睡觉和起床的习惯。 （2）能主动参加体育活动。 （3）吃东西时细嚼慢咽。 （4）主动饮用白开水，不贪喝饮料。 （5）主动保护眼睛。不在光线过强或过暗的地方看书，连续看电视不超过30分钟。 （6）每天早晚主动刷牙，饭前便后主动洗手，方法正确。

目标2:具有基本的生活自理能力

3—4岁	4—5岁	5—6岁
(1)在帮助下能穿脱衣服或鞋袜。 (2)能将玩具和图书放回原处。	(1)能自己穿脱衣服、鞋袜、扣纽扣。 (2)能整理自己的物品。	(1)知道根据冷热增减衣服。 (2)会自己系鞋带。 (3)能按类别整理好自己的物品。

四、学前儿童生活习惯和生活能力教育的内容

各年龄段幼儿生活习惯和生活能力内容

习惯	年龄阶段		
	3—4岁	4—5岁	5—6岁
进餐习惯	(1)掌握用勺吃饭的方法。 (2)不含饭、不挑食、不洒饭。 (3)吃饭时不东张西望。 (4)饭后用餐巾将嘴巴擦干净,并漱口。	(1)正确使用筷子进餐。 (2)进餐时细嚼慢咽。 (3)养成收拾餐具的习惯。 (4)掌握较好的进餐姿势。 (5)餐后能够自己擦净手和嘴。	(1)能正确使用筷子。 (2)保持进餐的安静及具有良好的进餐姿势。 (3)知道当日进餐的食物名称,不挑食。
盥洗习惯	(1)知道饭前便后及户外活动后应洗手。 (2)掌握洗手的方法,并注意随手关紧水龙头。 (3)会用毛巾、手绢等将手、脸擦干净。 (4)知道正确的刷牙方法,并初步学习刷牙。	(1)能用肥皂正确地洗手。 (2)用正确的方式擦手、脸,会自己挽袖洗手。 (3)掌握正确的刷牙方式。 (4)坚持每日早晚刷牙。	(1)每天早晚主动刷牙,方法正确。 (2)知道保护牙齿的方法。 (3)具有简单的换牙常识。
如厕习惯	在有便意时能够自己如厕,学习如何穿裤子。	(1)能够根据需要如厕。 (2)如厕后能自己整理衣裤。 (3)学习大便后擦拭的方法。	(1)大便后能正确擦拭,并能整理好衣裤。 (2)便后能主动冲水。

(续表)

习惯	年龄阶段		
	3—4岁	4—5岁	5—6岁
睡眠习惯	(1)能在教师的提醒或帮助下,有顺序地穿脱衣裤、鞋袜。 (2)能将脱下的衣裤、鞋袜放在固定的位置。 (3)能自然、安静地入睡,并能用正确的睡眠姿势午睡。	(1)能独立地穿脱衣裤、鞋袜。 (2)养成入睡前将衣裤放于固定位置的习惯。 (3)入睡、起床时不吵闹。 (4)分清鞋子左右,入睡时整齐摆放。	(1)入睡、起床不吵闹。 (2)能够迅速有序地穿、脱衣服。 (3)能够单独或与其他幼儿合作把床铺整理好。
饮水习惯	(1)生活中养成经常喝水的习惯。 (2)每日饮水不少于4杯。	(1)在日常生活中养成经常喝水的习惯。 (2)每日饮水不少于5杯。	(1)根据自身需要养成经常喝水的习惯。 (2)每日饮水不少于5杯。
卫生习惯	能够随时保持自身的清洁与卫生。	(1)有良好的卫生习惯,知道保持衣着及自身的整洁。 (2)有主动维护环境卫生的意识,不乱扔物品。 (3)有清理环境的习惯。	(1)能够保持自身仪表的整洁。 (2)能够做到不乱扔垃圾。 (3)主动维护公共场所卫生。

(一)盥洗

盥洗包括洗手、洗脸、刷牙、漱口、洗头、洗脚、洗澡、洗外阴肛门和修剪指甲、趾甲等。

1. 洗手

学前儿童用手接触物品最多,被各种病原体感染的机会也最多。因此,饭前便后和活动以后都应洗手。

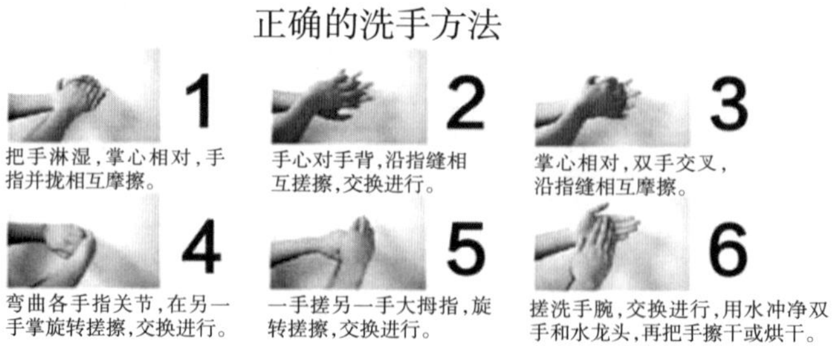

正确的洗手方法

1 把手淋湿,掌心相对,手指并拢相互摩擦。

2 手心对手背,沿指缝相互搓擦,交换进行。

3 掌心相对,双手交叉,沿指缝相互摩擦。

4 弯曲各手指关节,在另一手掌旋转搓擦,交换进行。

5 一手搓另一手大拇指,旋转搓擦,交换进行。

6 搓洗手腕,交换进行,用水冲净双手和水龙头,再把手擦干或烘干。

3-1-1 正确的洗手方法

教师指导要点:

(1)幼儿知道饭前便后以及外出归来时都应洗手,养成勤洗手,随时保持手的清洁的良好习惯。

(2)洗手前卷起衣袖,以免弄湿衣袖。

(3)洗手应使用流动水和肥皂。

(4)提醒幼儿节约用水,控制水流大小。

(5)洗完手后用正确的方法擦干双手,将衣袖放下,整理平整。

(6)采用竖大拇指、语言鼓励、同伴示范、环境暗示等多种方式及时鼓励,促进幼儿良好习惯的养成。

【资料链接】

幼儿在洗手的时候特别喜欢玩水,要么把衣服打湿,要么抹肥皂时不关水龙头,或者不抹肥皂而随便冲冲。教师组织幼儿洗手时,问得最多的是“洗过手了吗?”或“洗干净了吗?”,容易忽略对幼儿洗手方法和细节的指导。教师可以自编一些洗手儿歌,帮助幼儿在朗朗上口的儿歌中学会正确洗手,慢慢养成不玩水、节约用水的好习惯。

《洗手歌》

小朋友,来洗手,
卷起袖,淋湿手,
抹上肥皂做朋友。
手心手心搓一搓,
手背手背抹一抹,
指缝指缝蹭一蹭,
手腕手腕转一转,
最后搓搓手指头。
清清水儿冲一冲,
小小水珠甩干净。
小毛巾,来帮忙,
擦手心,擦手背。
哈哈,我的小手真干净!

(资料来源:重庆西南医院幼儿园)

2. 洗脸

学前儿童早、晚和外出归来应洗脸，天气炎热的季节更应增加洗脸的次数。在幼儿园中，每个幼儿都应有单独使用的毛巾，毛巾应经常消毒，晾在通风的地方。晾挂时，毛巾与毛巾之间要保持一定的距离。

教师指导要点：

(1)引导幼儿知道早上起床后、脸脏时、夏季运动后需要把脸洗干净，养成良好的洗脸习惯。

(2)指导幼儿边念儿歌边洗脸，掌握正确的洗脸方法。

(3)洗脸前，指导有鼻涕的幼儿应先把鼻涕擤出。

(4)洗脸时不打湿衣服，节约用水。

【资料链接】

洗脸歌

双手拿起小毛巾，
平平整整放手心。
洗眼睛，画小圆，
洗脸蛋，画大圈。
洗鼻子，蹭一蹭，
洗洗脖，擦擦耳。
小脸洗得真干净！

（资料来源：重庆西南医院幼儿园）

3. 刷牙

早晚刷牙是防止幼儿龋齿的重要途径，教师应教会幼儿掌握正确的刷牙方法，养成良好的早晚刷牙习惯。

教师指导要点：

(1)正确地挤牙膏，牙膏量以黄豆粒大小为宜。

(2)刷牙时头要略低，以免刷牙水流到身上。

(3)刷牙后正确漱口，提醒幼儿不要把漱口水咽下。

(4)刷完后，把牙刷冲洗干净，甩干牙刷上的水，刷毛朝上把牙刷放进口杯，保持刷毛干燥。

【资料链接】

《刷牙歌》

小牙刷，手中拿，
张开我的小嘴巴。
上面牙齿往下刷，
下面牙齿往上刷。
左刷刷、右刷刷，
里里外外都刷刷。
早晨刷、晚上刷，
刷得干净没蛀牙。
刷完牙齿笑哈哈，
露出牙齿白花花。

（资料来源：重庆西南医院幼儿园）

4. 漱口

漱口时采用口腔清洁的常用方法，幼儿一日三餐后要养成漱口的好习惯，防治蛀牙。

教师指导要点：

（1）幼儿饭后取出自己的口杯，在茶水桶中接半杯温开水，有序漱口。

（2）正确漱口，提醒幼儿将漱口水含在嘴里鼓漱3—5次，再低头，身体前倾，将漱口水轻轻吐进水池中。

（3）漱口完毕将杯子放回原处并摆放整齐。

【资料链接】

《漱口歌》

手拿小水杯，
喝口清清水。
仰起头，闭上嘴。
咕噜咕噜吐出水，
连漱三次放水杯。

（资料来源：重庆西南医院幼儿园）

3-1-2　漱口动作1

3-1-3　漱口动作2

(二)进餐

良好的进餐习惯的培养要根据学前儿童的年龄特点,采取有趣的、直观的、形象的、能为幼儿所接受的方法来进行。进餐中,需要给幼儿营造一个宽松、愉快的进餐氛围。

小班幼儿入园初期,初学用勺子吃饭时,教师不要过分强调握勺姿势,也不要强迫幼儿必须用右手拿勺。当幼儿渐渐掌握用勺吃饭的方法后,教师再进一步规范拿勺的姿势。幼儿进入中班后可以学习使用筷子进餐。使用筷子需要一定的技巧,老师需要有足够的耐心引导。

教师指导要点:

1. 握勺

(1)用拇指、食指、中指固定勺柄,拇指放在勺柄的正面,食指放在勺柄的右侧面,中指和其余两指放在勺柄的背面,手心略微朝上。

(2)一手拿勺,一手扶碗。

(3)每一勺不要盛太多,以防洒落。

2. 握筷

(1)教幼儿辨认筷头和筷尾。较细的一端是筷头,较粗的一端是筷尾,用筷头夹取食物。

(2)指导幼儿拿筷子。将筷头朝前,右手抓住筷子的中后部,拿起后如果两只筷子没有对齐,可将其在碗盘里戳齐。

(3)指导幼儿使用筷子。两根筷子同时从右手的大拇指与其余四指间穿过,靠上的筷子靠在食指和中指之间,靠下的筷子靠在无名指和食指之间,大拇指搭在两根筷子的中间偏上位置。

【资料链接】

《吃饭》(小班)

小饭碗,要扶好,
小调羹,要拿牢,
一口一口自己吃,
不让米饭地上掉。

《握筷子》(中、大班)

小筷子,本领大,
吃饭夹菜全靠它。
五根手指齐上阵,
相互配合把菜夹。
一根筷子压三哥,
一根筷子挨四弟,
大哥二哥来保护,
配合起来稳稳夹,
不让饭菜满桌撒。

(资料来源:范惠静.幼儿园优秀健康活动设计80例[M].北京:中国轻工业出版社,2017.)

真题解析

(2014年上半年《保教知识与能力》考题)《幼儿园工作规程》指出,幼儿园应制订合理的幼儿一日生活作息制度,两餐间隔时间不少于(　　)

A.2.5小时　　B.3小时　　C.2小时　　D.3.5小时

【答案解析】D。幼儿园应制定合理的幼儿一日生活作息制度,两餐间隔时间不得少于3.5小时。

（三）如厕

每次教师组织小班幼儿如厕，幼儿常常求助："老师，我的裤子打湿了"，"老师，我的裤子提不上"，"老师，请你给我擦屁股"，"老师，我不会扎裤子"……

如厕的自理对小班幼儿来说是一个不小的挑战。特别是秋冬季节，幼儿穿得厚，如厕自理就更加困难。因此，教师要从小班开始通过讲故事、念儿歌、讨论、练习等方法引导幼儿养成良好的如厕习惯。

教师指导要点：

（1）幼儿做好集体活动、户外活动、进餐、午睡等活动前的如厕准备。

（2）懂得及时如厕，不憋大小便。

（3）创设温馨、适宜的环境，消除幼儿对在幼儿园如厕的恐惧感。

（4）采用张贴图片或标记等方式引导幼儿正确、有序如厕。

（5）便纸放在幼儿如厕时方便取放的位置。

（6）中大班幼儿学习便后自己擦屁股，提醒女孩从前至后擦拭，便后用肥皂洗手。

（7）大小便如有异常，能告诉老师。

（8）便后主动冲水。

拓展阅读

《如厕歌》

妈妈夸我本领大，
拉完大便自己擦。
脏纸放进纸篓里，
两手用力把裤提。
便后记得要冲水，
最后把手洗干净。

真题解析

（2017年下半年《保教知识与能力》考题）对于幼儿如厕，教师最合理的做法是（　　）

A. 允许幼儿按需自由如厕

B. 要求排队如厕

C. 控制幼儿如厕次数

D. 控制幼儿如厕的间隔时间

【答案解析】A。幼儿生理发展不成熟，如厕频率较成人高。因此，幼儿教师对于幼儿如厕行为不应加以控制。

（四）午睡

午睡时间是一天中最温馨、放松和舒服的时刻，是幼儿休息、"充电"、生长的宝贵时间。睡眠质量的好坏直接影响幼儿的生长发育、身体健康和学习状况。因此，创设舒适、温馨的午睡环境，制订合适的午睡规则，能让幼儿拥有一个安静舒适的午睡环境。

教师指导要点：

（1）拉好窗帘，根据需要开关窗户，调节好室温、光线，营造温馨的午睡环境。

（2）午睡前集中组织幼儿如厕。

（3）上床前，将幼儿随身携带的小物件（纽扣、皮筋、发卡、线头等）集中放在一起，避免睡中玩耍，发生意外。

（4）指导幼儿正确穿脱衣裤、鞋袜，并整理、叠放整齐。

（5）播放优美的睡前音乐或睡前故事，组织幼儿安静入睡。

（6）入睡时盖好被子，能保持睡姿正确（右侧卧或仰卧入睡）。

（7）对哭闹厉害、入睡困难的幼儿，教师可用轻轻抚摸、拍一拍、抱一抱或送悄悄话等方式，安抚情绪，使幼儿平静地入睡。

（8）午睡中，加强巡视，观察、记录幼儿午睡的情况。发现情绪状况、出汗、踢被、咳嗽、流鼻血、睡眠异常等情况，及时关注并处理。

（9）起床时，指导、帮助幼儿穿好衣裤、鞋子，引导中大班幼儿合作整理床铺。

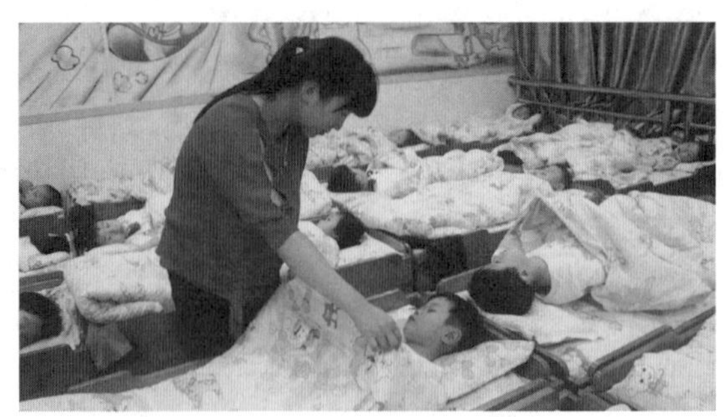

3-1-4　教师巡视午睡情况

【资料链接】

幼儿年龄越小，所需的睡眠时间越长，小班幼儿一般能比较安静、快速地入睡。到了中大班，所需睡眠时间渐渐减少，每个班都有几个幼儿入睡较困难。对于那些入睡晚、需要陪伴或者难以入睡的幼儿来说，我利用触摸游戏中常用的小眼罩，帮助这些需要特殊照顾的幼儿顺利入睡。

餐后活动为体验“小眼罩的神奇功能”，我让幼儿做“蒙眼摸物”的游戏。幼儿戴上眼罩后，老师请幼儿说一说什么感觉，然后请幼儿戴着眼罩触摸魔方、笔、球等材料进行辨别，猜猜是什么。这些小游戏，帮助幼儿与小眼罩拉近了距离。

午睡时体验“小眼罩的神秘用途”，我用神秘的眼神再次请出小眼罩，并告诉幼儿：“小眼罩今天来陪大家午睡。它要找一找班里有多少小朋友是快快独立入睡的，还要找到并帮助那些睡不着的小朋友。它会轻轻躺在小朋友的眼睛上，把周围变得跟夜晚一样；还会按摩小朋友的眼皮，让小朋友快快进入梦乡。”这样，每位幼儿都能找到自己和小眼罩之间的一个互动点，并从内心接纳它，使得个别难以入睡的孩子愿意戴上眼罩。一般来讲，通过教师的一些午睡常规提示，再加上“小眼罩”的游戏暗示，幼儿会在不知不觉中理解了午睡的规则，逐渐养成自我管理和约束的能力。尤其是那些难以入睡的幼儿，能感受到午睡是一件有趣和有意义的事情，对午睡有了一种新的期待——小眼罩会来陪伴自己一起睡觉。

自从在幼儿午睡中使用了小眼罩之后，不仅全班幼儿进入深睡眠的时间变早了，而且教师午睡值班也变得轻松了许多，真可谓“小眼罩，大用处”。

（案例来源：http://blog.sina.com.cn/s/blog_1473940710102xb6t.html，有改动）

《午睡歌》

脱下鞋子和外衣，
端端正正放整齐。
铺好被子上床去，
小被暖和盖身体。
闭上眼睛手放好，
不吵不闹睡午觉。
房间里面静悄悄，
一觉醒来精神好。

《起床操》

小手拍拍，小头梳梳，
眉毛捋捋，耳朵捏捏，
脖子转转，肩膀抖抖，
胳膊拍拍，懒腰伸伸。

（五）穿脱衣裤

能独立穿脱衣裤和鞋袜是学前儿童自理能力发展的重要表现。对于小班的幼儿来说，由于手部精细动作的控制力尚未充分发育，他们还需要在老师的协助下学习如何穿脱衣裤和鞋袜。为了培养学前儿童的自理能力，老师应利用游戏、儿歌等方式教幼儿学会用正确的方法穿脱衣裤和鞋袜。

教师指导要点：

1. 穿脱衣裤

（1）分清前后，引导幼儿认识衣裤的某个标识、口袋等。

（2）教幼儿穿开衫和穿套头衫的不同方法。

（3）让幼儿尝试自己扣纽扣（扣纽扣从最下面的扣子开始扣），或者拉拉链。

（4）脱衣服时，先揭开纽扣或拉开拉链，拉拉链时小心拉链剐蹭、夹伤皮肤。

2. 穿鞋子

（1）引导幼儿分清鞋的左右。

(2)小、中班的幼儿尽量不穿系鞋带的鞋子,大班幼儿可多练习如何系鞋带。

(3)小脚分别穿进鞋子,然后把鞋后跟往上拉,把鞋子整理好。

【资料链接】

教师常常用简单有趣的儿歌,教幼儿穿脱衣裤,不仅可以锻炼小肌肉,提高幼儿的自理能力,而且让穿脱衣裤变成一件有趣的事情。

《穿衣歌》(套头衫)

一件衣服四个洞,
宝宝钻进大洞洞,
脑袋钻进中洞洞,
小手伸出小洞洞。

3-1-5 穿套头衫1

3-1-6 穿套头衫2

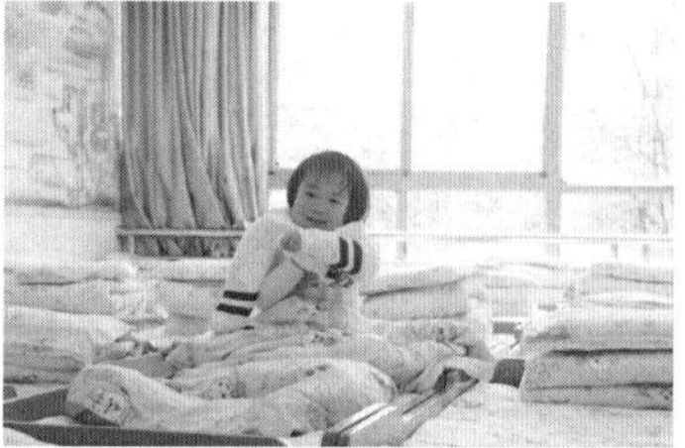

3-1-7 穿套头衫3

《穿衣歌》(开衫)

抓领子,盖房子。
小老鼠,出洞子。
吱扭吱扭上房子。

3-1-8 穿开衫1

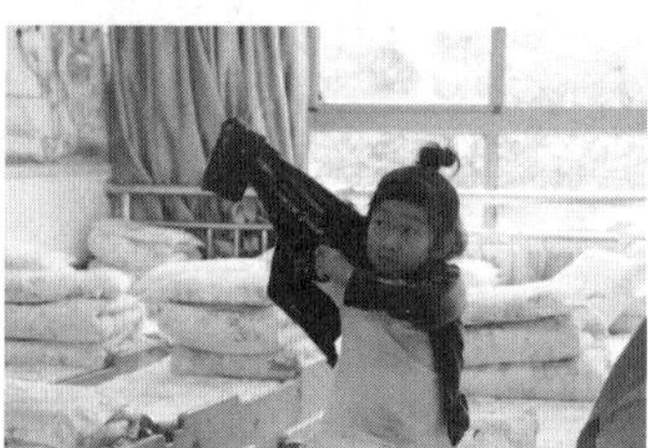

3-1-9 穿开衫2

3-1-10 穿开衫3

《穿裤歌》(中大班)

穿裤子,要记牢,
分清前后很重要。
裤前开口有裤兜,

小熊小花对我笑。
双手拎起小裤腰，
呜——
脚丫火车钻洞了。
钻出山洞快站好，
拽住裤子提到腰。
抚平裤腿看一看，
前后左右都整好。
嘿！我的裤子穿好了！

3-1-11 穿裤子1

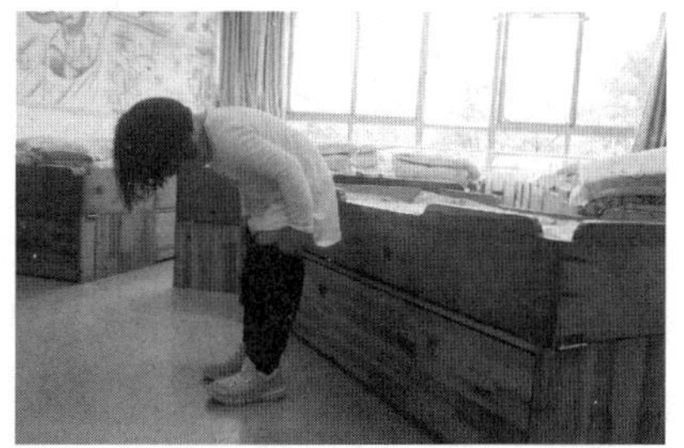

3-1-12 穿裤子2

《叠衣服》

衣服放平整，
关好两扇门。
两只手臂抱一抱，
低头向下鞠个躬。

《叠裤子》

两条裤腿并一起，
裤腰裤腿对整齐，
再向中间折一折，
小小裤子叠整齐。

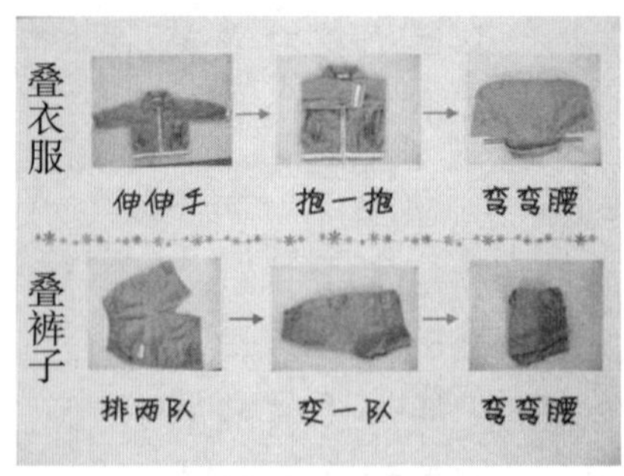

3-1-13 叠衣裤

《穿鞋歌》

两个好朋友，见面问声好。
歪头不高兴，点头眯眯笑。

（五）饮水

水是机体中含量最高的组成成分，学前儿童机体组织中的水分比例相对于成人更高，年龄越小，体内水分的比例越高，需水量也相对越大。幼儿园应为学前儿童提供足够的饮水量，不要让幼儿感到口渴时才饮水。

教师指导要点：

（1）知道多喝白开水对身体的好处。

（2）养成排队接水的好习惯。

（3）接水时，接大半杯水，太满容易溢出。

（4）喝水时，要一口一口地喝，不说笑、不打闹，以免呛咳。

（5）喝完水，主动将杯子放到指定的地方。

【资料链接】

《喝水歌》

小水杯，手中拿，
咕咚咕咚喝水啦。
每天多喝白开水，
不爱生病笑哈哈。

3-1-14　喝水1

3-1-15　喝水2

（六）整理习惯

学会收拾整理物品是学前儿童自理能力之一，包含培养责任感，端正做事认真仔细、有始有终的态度，养成井然有序的生活习惯。教育时必须遵循由易到难的原则，结合一日生活的各个环节，如利用进餐、使用学习用品、玩玩具、看图书、起床之后整理床铺、放学前等时间段来重点培养，巩固学前儿童收拾整理物品的自理行为。教师尽可能多地采用示范法、榜样教育、比赛等形式，让幼儿在观察学习中掌握收拾整理的方法。同时，家园需要密切配合，教师和家长都要做好表率，严格要求，反复练习，多鼓励。

教师指导要点：

（1）引导幼儿知道每一件物品都有它固定的“家”。

（2）活动区角的各种物品按照图示整理。

（3）书包里的物品按类别分开存放。

（4）各种物品按照大小顺序摆放。

【资料链接】

《整理书包》

小书包，真神奇，
装了书本和物品。
大在下，小在上，
硬在下，软在上。
小朋友，要记牢，
收拾整理按顺序。

第二节
学前儿童生活习惯和生活能力教育的实施

一、学前儿童生活习惯和生活能力教育的途径

（一）日常生活活动

幼儿在园的生活环节（来园、离园、盥洗、饮水、餐点、午睡等）占在园生活的大部分时间，这些生活环节比较琐碎，但能有效帮助幼儿养成良好的生活习惯，提高生活自理能力。

在一日生活中，盥洗活动始终贯穿其中，使用的频率最多，入园、如厕、喝水、吃饭等都要洗手。教师是否能关注、培养幼儿认真洗净手，养成良好的个人卫生习惯；洗手过程中，有时候幼儿会浪费水，教师是否能关注、培养幼儿节约用水的习惯等。这些都蕴含着培养幼儿良好行为习惯的最佳契机。发现某个幼儿做得好的地方，可以及时给予表扬，并提醒其他幼儿共同学习。若某幼儿洗手总打湿衣袖，则可以请大家一起讨论，想办法如何才能不打湿衣袖。因此，教师要坚持有规律地、日复一日地进行生活常规教育，帮助幼儿逐渐形成固定的生活方式和习惯。

（二）专门的教学活动

集体教学活动是幼儿养成良好生活习惯和生活能力的重要组织形式之一。幼儿园应该有计划、有目的、有组织地开展生活常规教育教学活动，帮助幼儿形成良好的生活习惯。在教学活动中，教师可以根据幼儿的年龄特点、生活经验和教学内容，创设生动而真实、可亲身体验的、有效模拟生活的学习情境，让幼儿与

情境中的人、事物、事件互动，建立起连接教育与生活的桥梁，帮助幼儿养成良好的生活习惯，提高生活自理能力。

（三）游戏活动

游戏在幼儿身心发展中占有重要地位，以游戏的形式学习比其他形式更加有效，也更利于幼儿健康态度、行为习惯的改善和养成。如在“娃娃家”中，幼儿学习如何照顾娃娃时，在给娃娃穿衣服、扣纽扣、洗脸等游戏中，幼儿主动练习和巩固各种生活技能，逐渐形成独立的生活自理能力。

（四）家园合作

对幼儿的生活习惯和生活能力教育应充分发挥幼儿园、家庭、社区三位一体的整体教育合力，坚持家庭和幼儿园在幼儿生活能力养成方面的一致性和一贯性。《幼儿园教育指导纲要（试行）》指出：“家庭是幼儿园重要的合作伙伴，应本着尊重、平等、合作的原则，争取家长的理解、支持和主动参与，并积极支持、帮助家长提高教育能力。”《幼儿园工作规程》也指出，“幼儿园应与家庭、社区密切合作……综合利用各种教育资源，共同为幼儿的发展创造良好的条件。”总之，培养幼儿良好的生活习惯和生活能力，需要家园双方相互配合、长期坚持。另外，社区是一个浓缩的小社会，蕴藏了丰富的教育资源，应注重对其进行开发和利用。

【资料链接】

常见误区：“家里就一个小孩，不知怎么教，孩子也不听，到幼儿园让老师去教吧！”“幼儿园这么多孩子，教不过来，让家长回家教吧！”

诊断：在有些家长眼里，“幼儿教育”成了“在幼儿园里的教育”。一些教师，则把教育孩子的责任推给家长。家长是幼儿的第一位老师，也是最重要的老师。每个孩子在家庭中都经历着感知、重复、内化、效仿、成型的教育过程。家庭教育和幼儿园教育都是不可替代的。

迷津指点：父母及家庭成员是幼儿模仿的对象。“幼儿首先是从家庭和父母中得到教育的。”“个性主要是在幼儿时期形成的。”可以说，家庭教育以及父母的影响，对孩子来说是无可替代的，家长应关注幼儿成长的方方面面，关注幼儿的健康成长。比如，幼儿良好的生活和卫生习惯不是一朝一夕就能养成的，需要家长和老师配合。教师与家长都需要不断学习，克服随意性，提高科学性，掌握好的方法，发挥家庭和幼儿园在幼儿教育中应有的作用。

《3—6岁儿童学习与发展指南》中的教育建议：

1. 让幼儿保持有规律的生活，养成良好的作息习惯。如：早睡早起、每天午睡、按时进餐、吃好早餐等。

2. 帮助幼儿养成良好的饮食习惯。如：合理安排餐点，帮助幼儿养成定点、定时、定量进餐的习惯。帮助幼儿了解食物的营养价值，引导他们不偏食不挑食，少吃或不吃不利于健康的食品；多喝白开水，少喝饮料。吃饭时不过分催促，提醒幼儿细嚼慢咽，不要边吃边玩。

3. 帮助幼儿养成良好的个人卫生习惯。如：早晚刷牙、饭后漱口。勤为幼儿洗澡、换衣服、剪指甲。提醒幼儿保护五官，如不乱挖耳朵、鼻孔，看电视时保持3米左右的距离等。

4. 激发幼儿参加体育活动的兴趣，养成锻炼的习惯。如：为幼儿准备多种体育活动材料，鼓励他选择自己喜欢的材料开展活动。经常和幼儿一起在户外运动和游戏，鼓励幼儿和同伴一起开展体育活动。和幼儿一起观看体育比赛或有关体育赛事的电视节目，培养他对体育活动的兴趣。

（资料来源：管旅华.《3-6岁儿童学习与发展指南》案例式解读[M]. 上海：华东师范大学出版社，2013.）

二、学前儿童生活习惯和生活能力教育的方法

（一）讲解示范法

讲解示范法是指教师具体而形象地向学前儿童讲解粗浅的日常行为知识，并辅以动作的示范，帮助学前儿童尽快掌握有关知识和技能。幼儿模仿最直接的对象是教师，教师应该注意自己的一言一行，用良好的言行去感染幼儿，要求幼儿做到的，教师首先要做好。在培养幼儿自理能力上，如穿脱衣裤，可以请大班的幼儿给小班的幼儿做示范，也可由教师边示范边讲解，给幼儿一个正确完整的概念。通过多次练习，幼儿能逐渐掌握穿脱衣裤的步骤和技巧。

（二）操作练习法

操作练习法是日常行为教育中最重要的方法，也是养成教育的主要方法。从生理机制上讲，习惯是后天获得的条件反射。这种反射是在重复出现而有规律的刺激下形成的，所以好习惯需长期积累、反复强化。如正确洗手、洗脸，穿

脱衣裤，整理自己的物品等生活技能都离不开一次又一次的操作练习。

（三）随机教育法

幼儿园一日生活各个环节中蕴含着许多教育价值和教育契机，教师要善于观察、捕捉并适当运用，将学前儿童日常行为教育落实到生活中的一点一滴中。如，睡觉时是先脱上衣还是先脱裤子？起床时是先穿衣服还是先穿裤子呢？脱下的鞋子怎么摆放？睡觉时怎么做才能保护自己不感冒？各个环节都蕴含着很多教育契机，教师不可机械地执行教案，而应抓住这些有意义的时机对幼儿进行教育，这样的教育往往是生动有效的。

（四）环境教育法

幼儿园是以环境为中介对幼儿进行教育的，幼儿身心发展的各方面无一不受环境的作用和影响。在幼儿良好习惯的养成中，老师可以利用标记、符号、图示、图画等方式巧妙地将抽象的规则直观化、形象化和操作化，恰当地呈现在幼儿最需要的场所，让环境提供一种行为的暗示，不断促进其良好行为习惯的发生和养成。比如在水龙头上设置一条彩线、在地板上画上圆圈、在墙上贴上洗手步骤图、在床下贴上放鞋小脚印。此外，还可以和儿童一起商讨制订身体信号灯、最佳喝水时机、文明就餐公约等。

【资料链接】

为进一步强化幼儿如厕后的冲水环节，我们想出了一个好办法。首先我们在厕所冲水按钮上粘贴一个小纸偶，按钮就是小纸偶的鼻子，并在鼻子上安置了一个红色会发声的气垫，在墙面上以小纸偶的口吻写了一句话“如厕后，别忘记摁我的鼻子哦”。孩子们喜欢新鲜的刺激，对一按按钮就发出响声的小纸偶有强烈的好奇心，每次如厕后都争抢着去摁。厕所经过这样的装饰和改造，既帮助孩子们养成了便后冲厕所的习惯，又让孩子们潜移默化地认识了文字，一举两得。

（案例来源：北京市六一幼儿园）

（五）作品感染法

在培养幼儿生活自理能力的过程中，教师可以通过儿歌等幼儿喜爱的形式进行引导，传授幼儿各种生活自理技巧，提醒幼儿的一日生活行为，从而让幼儿养成良好的生活卫生习惯,获得独立的生活自理能力。如在朗朗上口的儿歌中学习洗手、洗脸、刷牙、漱口、穿脱衣服、整理物品等,形成有条理、有教养的生活。

(六)榜样激励法

班杜拉的"社会学习理论"认为,人的很多行为是通过观察、模仿获得的。幼儿的学习具有模仿性强和易受暗示的特点,教师的一言一行都直接影响着他们,教师怎么说、怎么做,他们都会去学,而且学得惟妙惟肖。因此,在与幼儿的共同活动中,教师要注意自己的言行举止。如针对个别幼儿洗手容易将衣袖打湿、不认真洗手、玩水等现象,教师可讲故事或者唱洗手儿歌来引导幼儿正确洗手的方法。同时,教师还应表扬手洗得又干净又快的幼儿,树立榜样,或者请"小小监督员"来负责检查小朋友的洗手情况,从而养成良好的卫生习惯。

(七)活动竞赛法

良好生活习惯和自理能力的养成,还可以结合学前儿童的兴趣,通过竞赛的方式来正面强化。如幼儿和老师比、和家长比、和其他小朋友比,个人比或者小组比等多种比赛方式。比赛的内容如穿衣裤、穿鞋子、扣纽扣、整理床铺,比比谁的小手、小脸洗得干净,比比谁的衣服扎得整齐……各班还可以设置评比栏,根据月目标展示评比的项目,达标的幼儿给予奖励。另外,还可以在园内组织同年级的自理能力大比拼。这些活动不仅锻炼了幼儿的自理能力,促使幼儿养成良好的习惯,还向家长展示了幼儿园的教育成果,使家园合作更加紧密。

三、学前儿童生活习惯和生活能力教育的注意事项

(一)坚持正面教育为主

学前儿童生活习惯和生活能力不是一天两天就可以形成的,它是一个逐渐养成、不断巩固提高的过程,所以需要耐心,需要持之以恒。但在实践过程中,老师容易因为幼儿某个环节做得不够好,或者没有达到老师的要求,就一味地否定和批评幼儿。如嫌幼儿做得慢、做不好,有时候还添乱,不如自己做省事;在教育方法上运用"催、管、斥、责"多,鼓励、诱导少,尤其是当幼儿出现失误或者显得"笨拙"时而过多责怪。这样,容易伤害幼儿的自尊心和自信心。因此,在学前儿童生活习惯和生活能力培养中,教师和家长要坚持正面教育为主,学会等待,多给予幼儿机会和时间去成长。

(二)坚持培养要求的一致性和一贯性

良好生活习惯和生活能力的养成是一个反复的过程,需要长期练习和巩固,教师和家长对学前儿童的要求需要达成一致。具体体现在教师之间的一致性、教师和保育员之间的一致性,以及教师和家长之间的一致性上。同时,教师、保育员和家长对幼儿的要求还需要坚持一贯性,不能因时间、地点的改变而随意改变。如对洗手的习惯和要求,在进餐前、游戏中,或在户外活动时、在家中都应该按照要求去做。这样才能帮助幼儿形成良好的生活习惯和生活自理能力。

(三)提供重复和练习的机会

学前儿童生活习惯和生活能力的培养都必须建立在其自身的实践上,如穿脱衣裤、系鞋带、盥洗等技能,都需要在反复操作中感知和发展。教师和家长要多给予幼儿自己动手操作的机会。如,进教室前,可要求幼儿自己换鞋、换衣服;进餐前,鼓励幼儿自己洗手、洗脸;进餐结束时,要求幼儿自己动手放餐具、擦嘴漱口、整理桌面的饭菜等。以不同的形式让幼儿动手实践,在实践中养成良好的生活习惯,提高生活自理能力。

【资料链接】

常见误区:“别弄坏了玩具,我来帮你收拾。”“吃饭边吃边玩,而且饭洒了一地,来来来,我来喂你。”“孩子现在还小,只要有两只手,长大了自然会做。”

诊断:有些家长、教师对孩子的日常行为过度管制,担心孩子做不好,或者怕给自己增添麻烦,限制孩子做他想做的事。即使孩子能独立完成的事,也是包办代替。

迷津指点:生活自理能力的形成,有助于培养幼儿的责任感、自信心以及处理问题的能力,对幼儿今后的生活也会产生深远影响。幼儿园实施的是集体教育,就培养生活自理能力而言,可以寓教于乐,把一些生活自理技巧编成儿歌以及生动的故事情节等,让幼儿在游戏、娱乐中形成能力。但是,由于幼儿之间存在个体差异,所以,对自理能力较强的幼儿,教师可以相对提高要求,对自理能力较差的幼儿,可以相对降低要求。多鼓励幼儿,使幼儿对自己的能力充满信心,获得成功后的愉悦感。同时,教师要帮助家长树立正确的育儿观念,家长和教师积极配合,家园合作共育,才会取得更好的效果。

《3—6岁儿童学习与发展指南》中的教育建议:

1. 鼓励幼儿做力所能及的事情，对幼儿的尝试和努力给予肯定，不因做不好或做得慢而包办代替。

2. 指导幼儿学习和掌握生活自理的基本方法，如穿脱衣服和鞋袜、洗手洗脸、擦鼻涕、擦屁股的正确方法。

3. 提供有利于幼儿生活自理的条件。如：提供一些纸箱、盒子，供幼儿收拾和存放自己的玩具、图书或生活用品等。幼儿的衣服、鞋子等要简易实用，便于自己穿脱。

(资料来源：管旅华.《3—6岁儿童学习与发展指南》案例式解读[M]. 上海：华东师范大学出版社，2013)

【案例分析】

我会自己穿脱衣服（小班）

◇设计意图

小班幼儿在生活自理能力方面，对成人有着较强的依赖性。同时，受传统观念的影响，许多家长只关心孩子的智力开发，忽视对孩子生活自理能力的培养，在生活中给予过多的照顾，致使孩子生活自理能力低下。《幼儿园教育指导纲要（纲要）》健康领域目标指出："要培养小班幼儿良好的生活、卫生习惯，提高其基本的生活自理能力。"本活动让幼儿体验自己穿脱衣服的快乐，学习按照合理的顺序穿脱衣服，从而帮助幼儿养成良好的生活习惯，保障幼儿的身体健康。

◇活动目标

1. 体验自己穿脱衣服的乐趣。
2. 学习正确穿脱衣服的顺序。
3. 知道正确穿脱衣服能让身体健康，不生病。

◇活动准备

1. 经验准备：幼儿已有穿脱衣服的经验。

2. 材料准备：自编故事《穿穿脱脱》、自编穿脱衣服的儿歌，小兔子毛绒玩具一个，游戏提示卡两张（一张是准备脱衣服睡觉的提示，一张是准备起床穿衣服的提示）

◇活动过程

1. 讲述故事《穿穿脱脱》的前两段内容，引导幼儿了解穿脱衣服的顺序。

（1）教师操作小兔子毛绒玩具，讲述《穿穿脱脱》的前两段故事内容。

师：请小朋友听听故事里的小动物是按照什么顺序脱衣服的？

（2）根据故事内容，教师引导幼儿了解脱衣服的顺序。

师：大象老师为什么要称赞每一个小动物？小兔子是怎么脱衣服的？正确的脱衣服的顺序是怎样的？

教师小结：脱衣服时，要先脱袜子，再脱裤子，坐在被窝里，盖上小腿，再脱上衣。有顺序地脱衣服可以保护我们的身体健康，避免着凉。

2. 结合生活经验，引导幼儿猜一猜小动物穿衣服的顺序。

（1）师：小动物知道有顺序地脱衣服可以不生病。小朋友猜一猜小动物又是怎样有顺序地[illegible]服，来保护好自己的身体的呢？

（幼儿[illegible]

（2）教[illegible]《穿穿脱脱》的后两段内容，引导幼儿了解穿衣服的顺序。

师：故事[illegible]物是按照怎样的顺序穿衣服的？大象老师奖励给哪个小动物一个大[illegible]拥抱？为什么要奖励给它？我们正确的穿衣顺序是怎样的呢？

教师小结：穿衣服时，我们要坐在床上，盖上小腿，先穿上衣，然后穿裤子、袜子，这样才能避免着凉。

3. 看图片做动作，引导幼儿体验按顺序穿脱衣服的快乐。

（1）教师分别出示两张游戏提示卡，引导幼儿观察并理解其表示的内容。

（2）教师介绍游戏玩法。游戏开始前，先将游戏提示卡的画面朝下，当老师宣布游戏开始时，老师迅速翻开其中一张提示卡，参加游戏的幼儿根据提示卡内容，用动作表示有顺序地穿（脱）衣服。

（3）游戏中，教师和幼儿边念儿歌《穿穿脱脱》，边做动作。

(4)游戏中,如果幼儿没有按照顺序做穿脱衣服的动作,老师要及时进行个别指导。

◇活动延伸

(1)午睡环节,鼓励幼儿迁移故事中习得的经验,能正确穿脱衣服。

(2)在娃娃家,有针对性地提供娃娃或小动物玩偶,引导幼儿在娃娃家给玩偶有顺序地穿脱衣服。

(3)在睡眠室的墙上粘贴小朋友正确穿脱衣服的顺序图,提示幼儿按照正确的顺序穿脱衣服。

附故事:

穿穿脱脱

动物幼儿园里,小动物们吃过午饭准备脱衣服睡午觉。大象老师说:“孩子们,你们在幼儿园学到了很多本领,今天来试试自己脱衣服,不用老师帮忙,好不好?”小动物们都说好。

小兔三下两下就把上衣脱完,再脱掉袜子和裤子,举起手大声说:“大象老师,我是第一名!”小猫和小兔不一样,小猫先脱掉袜子,然后脱裤子,最后才脱上衣。大象老师先称赞了所有小动物都能自己脱衣服,然后微笑着问小猫:“你为什么要先脱袜子、裤子,最后才脱上衣呢?”小猫骄傲地说:“因为最后脱上衣就没那么容易着凉了!”大象老师在小猫的脸上亲了亲,说:“你真会照顾自己!”小兔和小熊向小猫竖起了大拇指,小猫高兴地笑了。

小动物们从美美的午觉中睡醒啦!大象老师说:“我们怎样穿衣服,才不会着凉呢?”小兔说:“先穿上衣,就能让身体暖和。”小兔想了想又说:“不对,不对,我们先穿裤子,就能让两条腿暖和。”小猫喵喵地叫着,不慌不忙地说:“我们坐在床上,盖上小腿,先穿上衣,再穿裤子、袜子,这样又暖和又方便。”

大象老师眯眯笑,给了一个小动物大大的拥抱。请小朋友们猜一猜,这个拥抱给了哪个小动物,为什么?

附儿歌：

穿穿脱脱

铃铃铃铃时间到，宝宝脱衣要睡觉。
先来脱掉小袜子，再来脱掉小裤子。
最后脱掉小上衣，呼呼呼呼睡大觉。
铃铃铃铃时间到，宝宝起床把衣穿。
先来穿上小上衣，再来穿上小裤子。
最后穿上袜两只，暖暖和和身体棒。

（资料来源：范慧静. 幼儿园优秀健康教案活动设计80例[M]. 北京：中国轻工业出版社，2017.）

我会用筷子（中班）

◇设计意图

正确使用筷子，是人们日常生活中必备的一项技能。幼儿在使用筷子时，不仅可以促成小肌肉的协调性的发展，提高手部精细动作的能力，还有助于大脑的发育，促进手、眼、脑的协调发展。

刚刚升入中班的幼儿对筷子虽然不陌生，但对于如何拿筷子、如何正确地使用筷子没有明确的认识。为了帮助幼儿掌握这一生活技能，促进幼儿生活自理能力和手眼协调发展，设计了本次活动。

◇活动目标

1. 愿意使用筷子，对使用筷子夹食物感兴趣。

2. 学习正确使用筷子的方法。

◇活动准备

1. 经验准备：幼儿知道筷子的来源和用途。

2. 物质准备：不同材质的筷子若干，每组一份花生米、黄豆、小盘子、茅根，每组一张闯关纪录贴画，儿歌《小筷子》，正确使用筷子的视频。

◇活动过程

1. 猜谜语，导入活动内容。

师："兄弟俩，一样长，是咸是淡它们尝"，请小朋友猜猜它是什么餐具。

2. 出示筷子，讲解使用方法。

(1)教师出示筷子。

师：筷子有什么作用？我们为什么要学着用筷子夹食物？

(2)播放正确使用筷子的视频，幼儿通过观看视频进一步掌握筷子的使用方法。

(3)教师讲解正确使用筷子的方法(教师边念儿歌边示范)。

(4)教师带领幼儿边念儿歌边再次学习正确使用筷子的方法。

3. 闯关游戏，练习使用筷子。

(1)教师讲解游戏玩法。4人一组，正确使用筷子夹起指定数量的物品。第一关，夹取茅根10根；第二关，夹取花生米8颗；第三关，夹取黄豆5颗。每关完成后就能获取通行标识一枚，集齐三枚标识，小组即闯关成功。

(2)游戏中，教师重点对个别幼儿进行指导，帮助幼儿完成任务，进一步体会使用筷子的方法。

4. 交流与分享。

师：小朋友们在使用筷子夹软的、硬的、长的、圆的东西时，感觉有什么不同？五个指头要怎么配合？

小结：在使用筷子夹东西时，大拇指要往下压，食指、中指负责一根筷子，无名指负责另一根筷子。五根手指用力要适度，不能太松也不能太紧，太紧会令两根筷子翻转交叉，太松又夹不住东西。

◇活动延伸

1. 将筷子投放到操作区、娃娃家、小餐厅等区域环境中，引导幼儿在游戏区中继续练习。

2. 请家长配合，在家就餐时鼓励幼儿使用筷子。

(资料来源：范慧静.幼儿园优秀健康教案活动设计80例[M].北京：中国轻工业出版社，2017.)

我会整理书包（大班）

◇设计意图

幼儿在进入大班以后，对上小学充满了期待，每天都要背着装有学习用品的书包来幼儿园。但书包里往往是杂乱无序的，放在书包里的物品，幼儿要花一些时间才能找到。针对这种情况，我特地设计了“我会整理书包”的健康教育活动，旨在提高幼儿有序整理书包的自理能力，为幼儿入小学做好准备。

◇活动目标

1. 体会收拾、整理书包和学习用品过程中带来的成就感和责任感。

2. 学习整理书包的方法，初步养成做事有序的习惯。

3. 通过动手整理书包，提高自理能力。

◇活动准备

1. 经验准备：幼儿能够对物品进行简单的分类。

2. 物质准备：书包人手一个（请家长配合入学准备为幼儿准备一些学习用品，如大小不同的书、本、文具盒、彩笔等，与书包一起带到幼儿园），教师用的装有各种学习用品的书包一个。

◇活动过程

1. 情景导入。

（1）师：小朋友们，再过几个月你们就上小学了，你们知道小学生必备的物品是什么吗？

（幼儿讨论、回答。）

师：是的，书包就是小学生必备的物品，老师今天也带来了自己的书包，你们猜猜里面装了些什么东西呢？

当幼儿说到笔、橡皮一类小物品的时候，教师可以故作找不到的样子，说：“咦？到哪儿去了？我明明记得放进书包里了。”教师边说边将书包内的物品倒在桌子上。

小结：书包里的物品乱放，想要的东西就不容易找到。

2. 玩游戏“比比谁最快”，体验整理书包的重要性。

幼儿听教师口令，快速取出自己书包内的相应物品。游戏连玩两次。

讨论：为什么有的小朋友速度快，有的小朋友速度慢，还有的小朋友和老师一样找不到自己的东西呢？

小结：将书包内的物品整理有序可以让我们更快地找到想要的东西。

3. 动手整理书包，学习整理书包的方法。

(1)请幼儿将书包内的物品拿出。

(2)请幼儿将自己的学习用品用自己喜欢的方式放入书包中，探索整理书包的方法。幼儿在整理书包的同时，教师也将自己的书包整理好。

小结：整理后的书包看上去很整齐、有序。

4. 交流分享整理书包的方法，提高自理能力。

师：说一说，你是用什么方法整理书包的？

(1)幼儿分享经验，教师用绘画的方式帮助幼儿记录下来，小结整理书包的方法。

讨论：整理前的书包与整理后的书包相比，你觉得有什么不同？重点引导幼儿感知整理后的“有序”。

(2)教师引导幼儿学习儿歌《小书包》，边念儿歌边整理书包。

小结：整理书包的方法有很多种，小朋友也可以找到适合自己的方法，将自己的书包整理得整齐、有序。

◇活动延伸

1. 创设“整理书包大 PK”墙饰。每天利用离园前的时间鼓励幼儿自由分组进行 PK，每组一名幼儿胜出，胜出者可以领取一份礼物。

2. 请家长配合，让幼儿在家中整理自己的物品。

(资料来源：范慧静. 幼儿园优秀健康教案活动设计 80 例 [M]. 北京：中国轻工业出版社，2017.)

真题模拟

1. 在活动中，某幼儿想喝水，老师正确的做法是(　　)

A. 立即让幼儿离开座位去饮水

B. 停止教育活动，敦促所有幼儿去喝水

C. 批评后再让其喝水

D. 让幼儿坚持到下课

2. 教师组织管理幼儿睡眠时，不适宜的做法是（　　）

A. 培养幼儿正确的睡眠姿势，纠正不良的睡眠习惯

B. 估计幼儿对睡眠需要的差异性

C. 随时唤醒幼儿，以免遗尿

D. 注意环境的动态变化

3. 幼儿每天睡眠时间应保证11-12小时，其中，午睡一般（　　）左右。

A.1.5小时　　B.2小时　　C.2.5小时　　D.3小时

4. 试述正确组织儿童进餐应做好哪些准备工作？

【思考与实训】

思考：

1. 为什么要培养学前儿童的生活自理能力？

2. 学前儿童生活习惯和生活自理能力的目标有哪些？

3. 学前儿童生活自理能力的培养有哪些具体内容？

实训：

1. 教师如何在进餐环节培养幼儿良好的进餐习惯和生活自理能力？

2. 分小组创编一首关于培养幼儿生活自理能力的儿歌。

3. 活动设计：小班幼儿自理能力较差，大部分幼儿不会独立吃饭，不会正确洗手，小便后不会提裤子，玩了玩具不会整理和归位……请结合上述现象设计一个教学活动方案，帮助小班幼儿学会自理。

第4章
学前儿童身体保健教育

活动课后，大班的孩子们陆续上厕所小便，忽然听到有孩子在喊："老师，老师，快来看啊，彤彤的牙快要掉了。""老师，她的牙流血了。""老师，她的牙只剩下一小块。"老师跑进厕所，见一群孩子围着彤彤，大家七嘴八舌地议论着。而彤彤的眼泪快要流出来，一副害怕的样子。换牙，是每个孩子成长的必由之路，大班的孩子已到了换牙的年龄。尽管中班时接触过肤浅的牙知识，但对换牙这件事还是会产生紧张、害怕的心理。如何缓解学前儿童的紧张不安心理，让他们科学认识换牙，懂得保护牙齿等身体保健知识，是我们值得思考的身体保健的问题。

【学习目标】

1. 理解并掌握学前儿童身体保健教育的目标、内容及组织方法。

2. 能根据学前儿童的年龄特点设计学前儿童身体保健活动。

3. 关注学前儿童的身体发展，乐意与学前儿童一起开展身体保健活动。

【学习重难点】

1. 理解并掌握学前儿童身体保健教育的目标、内容及组织方法，学会根据学前儿童的年龄特点设计学前儿童身体保健活动，在一日活动中对学前儿童的身体保健做相关的指导。

2. 掌握学前儿童身体保健教育的内容，能根据学前儿童的身心发展特点设计健康教学活动。

【知识结构图】

- 学前儿童身体保健教育
  - 学前儿童身体保健教育的目标和内容
    - 学前儿童身体保健教育的目标
    - 学前儿童身体保健教育的内容
  - 学前儿童身体保健教育的实施
    - 学前儿童身体保健的原则
    - 学前儿童身体保健的组织方法
    - 学前儿童身体保健教育的途径
    - 学前儿童身体保健教育的注意事项

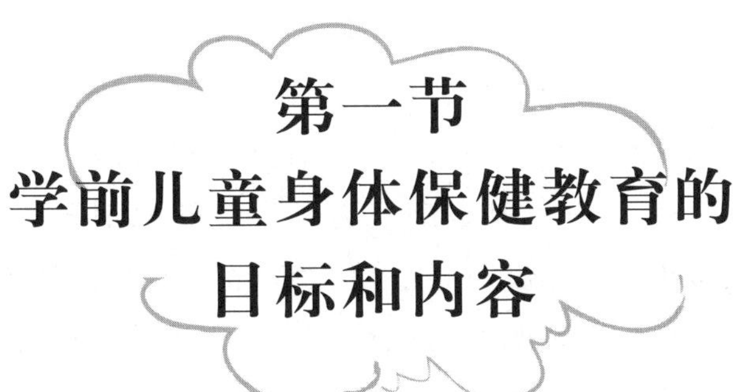

第一节 学前儿童身体保健教育的目标和内容

一、学前儿童身体保健教育的目标

（一）学前儿童身体保健教育的总目标

学前儿童身体保健教育的总目标在于让学前儿童认识自己身体的各个器官，简单了解其功能，并知道保护身体各器官的主要方法；同时树立关心自己、保护身体健康的意识和习惯；在面临疾病的时候，能够积极主动地接受医生的检查和治疗；能够初步形成抵御疾病的意识并能够积极配合体检和预防接种。

（二）学前儿童身体保健教育的各年龄阶段目标

学前儿童身体保健教育的各年龄阶段目标

0–3岁	3–4岁	4–5岁	5–6岁
(1)能初步认识自己的身体，能用手指出口、鼻、耳、眼等身体外部器官。(2)生病时能接受医生的治疗，懂得打针、吃药能预防或者治疗疾病。(3)懂得身体不舒服时要告诉成人。	(1)了解人体的基本结构，知道自己的性别。(2)知道眼、耳、鼻、牙齿等身体器官的功能，会保护身体器官。(3)愿意积极配合疾病的治疗与预防。	(1)进一步了解身体的主要器官及功能，知道这些器官的重要性。(2)愿意积极接受疾病的预防与治疗。(3)练习处理常见外伤的最简单的方法。	(1)懂得保护身体的主要器官的方法。(2)了解有关预防蛀牙及换牙的知识。(3)注意用眼卫生。(4)初步具有性别角色的意识。

二、学前儿童身体保健教育的内容

（一）眼睛

眼睛是心灵的窗户，保护好学前儿童的眼睛是非常重要的。新生儿的视力只有光感，3岁时视力能达到0.7—0.8，6岁时能达到1.2—1.5。儿童一般在3岁前完成70%的视力发育，6岁完成全部视力发育。随着信息产品的普及化，越来越多的学前儿童接触电视、电脑、手机等信息产品，如何让学前儿童养成良好的用眼习惯、保护好学前儿童的视力已成很多人关注的问题。保护好学前儿童的眼睛应该做到以下几点：

（1）选择与自己身高相适应的桌椅，保持正确的坐姿。

（2）室内光线要适宜，不能太亮也不能太暗。

（3）连续用眼时间不宜过长，每隔30分钟要休息一会儿，年龄越小，用眼时间应越短。

（4）养成良好的用眼卫生习惯，不用手揉眼睛，毛巾要专用。

（5）防止眼睛意外伤害，不叫孩子玩小刀、细棍棒等危险物品。

（6）定期进行视力检查。

【资料链接】

《3—6岁儿童学习与发展指南》中健康领域对不同年龄阶段的学前儿童的眼睛保护提出了明确的要求：

不同年龄阶段的学前儿童的眼睛保护要求

3-4岁	4-5岁	5-6岁
不用脏手揉搓眼睛，连续看电视等不超过15分钟。	知道保护眼睛，不在光线过强或过暗的地方看书，连续看电视等不超过20分钟。	主动保护眼睛，不在光线过强或过暗的地方看书，连续看电视等不超过30分钟。

（二）鼻腔

鼻腔是重要的嗅觉器官。学前儿童的鼻腔相对较短小，新生儿几乎没有下鼻道，到4岁左右才能完全长好，鼻毛没有完全发育好；鼻黏膜较柔嫩，容易感染、充血、肿胀；鼻黏膜下缺少一些海绵组织，容易出血；鼻窦还不够发达，容易发生呼吸道感染。保护好学前儿童的鼻腔应该做到以下几点：

(1)教育幼儿用鼻呼吸，不蒙头睡觉。

(2)采用正确的方法擤鼻涕。

(3)不用手挖鼻孔。

(4)不将小物件塞入鼻孔。

【资料链接】

擤鼻涕的正确方法：擤鼻涕时应该轻轻捂住一侧鼻孔，擤完，再擤另一侧。擤时不要太用力，不要把鼻孔全捂上使劲地擤。

(三)耳朵

耳朵是听觉和位觉的感受器官。学前儿童的耳朵还没有发育完全，因此更容易遭受一些伤害。学前儿童耳郭的皮下组织较少，血液循环较差，耳郭易生冻疮；耳咽管较短，管径宽，鼻咽部的细菌容易沿耳咽管进入中耳，引起急性化脓性中耳炎；对噪音也更加敏感，50分贝属于正常，60分贝开始影响睡眠。如幼儿长期处于80分贝以上的环境中，就会引起睡眠不足，烦躁不安，消化不良，记忆力减退以及听觉迟钝。保护好学前儿童的耳朵应该做到以下几点：

(1)用自然的声音唱歌，小声地说话，不要大声喊叫着唱歌或说话。

(2)禁止用锐利的工具为幼儿挖耳，否则易造成外耳道感染，甚至影响听力。

(3)学会正确擤鼻涕的方法，预防中耳炎。

(4)不洁的水进入外耳道要及时清洁干净，以免引起外耳道炎。

(5)减少噪音，发展幼儿听力。

(四)牙齿

牙齿是人体最坚硬的器官，对消化食物、吸收营养起着重要的作用。同时，牙齿还对发音和面容产生一定的影响。学前儿童的乳牙牙釉质较薄且牙本质脆软，容易被酸性物质侵蚀形成龋齿。学前期正处于乳牙和恒牙的交换时期，要积极引导学前儿童保护牙齿，预防龋齿。保护好学前儿童的牙齿应该做到以下几点：

(1)养成早晚刷牙，饭后漱口的好习惯。

(2)掌握正确的刷牙方法。

(3)不吃过于刺激牙齿的食物，不咬坚硬的物品。

(4)定期去医院检查牙齿。

【资料链接】

为了让小朋友明白早晚刷牙的道理，老师准备了两个透明的玻璃杯，一杯接了自来水，另外一杯则是让小朋友把漱口水吐在里面。然后，让小朋友每天观察、记录两个杯子里水的变化。两天后，小朋友就发现，装自来水的杯子里面，水依然清澈。而漱口水却早已浑浊，并且发出了臭味。老师取出一滴漱口水放到显微镜下看，发现好多细菌。并让小朋友观看显微镜下的细菌。孩子们都瞪大了眼睛，一下子全明白早晚刷牙的原因了。

（五）皮肤

学前儿童的皮肤柔嫩，皮下脂肪较薄，保护功能较差；学前儿童皮下血管多，皮下脂肪薄，散热速度快，汗腺发育尚未完善，因此调节体温能力差；学前儿童的皮肤下血管丰富，表皮上的物质容易透过表皮进入血管，渗透而被吸收，因此容易被外来刺激物质或有毒物质渗透，导致中毒。保护好学前儿童的皮肤应该做到以下几点：

（1）养成清洁皮肤的良好习惯，勤洗澡，勤换衣服。

（2）勤剪指甲，手指甲每周剪一次，脚趾甲两周剪一次，以免指甲太长划伤皮肤。

（3）教育学前儿童不化妆，不烫头发，不染指甲。

（4）学前儿童的护肤品、化妆品最好选用温和、天然、无刺激的产品。

（六）懂得预防疾病的基本知识和基本技能

学前儿童处于身体生长发育的重要时期，由于身体各器官及功能发育还未完善，因此，学前儿童身体抵抗力较差，容易感染某些疾病。为了学前儿童健康成长，应做好疾病预防工作。让学前儿童了解疾病的基本常识，初步了解常见疾病的一些原因。教育学前儿童养成良好的生活卫生习惯，让自己健康快乐成长。

（1）积极配合医生进行预防接种工作。

（2）认识到疾病对身体的不良影响。

（3）身体患疾病不要紧张，要积极配合医生进行治疗。

（4）养成良好的饮食卫生习惯，饭前便后勤洗手。

（5）提高体育锻炼的兴趣，多做运动，增强体质。

（6）遇到传染病高发期，要听从成人的建议，做好自我保护工作。

第二节
学前儿童身体保健教育的实施

一、学前儿童身体保健教育的原则

学前儿童的身体保健教育应根据学前儿童的身心发展特点，选择恰当的教学内容，以学前儿童的兴趣为切入点，遵循科学性、发展性、整体性、关注全体、照顾个别的原则开展。

（一）科学性原则

科学性原则是指在学前儿童身体保健教育中要采取科学的方法，向学前儿童讲授科学的身体保健知识。切记在教育过程中不可以采用恐吓、责骂、命令的方法强迫学前儿童接受教师的观点，强制要求学前儿童按照老师的方法操作。

（二）发展性原则

发展性原则是指教师要以发展的眼光看待学前儿童身体保健的教育工作。随着现代社会的发展，不同时期的学前儿童的成长过程中出现的身体健康问题是不一样的。如现在电子信息产品的增多导致学前儿童出现了近视、弱视等视力问题。同时，处理学前儿童的身体健康教育的方法也是随着医学等技术的发展与时俱进的，教师要不断学习新的、科学的保健方法。

（三）整体性原则

健康的身体是健康心理的基础。学前儿童身体保健教育不但要促进学前儿童身体的健康成长，还要注意运用科学的方法，顾及学前儿童的心理特点。不能强制学前儿童必须按照教师的要求去做，更不能采取惩罚等暴力的形式伤害学前儿童的心灵。身体与心理是一个整体，在开展身体健康教育时不能顾此失彼，只注重习惯的养成而忽略了学前儿童的内心感受。

(四)关注全体、照顾个别原则

学前儿童身体保健教育活动的开展要考虑到班级全体儿童的整体状况。选择这个时期学前儿童特有的、共性的、学前儿童感兴趣的问题设计保健活动。但是由于个体具有差异性,在开展集体教育的同时,也要关注个别学前儿童的情况,对个别儿童进行特别教育。

二、学前儿童身体保健教育的组织方法

(一)学前儿童身体保健教育的教学方法

1. 生活渗透法

生活渗透法是指在日常生活中将学前儿童身体保健教育的知识慢慢地渗透给学前儿童。身体保健教育是离不开幼儿园的一日生活的。教师要善于在一日生活中发现学前儿童身体健康的教育契机,以学前儿童的兴趣为切入点,在生活中向学前儿童渗透身体保教教育的知识。

2. 示范讲解法

示范讲解法是指教师边讲边结合动作演示,或以实物、模型演示,具体而形象地向学前儿童传授有关身体保健的知识和技能,提高学前儿童对身体保健的认识水平。需要说明的是,示范者既可以是教师也可以是学前儿童,可以运用互联网等电教手段进行形象而生动的演示。信息时代下,也应该让学前儿童认识信息化的产品,科学合理地运用信息化产品。

4-2-1　西南医院幼儿园给幼儿宣传保护牙齿

3. 感知体验法

感知体验法是指让学前儿童通过各种感官来认识和辨别事物的特性。感知体验法能够让学前儿童参与活动，在活动过程中真实地感受事物，加深对事物的印象和理解程度。比如在“认识身体”的活动中，可以让学前儿童参与活动，在活动过程中认识自己身体的各个部位的名称及了解其功能。

4. 作品感染法

文学作品深受学前儿童的喜爱，可以通过文学作品中的场景分析、故事渲染，传达身体保健教育的知识，增强学前儿童的身体保健意识，从而让学前儿童在日常生活中关心自己和他人的身体健康。绘本就是一种比较好的文学作品呈现形式，近几年，绘本阅读也深受学前儿童、教师及家长的喜爱，通过绘本阅读获得身体保健教育知识也是一种很好的方式。

4-2-2　绘本《五官的奥秘》

4-2-3　绘本《最讨厌打针》

4-2-4　绘本《流感大人》

（二）学前儿童身体保健教育的组织形式

适宜的活动组织形式是达成教育目标的重要因素。学前儿童身体保健教育的组织形式主要包括集体教育、小组活动和个别指导的组织形式。集体活动是指教师有目的、有计划地组织全班学前儿童共同参与的教育活动。这种形式的优点是有利于教师在短时间内集中向学前儿童提供共同经验，活动效率高，缺点是难以兼顾学前儿童的个体差异和个性化需要。小组活动是将学前儿童分成若干个小组开展的活动。小组活动的优点是能够增强教师和学前儿童的互动性，教师也便于观察和指导每个小组的活动。个别指导则是教师根据个别学前儿童的一些特殊情况给予单独指导。

在实际活动中教师要按照活动的目标、内容、要求的不同,灵活地选择组织方式,从而使教育活动取得最佳的效果。

三、学前儿童身体保健教育的途径

(一)结合日常活动来进行

学前儿童身体健康教育的目的在于让学前儿童认识自己身体的各个器官,知道保护身体各器官的主要方法以及养成保护身体健康的意识和习惯。而这些目标的达成离不开学前儿童的日常活动。如在换衣服、洗澡的环节可以帮助学前儿童认识自己的身体各个器官,在进餐环节可以对学前儿童进行牙齿保健教育,教育儿童养成早晚刷牙、饭后漱口的好习惯。良好的行为习惯都是在日常活动中不断强化形成的。

(二)专门的身体健康教育活动

专门的身体保健教育活动是学前儿童身体健康教育的重要途径。专门的身体健康教育活动主要包括一日活动和主题教育活动。一日活动是指在一日生活的各个环节均以一项内容为重点,在区域活动、游戏活动中有目的有计划地实施教学设计。主题教育活动主要是以某个主题为线索,围绕该主题开展各种活动。主题教育活动通常会持续一段时间。

(三)家园合作,形成教育合力

学前儿童身体保健教育的内容与家庭生活内容是紧密联系的。学前儿童良好的习惯的养成需要家园合作,形成教育合力,帮助学前儿童实现。家园合作就是教师和家长对学前儿童的身体保健教育等方面的要求保持一致性和连贯性,使学前儿童大脑皮层形成固定的条件反射,建立起良好的动力定型,形成良好的习惯。避免出现“5+2=0”的现象。“5”是指学前儿童在幼儿园周一到周五的五天时间形成的良好习惯,“2”是指周末在家两天的随意的生活,“0”是指形成的良好习惯丢失的现象。

四、学前儿童身体保健教育的注意事项

(一)熟练掌握学前儿童身体保健教育的相关知识

学前儿童身体保健教育有自身的知识背景,实施过程中要确保知识的正确

性、科学性。身体保健的知识很多是卫生保健及医学的知识，如人体各器官的名称及功能、龋齿的预防及保护牙齿的知识、眼睛的保护等。教师要深入系统地学习专业知识，同时能够用学前儿童听得懂的语言来表述。当遇到儿童向教师提出某些疑问的时候，如果教师也不是很确定问题的答案，不要模棱两可地回答儿童的提问，可以通过查阅资料，确定问题的答案后再告诉儿童。

(二)增强综合教育意识，注意各领域的融合

学前儿童身体保健教育要与艺术、语言、科学等领域的教育内容相融合，发挥各领域活动的整体教育功能。可以以主题教育活动的形式，将身体保健教育的内容通过各个领域的活动来开展。

(三)灵活运用日常生活中的教育契机

学前儿童身体保健教育的内容是与一日生活密切联系的。要注意观察学前儿童的日常生活，在生活中发现儿童的兴趣点，围绕儿童感兴趣的话题开展教学活动。如大班某儿童在就餐的时候，突然牙齿掉了，好多小朋友围了过来，纷纷讨论"牙齿掉了会怎么样？以后会不会长出新的牙齿呢？"。这个时候就可以在下午开展保护牙齿的课程，儿童兴趣高，会取得较好的教育效果。

(四)尊重学前儿童，充分发挥儿童的主体作用

在开展身体保健教育的时候，要注意尊重儿童的人格和需要，要充分发挥学前儿童的主体地位的作用，不要强行要求儿童按照教师的要求来做。教师仅仅是主导，要杜绝随意处罚、挖苦、讥讽学前儿童的错误做法，要发挥学前儿童的主动性，通过正面的引导，采用鼓励、榜样、表扬等方法激发学前儿童的自信心和参与活动的积极性。

【案例分析】

案例一　打针我不怕(小班)

◇活动目标

1. 了解预防接种对身体的好处。
2. 知道预防接种或生病打针时不要哭。

◇活动准备

1. 模拟打针的用具。

2. 自制教学挂图(参见活动材料)。

◇活动过程

1. 教师与幼儿一起讨论打针的作用。

师:你们打过针吗? 为什么打针?

教师小结:生病的时候需要打针,为了不生病要打预防针。

2. 出示挂图,教师带领幼儿一起交流打针的感受。

教师出示教学挂图,引导幼儿看画面。

师:图中的小朋友在干什么? 他们是怎么表现的?

师:打针的时候,你有什么感觉? 你当时哭了吗?

师:打针会疼很长时间吗? 能不能忍受?

教师小结:虽然打针时有一点点疼,但我们应该勇敢、坚强,因为接受预防针就能少生病,健康快乐地成长。

3. 表演活动“我不怕打针”。

师:打针时怎样做才是勇敢的孩子?

教师示范打针时的动作、表情:身体站直,一只胳膊伸出去,脸带微笑。可在做动作的同时说“我不怕打针”。

请几名幼儿模仿教师的动作、表情和语言。

4. 进行打针游戏。

教师扮演医生,在一名幼儿胳膊上模拟打针的动作,该幼儿说“打针时我不哭,我是勇敢的好孩子”。

每两名幼儿一组,一个扮演医生,一个扮演病人进行打针游戏。

(资料来源:顾荣芳.幼儿园领域课程资源[M].北京:教育科学出版社,2014.)

案例二　牙齿的秘密(中班)

◇活动目标

1. 知道各个牙齿的名称,了解牙齿的结构功能及生长特点。

2. 通过活动,知道正确的刷牙方法,并知道怎样保护牙齿。

3. 养成保护牙齿的好习惯。

◇活动准备

1. 牙齿模型图。

2. 漱口杯。

3.PPT 课件:《爱吃糖的老虎》《牙齿的介绍》《保护牙齿》《刷牙歌》。

◇活动过程

一、观看课件《爱吃糖的老虎》,引出主题。

1. 小朋友们,谁是森林中的百兽之王呀?(老虎)

2. 大老虎可威风了,小动物们都害怕它。尤其是小狐狸,见了它就跑。可是今天,小狐狸不害怕大老虎了!为什么呢?你想知道吗?那咱们一起来听一个故事吧。

3. 播放课件《爱吃糖的老虎》。

4. 师:小狐狸为什么不害怕大老虎了呢?大老虎的牙因为糖吃多了生病了,一颗一颗全都掉光了。小朋友们,你们的牙齿健康吗?

5. 幼儿照镜子观察牙齿。

教师请幼儿对着小镜子笑一笑,露出牙齿,并用手指敲一敲,感受牙齿的硬度。

二、了解牙齿的作用

1. 利用生活经验讲述牙齿的作用。

师:你们知道自己有多少颗牙齿吗?大家可以对着镜子数一数。

(幼儿对着镜子数牙齿,并将结果告诉老师)

2. 幼儿根据调查情况讲述不同类别的牙齿的作用。

师:小朋友回家都对牙齿做了一个详细的调查。那么,在咀嚼食物的时候,哪些牙齿作用最大?食物是怎样被一点点嚼碎的?谁能介绍一下你吃的是什么,它是怎样被嚼碎的吗?

三、观看课件《牙齿的介绍》,结合牙齿的作用认识牙齿的名称。

1. 观看课件《牙齿的介绍》,了解牙齿的名称和作用。

师:刚才,小朋友说的门牙、尖尖的牙齿和口腔里边嚼碎食物的牙齿都有属于它们自己的名字。让我们一起来看看《牙齿的介绍》,认识一下它们吧。

师：你们现在认识这些牙齿了吗？它叫什么名字？有什么本领？

教师小结：原来我们的牙齿分为切牙、尖牙和磨牙。切牙的本领是将食物切断，尖牙的本领是将食物撕裂，而磨牙的本领是将食物磨碎。

2. 在牙齿模型上找出切牙、尖牙、磨牙的具体位置。

3. 幼儿对照镜子观察自己的牙齿、与小朋友互相观察，再次确认三种牙齿的具体位置和名称。（教师分组指导，巩固认识牙齿的作用）

四、结合已有的生活经验知道保护牙齿的方法。

1. 情景：食物残渣留在牙齿上。

师：刚才我发现小朋友的牙齿上有好多食物渣子，为什么它们会留在牙齿上呢？

2. 查找原因：牙齿上有食物会怎样。

师：这些东西留下来，牙齿们可不高兴了！谁知道是为什么吗？

小结：牙齿上残留的食物残渣，如不及时清除，会引起蛀牙，牙齿会变黑、变烂。

3. 解决问题：清除牙齿上的食物残渣，引发幼儿想刷牙的欲望。

师：我们怎样才能将牙齿上的食物残渣清除掉呢？

4. 教给幼儿正确的刷牙方法，了解如何保护牙齿。

老师用牙齿模型演示刷牙的正确方法。

师：我们一起来学习刷牙吧。正确的刷牙方法即竖刷法（牙刷顺着牙齿缝隙刷）：上面牙齿往下刷，下面牙齿往上刷；左右刷、里外刷；切忌左右横刷。

请个别幼儿利用牙齿模型上台示范正确的刷牙方法。

5. 演示课件《保护牙齿》，了解刷牙的正确方式。

师：接下来，我们来看看刷牙时要注意些什么呢？

五、演示课件《刷牙歌》，师生一起跟着音乐刷牙。

教师小结：小朋友以后一定要坚持刷牙，这样才会保护好我们的牙齿，只有牙好，胃口才好，身体才会棒棒的！

◇活动延伸

请幼儿自己设计记录表“你漱口了吗？”、“早晚要刷牙”，实行自我监督计划。

（资料来源：重庆西南医院幼儿园 凌丽）

案例三　便便的秘密(大班)

◇活动目标

1. 初步了解大便与身体健康的关系。

2. 养成每日定时排便的好习惯。

◇活动准备

1. 知识准备:请家长和幼儿一起找一找排出各种便便的原因。

2. 材料准备:《便便超人》内文的展示图1张,各种便便的图片。

◇活动过程

一、图片导入,认识不同的便便。

1. 出示便便超人的图片,提问:便便是怎么来的? 我们为什么会排出大便? 你排出的便便是什么样子的?

2. 教师进行总结,并出示图片。

3. 教师讲解各种形态便便的形成原因,让幼儿了解便便与身体健康的关系。

4. 请幼儿谈一谈每天什么时间排出大便,一天排几次。

5. 提问。

师:在什么时候我们会排出糊状、球状和长条状的便便? 为什么会有不同形态的便便?

小结:在身体舒服的时候,我们会排出像香蕉一样的大便;如果吃了冰凉或不干净的食物,肚子会痛,身体会不舒服,这时会排出糊状或球状的大便而且非常臭。

二、讨论怎样养成良好的排便习惯

讨论:怎样做到每天排便,每天定时排便呢?

小结:每天的各个时间都会有人排便。请小朋友关注自己每天的排便时间,并有意识地在这个时间段如厕并坚持下去,慢慢地就会养成定时排便的好习惯。

排便记录表

早上	上午	中午	下午	晚上

讨论:怎样才能做到每天排出像香蕉一样的便便?

小结:要注意饮食健康,不吃冰凉的食物或不干净的食物,这样肚子就不会疼,身体就会排出像香蕉一样的便便。少吃肉类食物,否则易造成大便干燥,甚至便秘。

讨论:有没有想大便却又忍住的时候呢?如果你忍住大便,大便排不出来会发生什么事?

小结:憋便时间长了,对身体健康影响很大,容易使肠道出血,形成结石。

讨论:排完大便要记得做什么事情呢?

小结:擦干净屁股、冲水、洗手,整理好衣裤,保持衣着整洁。

◇活动延伸

在图书区为幼儿投放《便便超人》的书籍请幼儿阅览。

建立《排便记录表》,帮助幼儿逐步养成每天定时排便和观察大便的习惯,了解身体健康状况。

(资料来源:北京密云县第四幼儿园,冯怡、王素艳)

真题解析

(2012年下半年《保教知识与能力》考题)活动设计题(30分)

新入园的小班幼儿在洗手时出现许多问题,有的把袖子弄湿、不洗手背、冲洗不净皂液,有的争抢或拥挤、玩水忘记洗手、擦手后毛巾乱放在架子上,有的握不住大块肥皂,有的因毛巾离水池远,一路甩水把地面弄得很湿……

针对上述问题,设计一份改进洗手环节的工作方案,要求写出:对问题的分析,工作目标,解决各类问题的方法。

答题要点:

此活动的设计要以幼儿的兴趣点出发,充分调动幼儿的各种感官参与的积极性。从我们身边的实际生活入手,利用形象的手偶表演来调动幼儿的积极性,让幼儿通过“感知自己的小手”来了解身边的“故事”,懂得养成清洁卫生、勤洗手的习惯的重要性。由引发的问题“手脏了我们应该怎么做”来培养幼儿解决问题的能力,树立正确的健康意识,培养幼儿养成讲卫生的好习惯。通过观察画面、讨论画面,引导幼儿学习正确的洗手方法,同时锻炼幼儿的语言表达能力。通过模仿洗手的动作、亲身体验洗手的过程来感受活动带来的乐趣,从而激发幼儿参与的积极性,初步培养幼儿对健康的行为意识。

要点一:结合《幼儿园教育指导纲要(试行)》要求,明确幼儿园活动设计的五部分,掌握各种教学方法的适用对象和运用策略。

要点二:活动过程是实现目标、解决问题的关键,也是该题型得分的关键点,所以在答题中要特别注意该部分的引申。

真题模拟

1. 乳牙过早丢失的主要原因是(　　)

A. 龋齿　B. 缺碘　C. 长期流涎　D. 错齿

【思考与实训】

思考:

1. 谈谈一日生活与学前儿童健康的关系。

2. 联系实际谈谈如何保护牙齿。

实训:

根据学前儿童身体保健教育的内容和原则,结合自身兴趣,设计一节学前儿童身体保健教育活动。活动设计应包含活动名称、活动目标、活动准备、活动过程、活动延伸等。

第 5 章

学前儿童饮食与营养教育

冬冬长得肉嘟嘟的，是大班有名的“汤司令”，每次进餐都要喝几碗汤。冬冬还喜欢挑着饭菜里的肉吃，剩下的菜就放在一边不吃了。最近一次体检他身高120厘米，体重达到了30千克，是个小胖墩。越来越胖的冬冬每天走路都累，运动量稍微大一点就会汗流浃背，动作也比较笨拙，常常会被同伴取笑。这让冬冬觉得有些苦恼。那么，我们应该如何让学前儿童养成良好的饮食习惯、均衡膳食呢？

【学习目标】

1. 理解并掌握学前儿童饮食与营养教育的目标、内容及组织方法。

2. 能根据学前儿童身体发育及饮食的特点设计学前儿童饮食营养教育活动。

3. 关注学前儿童的身体发展，乐意与学前儿童一起开展饮食营养教育活动。

【学习重难点】

1. 理解并掌握学前儿童饮食与营养教育的目标、内容及组织方法，学会根据学前儿童身体发育及饮食的特点设计学前儿童饮食营养教育活动。

2. 能根据学前儿童身体发育及饮食的特点设计学前儿童饮食营养教育活动，在一日活动中对学前儿童的饮食及良好饮食习惯的养成做相关的指导。

【知识结构图】

- 学前儿童饮食与营养教育
  - 学前儿童饮食与营养教育概述
    - 学前儿童饮食与营养教育的目标
    - 学前儿童饮食与营养教育的内容
  - 学前儿童饮食与营养教育的组织与实施
    - 学前儿童饮食与营养教育的原则
    - 学前儿童饮食与营养教育的方法
    - 学前儿童饮食与营养教育的途径
    - 学前儿童饮食与营养教育的注意事项

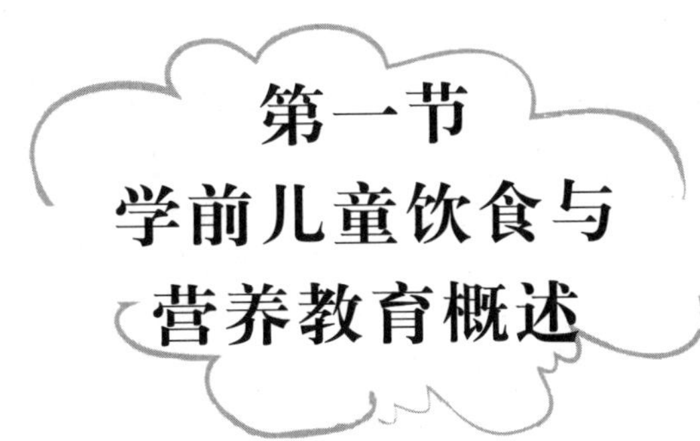

第一节 学前儿童饮食与营养教育概述

一、学前儿童饮食与营养教育的目标

(一)学前儿童饮食与营养教育的总目标

饮食与营养教育是指通过有计划、有组织、有系统的教育活动,帮助人们形成有关营养的正确观念,并能根据季节、个人口味及经济状况选择合适的食品,制订平衡的膳食计划,懂得建立合理的饮食环境,自觉形成良好的饮食卫生习惯。学前儿童饮食与营养教育的目标包括以下几个方面:

(1)认识常见食物的名称、种类及特点,知道不同食物有不同的营养。

(2)学会正确的用餐方法,养成良好的饮食习惯。

(3)了解有关膳食均衡的简单知识及意义,养成爱吃各种食物的好习惯。

(二)学前儿童饮食与营养教育的各年龄阶段目标

不同年龄阶段的学前儿童的饮食与营养教育的目标是不同的。应该根据学前儿童的年龄特点循序渐进地开展教育活动。

学前儿童饮食与营养教育的年龄阶段目标

目标 \ 年龄段	3–4岁	4–5岁	5–6岁
知识方面	(1)认识几种食物的名称。 (2)知道不干净的食物不能吃。 (3)懂得饭前要洗手，饭后要漱口。	(1)认识各类常见的食物。 (2)懂得吃多种食物有利于健康。 (3)好吃的食物不宜多吃，少喝冷饮，多喝水。 (4)认识消化器官“胃”的名称和作用。	(1)初步了解不同食物含有不同的营养素，身体健康要营养均衡。 (2)懂得少吃零食多喝水有益于健康。 (3)懂得偏食、挑食是不好的习惯，影响健康。 (4)能初步分辨食物的好坏，懂得腐烂变质的食物不能吃。 (5)懂得进餐时应愉快安静，饭前饭后剧烈运动影响健康。 (6)懂得过度肥胖、消瘦属于营养不良。
情感态度	(1)在成人的指导下爱吃各种食物，主动饮水。 (2)进餐时不能哭闹，愉快进餐。 (3)饭前便后能主动洗手。	(1)能轻松愉快进餐。 (2)爱吃多种食物。 (3)喜欢与同伴进食。 (4)肥胖儿(消瘦儿)有控制(增加)饭量的意识。	(1)进餐时主动保持愉快和安静。 (2)有意识克服挑食的习惯。 (3)感觉到集体进餐的愉悦，愿意为同伴服务。
行为习惯方面	(1)初步养成安静进餐、吃饭时不随意走动的习惯。 (2)在教师的帮助下将饭菜吃干净。 (3)不用手抓饭，不乱扔食物。 (4)学会用勺子吃饭。 (5)初步养成饭前洗手，饭后漱口的习惯。 (6)肥胖儿(消瘦儿)适当控制(增加)饭量。	(1)养成专心安静进餐、细嚼慢咽的好习惯。 (2)不剩饭菜，学会自己收拾餐具和食物残渣。 (3)饭前洗手，饭后漱口，按时吃完饭菜，饭前饭后不做剧烈运动。 (4)在教师的监督下，肥胖儿(消瘦儿)要控制(增加)饭量。 (5)能熟练用勺子吃饭，并学习使用筷子吃饭。	(1)巩固和保持良好的行为习惯。 (2)遵守进餐时的纪律和要求。 (3)能主动收拾食物残渣，摆放好桌椅。 (4)认真做好值日工作。 (5)懂得饭后漱口，饭前饭后不做剧烈运动。 (6)掌握正确使用筷子吃饭的技能。 (7)在教师的要求下，肥胖儿(消瘦儿)能较自觉地控制(增加)饭量。

二、学前儿童饮食与营养教育的内容

(一)学前儿童饮食与营养教育的基础知识

1. 营养的含义

日常生活中,我们会经常说到"营养"这个词,比如吃饭的时候我们会说"这个食物比较有营养,多吃一点"。那么,营养的含义跟我们生活中所讲的食物营养是不是同一个概念呢?实际上,"营养"的原有含义为"谋求养生",即人体摄取、消化、吸收、利用食物中所含的养料物质以满足机体生理需要。而食物中所含的养料物质就是营养素。食物中所含有的能维持人体健康、提供身体生长发育以及进行活动所需要的各种营养成分称为营养素。营养素通常分为七类,即碳水化合物(糖类)、脂肪、蛋白质、维生素、膳食纤维、无机盐(矿物质)和水。

学前儿童生长发育迅速,新陈代谢旺盛,所需的各种营养素和能量相对成人要多。为了满足学前儿童对营养素和能量的需要,必须通过每日膳食向他们提供一定数量的各种营养素。学前儿童饮食与营养教育的目的在于通过有计划、有组织、有系统的教育活动,帮助学前儿童认识食物、知道营养与健康的关系,最终形成良好的饮食习惯。

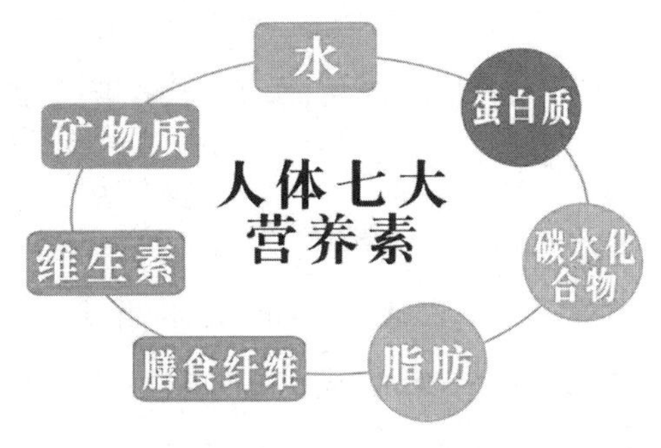

5-1-1 人体七大营养素

2. 营养与健康的关系

人的健康受多种因素的影响,如生活环境、生活习惯等。其中,营养是影响健康的一个重要因素。人类从胚胎期开始到生命的结束都需要营养。均衡合理的营养是个体生长发育的前提。如果营养供给不足,就会导致营养不良,从而影响正常的生长发育。如果营养过剩,则会导致肥胖,同样会影响个体健康。营养与许多疾病的发生和发展都有着直接或间接的关系。例如,维生素A缺乏会导致夜盲症,长期缺铁会导致缺铁性贫血。因此,膳食的搭配应当合理均衡,促进个体健康成长。

中国居民平衡膳食宝塔(2016)

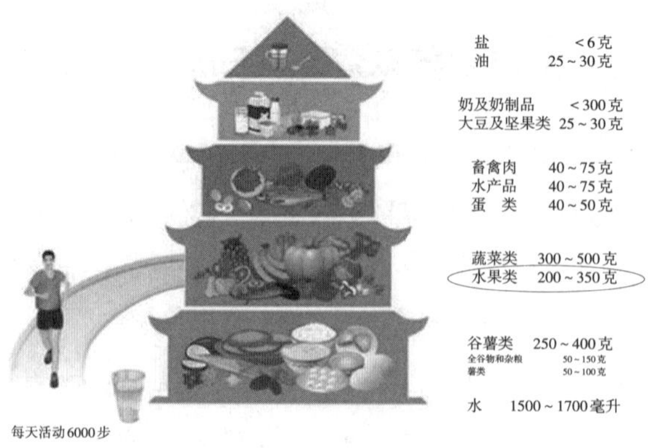

5-1-2 中国居民平衡膳食宝塔(2016)

【资料链接】

怎样才能保证学龄前儿童的营养均衡?

营养均衡是指儿童每天摄入的食物总量中,所需的各种营养素及能量均达到我国营养学会的推荐摄入量(RNI)标准,并能满足儿童生长发育及生命活动的需要。因此,儿童每天必须进食多种食物,并要保证相应的摄入量,才能使儿童获得充足的营养。如果某种营养素长期摄入不足或过量,都会影响儿童的健康,导致疾病的发生。

学龄前儿童的胃肠道功能随着生长发育而逐渐完善,食量也逐渐增加,可参照“中国居民平衡膳食宝塔”,选择不同种类富有营养的食物。除谷类食物为主外,还应多吃蔬菜水果,同时注意蛋、禽、肉类及豆制品的供给,奶制品的供给应控制在300ml左右。来自英国的一项研究报告:1.5—4.5岁的儿童血清铁水平与肉类、水果类的消耗量成正比,与奶及奶制品的消耗量成反比,如果儿童每天过度食用奶及奶油,再食用其他食物的可能性减少,并可能占用高铁食物的位置,导致铁的摄入量减少,体内铁水平降低。所以,在幼儿园的儿童应避免偏食,应合理食用谷类、蔬菜、水果、肉禽蛋、乳制品、豆制品等食物。卫生部颁布的《托儿所幼儿园卫生保健工作规范》规定提供膳食的幼儿园应使用带量食谱,每1—2周更换一次,食物品种要多样化且合理搭配。在主副食的选料、洗涤、切配、烹调的过程中方法应科学合理,减少营养素的损失，符合营养膳食的要求。烹调食物注意色、香、味、形，符合儿童口味，以保证平衡膳食，防止各种营养素摄入的不足。

（资料来源：http://www.yejs.com.cn/wsbj/article/id/46727.htm）

（二）学前儿童饮食与营养教育的内容

学前儿童饮食与营养教育的重点在于，引导幼儿了解人的成长与身体健康必须依靠食物；懂得身体需要多种营养素，喜欢吃不同的食物；初步了解烹饪食物的基本方法，养成良好的饮食卫生习惯；了解不同地区饮食文化的多样性。学前儿童饮食与营养教育的具体内容如下：

1. 认识食物

（1）认识食物名称、形状、颜色、味道。

在学前儿童接触食物的过程中，让他们学习食物的正确名称，观察食物的形状、颜色，品尝食物的味道等，认识食物的各种特性。如香蕉是黄色的、黄瓜是绿色的、西瓜是圆圆的、辣椒是辣辣的等。

认识变质食物也是学前儿童认识食物非常重要的一部分。为了防止学前儿童食物中毒，首先要让学前儿童学会辨别哪些食物是可以食用的，哪些食物是变质的、不能食用的。可以通过看一看、闻一闻的方法，让学前儿童来辨别食物。看一看食物是否有发霉、腐烂的现象，闻一闻食物是否有酸臭等异味。如发霉的面包、腐烂的水果、馊了的饭菜都是不能食用的，食用以后会导致腹泻、呕吐、发烧等症状，严重的会导致食物中毒，危及生命安全。

5-1-3 发霉的面包

5-1-4 腐烂的水果

（2）食物的种类。

在认识一定食物的基础上，要引导学前儿童根据不同食物的性质来进行简单的分类。如用苹果、香蕉、梨子、汉堡这几种食物让学前儿童来进行简单的分类。

2. 知道营养与人体健康的关系

让学前儿童了解人体需要的基本营养素，这些营养素可以从哪些食物中获得，以及各种营养素与人体健康的关系，从而促使他们形成广泛摄取食物、保持身体健康的饮食营养意识。

3. 饮食行为习惯

（1）饮食的方法和习惯。

在幼儿园中要培养学前儿童独立进餐的能力。首先要掌握进餐的基本技能，小班的学前儿童要练习使用勺子独立进食，到了中班下学期或大班再学习用筷子进食的技能。

5-1-5 使用勺子

5-1-6 使用筷子

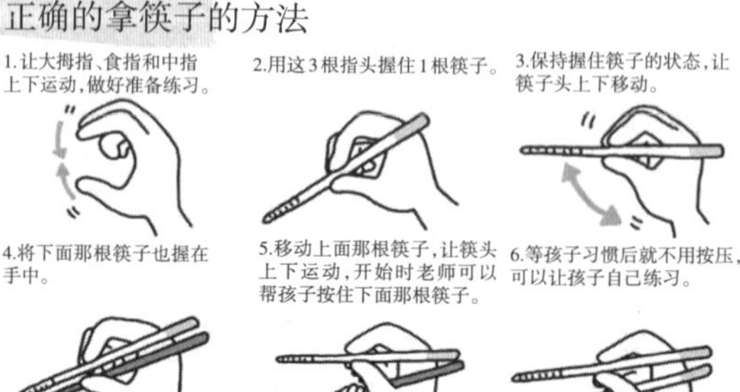

5-1-7 拿筷步骤图

学前期是培养良好饮食行为和习惯的最重要、最关键的时期。向学前儿童介绍不良饮食行为习惯对人体健康的危害，通过反复提醒、练习，帮助他们建立良好的饮食行为习惯，如饭前洗手、饭后漱口、进餐时不嬉笑打闹、不吃不干净的食物等。

（2）饮食文化及风俗习惯。

中华民族有着悠久的历史文化，饮食文化也博大精深。不同的民族有不同的饮食习惯，不同的节日有不同的饮食习俗。可以结合各种节日，让学前儿童品尝各种不同的食物，通过故事了解民间的饮食文化和风俗习惯，培养他们对饮食文化的兴趣，了解多元饮食文化。

拓展阅读

餐桌礼仪必不可少

新春佳节，聚餐频繁。家长们可得注意了，别认为孩子年幼，就可以任其享受大家的宠爱，成为餐桌“小霸王”。既然是参加筵席的一分子，就要注意餐桌礼仪。您得提醒孩子，别只顾着把好吃的堆在自己面前，别忘了给长辈们夹菜；敬酒时，也可以举起饮料杯，送上祝福；吃完之后想离席去旁边玩儿，应先得到父母允许，并和同桌的长辈打招呼。别忽视了这些细节、小事，它们将帮助孩子学会尊重他人。下面是一些父母对孩子餐桌上的礼仪进行教育的成功经验：

1. 一起用餐。孩子与父母一道用餐的机会越多，越会学到应有的礼仪。

2. 不要图快。在同一时期内有计划地教会一个或两个礼仪。

3. 目标合理。每个孩子都是独立的个体，父母要尽量了解孩子的能力，对某个孩子有效的方法在其他孩子身上可能完全不管用，要注意年龄的差别。

4. 要有弹性。如果你的孩子某一天表现很异常，就给孩子松松绑，放松一下，计划可适当后延。

5. 生动有趣。孩子想象丰富，喜欢扮演生活中的人物，有时不妨摆设精美的餐点，邀请他们盛装赴宴，教会他们举止要与扮演的人物身份相符。

6. 经常操练。父母带孩子到餐馆用餐，让孩子践行平时所学的礼仪。

7. 正面教导。孩子对禁止他们做的事易生反感。与其在他们做错事之后批评他们，不如事先告诉他们应该怎么做。

8. 善用机会。在节假日或节庆场合，抓住时机教导孩子用餐礼仪。

9. 解释原因。在任何时候都尽量向孩子解释要遵守礼仪的原因，这样做有助于培养他们的自觉性。

10. 树立榜样。教孩子向做得好的小朋友学习，也可借助录像带、书籍、图片等进行教育。

（资料来源：http://edu.163.com/18/0206/09/D9UUPO3300299845.html）

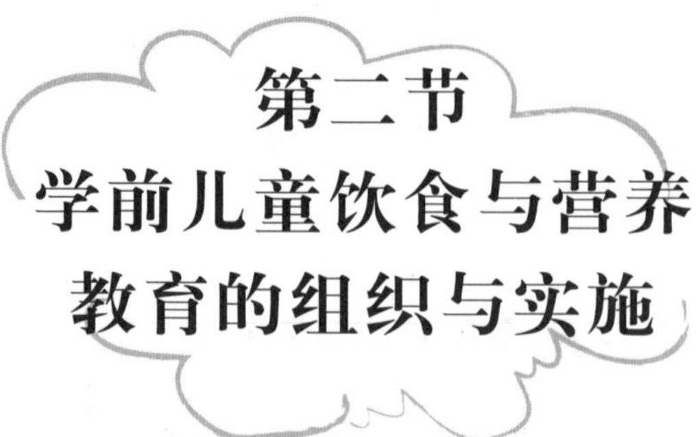

第二节 学前儿童饮食与营养教育的组织与实施

一、学前儿童饮食与营养教育的原则

（一）需要性原则

需要性原则是指饮食与营养教育应关注学前儿童发展的需要。饮食与营养教育的活动内容来源于生活，来源于学前儿童的需要。学前期的儿童生长发育迅速，对营养素的需求也更多。因此，营养与饮食教育的内容、方法要适合于不同年龄阶段的学前儿童的需要。饮食与营养教育的活动应该从学前儿童的生活实际出发，让他们了解食物与健康的关系，形成主动、持久、自觉的行为和态度。

（二）可行性原则

可行性原则是指设计的饮食与营养教育的活动应当切实可行。设计饮食与营养教育的活动应当适合学前儿童的身心发展特点。活动内容应当是学前儿童生活中接触到的、感兴趣的内容，活动的方式要恰当。例如，幼儿园小班的孩子，认知水平相对较低，生活经验不丰富，开展的饮食与营养教育活动应当简单，可以教他们如何使用勺子等饮食技能。大班的孩子相对经验丰富，独立能力、动手操作能力也较强，可以开展相对复杂的活动，可以采用实践操作或情境教学的方法，要教他们如何使用筷子的饮食技能。

（三）安全性原则

安全性原则是指饮食与营养教育应保证学前儿童的安全和健康。学前儿童的安全与健康永远是第一位的。在开展活动的过程中，应时刻将幼儿的安全和健康放在首位。比如在实际的活动中,既要选择安全绿色的食材,又要保证活动过程的安全。在日常的膳食安排中要注意食品的新鲜、安全,严防膳食中毒事件的发生。另外,饮食与营养教育活动的开展过程中,教师要尊重学前儿童的意愿,不要强制学前儿童必须按照教师的要求做,要保护学前儿童的心灵不受到伤害。

(四)一致性原则

一致性原则是指饮食与营养教育对学前儿童的要求应前后一致、家园一致。饮食与营养教育是需要长期坚持的活动,对学前儿童的要求应始终如一,不可随意改变,教师和家长都必须坚持一致的教育要求,这样才能取得良好的教育效果。

(五)直接性原则

直接性原则是指饮食与营养教育应尽可能使学前儿童直接感知,直接参与。感知觉在学前儿童心理发展过程中具有特别重要的意义,是学前儿童认知外部世界的重要方式。在活动中,应尽可能地让他们多探究、多试验、多模仿、多操作、多创造,通过看、听、闻、摸、尝、做等多种实践途径来促进学习,积累更多的生活经验。

(六)序列性原则

序列性原则是指饮食与营养教育应循序渐进。皮亚杰的认知发展理论指出学前儿童的认知发展是按照一定的序列展开的。有序的信息有利于学前儿童的吸收、加工、储存和提取,通过同化、顺应促进认知结构的更新和发展。在进行饮食与营养教育时,要坚持循序渐进的原则,由易到难,先培养学前儿童对饮食营养的比较概括能力,再进行分类、推理训练,形成一个系统的、序列化的知识整体。

(七)整合性原则

整合性原则是指饮食与营养教育的内容、方法、场所和途径等选择应尽可能地全面、整合。教师应将饮食与营养教育渗透到语言、艺术、科学、社会各个领域中去,建立和形成完整的教育模式。同时,除了正式的教育活动外,还可以渗透到幼儿园一日活动的其他环节中,渗透到家庭教育和社区教育中。饮食与营养教育活动应整合园里园外的一切可利用的资源,既可在幼儿园进行,又可以在农场、工厂、超市、餐厅等场所进行。

二、学前儿童饮食与营养教育的方法

与其他教育活动相比，饮食与营养教育活动具有其特殊性。如营养对学前儿童的影响需要较长的时间才能体现出来，良好的饮食行为习惯的养成也需要长时间的练习与培养。因此，开展饮食与营养的教育活动要根据学前儿童的年龄特点，选择适宜的方法，提高活动的效率。

（一）讲解示范法

讲解示范法是教师通过具体而形象的语言向幼儿讲解粗浅的饮食与营养知识，并结合食物或模型加以演示，从而提高幼儿对饮食与营养的认知水平。关于饮食与营养的许多知识都是通过教师的讲解让学前儿童学习、了解的，这种方法是比较常用和常见的一种方法。

（二）行为练习法

行为练习法是指学生通过反复地完成一定动作或通过一定的活动方式，借以形成技能、技巧或行为习惯的教学方法。从生理机制上说，行为练习可以使学生在神经系统中形成动力定型，以便顺利地、成功地完成某种活动。行为练习法在培养学前儿童饮食行为习惯和技能中起着重要的作用。例如，学前儿童养成饭前便后洗手的习惯、使用筷子的技能等都需要反复练习，在不断地练习过程中掌握和形成。

（三）讨论评议法

讨论评议法是指教师通过安排语言交流活动，让学前儿童参与饮食与营养教育过程，为他们提供提出问题、讨论问题、得出结论的机会，从而使他们更深刻地掌握饮食与营养的知识。讨论评议法能有效地调动学前儿童的积极性，让他们表达自己的真实想法。使用讨论评议法，教师对学前儿童的疑问要积极回应并做好引导和总结工作。

（四）实践操作法

实践操作法是指教师设计多项有关饮食与营养教育的活动，让学前儿童参与其中，在实践活动中通过多种感官的参与，掌握饮食与营养的知识与技能，进而养成良好的饮食习惯。实践操作可以充分调动学前儿童的积极性，在活动中增加他们的学习兴趣，培养他们动手操作的能力，提高他们的用餐操作技能。例如，在冬至的时候，组织大班的学前儿童与家长、教师一起在幼儿园包水饺，通过这个活动让学前儿童了解水饺是怎么做成的，要和面、擀皮、调馅儿，最后才是包水饺、煮水饺。还要让他们知道因为香喷喷的水饺要经过这么复杂的程序才能做好，所以吃水饺的时候不能浪费，要珍惜别人的劳动成果。

（五）游戏法

游戏法是指教师利用学前儿童喜闻乐见的游戏形式，将教学内容设计在游戏活动中，通过游戏丰富他们对饮食与营养的感性认识，激发主动进食的习惯，培养良好的就餐礼仪，养成良好的饮食习惯。喜欢游戏是学前儿童的天性。我国著名教育学家陈鹤琴先生曾说过“游戏是孩子的生命”。这充分说明游戏是符合学前儿童心理与年龄特点的一种独特的活动形式。

（六）情境表演法

情境表演法是指教师和学前儿童就特定的生活情境、生活故事片段等进行表演，然后让学前儿童思考和分析情境中所涉及的饮食与营养的问题。表演的主题一般来源于生活，饮食又是生活的一部分。所以，情境表演法既能激发学前儿童的学习兴趣，又能帮助他们认识和解决生活中可能遇到的问题和冲突。

三、学前儿童饮食与营养教育的途径

学前儿童饮食与营养教育，要通过多种途径使学前儿童对食物产生浓厚的兴趣，了解食物与健康的关系，懂得均衡膳食对生长发育的重要性，养成良好的饮食卫生习惯。学前儿童饮食与营养教育的途径主要包括专门的饮食与营养教育活动、随机的饮食与营养教育活动和体验式的饮食与营养教育活动。

（一）专门的饮食与营养教育活动

专门的饮食与营养教育活动是指教师根据教育目标，有系统、有计划、有组织地开展的教育活动。这些专门的饮食与营养教育活动是学前儿童饮食营养教育的重要途径。一般来讲，专门的饮食与营养教育活动通常以主题活动的形式开展，如拟定一个主题，以不同的活动形式来开展。

（二）随机的饮食与营养教育活动

随机的饮食与营养教育活动是指教师在一日活动中，随时发现学前儿童感兴趣的饮食与营养教育问题，开展的饮食与营养教育活动。饮食与营养的教育内容与我们的一日生活息息相关。教师在一日活动中要善于观察并及时发现学前儿童感兴趣的问题，抓住教育时机进行教育。例如，在每日的进餐过程中，教师要观察每个学前儿童的进餐情况，如果出现挑食、偏食的问题，要及时纠正，出现浪费食物的现象要及时制止并教育。

（三）体验式的饮食与营养教育活动

体验式的饮食与营养教育活动是指教师根据教育内容专门安排的由学前儿童直接参与、亲身体验的一种活动形式。体验式的饮食与营养教育活动的直观性、可操作性，能够丰富学前儿童对饮食营养教育内容的感性认识，提高学习的积极性。例如，设计体验活动，让学前儿童体验不同民族的饮食文化礼仪，通过劳动让学前儿童懂得珍惜他人的劳动成果，养成节约食物的好习惯等。

四、学前儿童饮食与营养教育的注意事项

随着人们生活水平的提高，学前儿童的饮食也越来越丰富和多样化，然而学前儿童的饮食问题依然是令家长较为头痛的一个问题。例如有些学前儿童偏食、挑食严重，有些学前儿童则是营养过剩导致肥胖症。有些家长存在饮食教育误区，例如有些家长认为孩子想吃什么就给孩子吃什么就好了，胖点也没关系。还有些家长在面对孩子不爱吃饭的问题时采用恐吓、责备、惩罚等手段，对学前儿童的身心造成了一定的伤害。因此，在开展饮食与营养的教育过程中应注意以下问题：

（一）关注学前儿童的身体生长状况

饮食营养教育的根本目的在于促进学前儿童身体的健康成长和养成良好的饮食行为习惯。在进行饮食与营养教育过程中要密切关注学前儿童的身体生长状况，如果出现肥胖的现象则要多吃些水果蔬菜，均衡营养。若是出现体重偏轻，营养不良的现象，则要对学前儿童加强营养的供给，不要让孩子总是吃零食等营养价值较低的食物。

（二）营造良好的饮食教育环境

环境是人的第三任教师。饮食环境的创设对于饮食营养教育活动具有十分重要的作用。饮食环境的创设直接影响着教育的效果。环境创设能让学前儿童更深入地了解各种食物及饮食文化与饮食礼仪。进餐时要保持环境的清洁与安静，不同的进餐礼仪要创设不同的进餐环境。例如，学习西餐的进餐礼仪，则需要舒缓的音乐、餐巾、刀叉等。

（三）注意榜样示范的作用

学前期的儿童模仿能力特别强，因此要充分利用榜样的作用，通过向榜样模范、学习帮助学前儿童形成良好的饮食行为习惯。

（四）家园保持一致

学前儿童饮食技能的习得、饮食行为习惯的养成，与家长的配合和监督是分不开的。饮食与营养的教育内容与学前儿童的生活紧密联系，仅仅依靠教师的在园教育是远远不够的。在学前儿童的成长过程中，家庭教育的地位举足轻重。教师要善于调动家长的积极性，与家长加强沟通，形成教育合力，共同促进学前儿童发展。

（五）把握坚持与妥协的分寸

拒绝学前儿童的饮食要求可能会引发他们一系列的行为，如哭闹，或以不做某件应当做的事相要挟等。成人面对这些招数往往束手无策，可能坚持一会儿就妥协了，最后以孩子的胜利而告终。这样，通常滋长了孩子的“气焰”，使他下次还会如此对付家长。在类似的情况下，家长首先要郑重其事地跟孩子讲道理，说明自己要求孩子这样做的理由。其次，对学前儿童不合理的要求要果断拒绝，并在孩子哭闹的时候转移其注意力。最后，如果孩子下次的表现有进步，要积极表扬，用正强化的方式增加此行为出现的概率。

【案例分析】

白开水好处多（小班）

◇活动目标

1. 喜欢喝白水。
2. 知道喝白开水对身体的好处，不贪喝饮料。

◇材料准备

1. 知识准备：保健医生提前给小朋友讲述饮料的危害。
2. 材料准备：自制 PPT、故事《小猴子怎么了》，猴子手偶。

3. 环境准备：自制墙饰“喝水身体棒”，每个幼儿在属于自己的小方格内贴一张照片，喝水后便将一张小水滴的卡片插入小方格中。

◇活动重点

知道白开水是儿童最佳的饮品，不贪喝饮料。

◇活动过程

一、亲身体验，感受口渴后喝水带来的舒适

（活动前进行体育活动，之后教师组织学生喝水）

提问：玩过游戏之后你们的嘴巴感觉怎么样啊？喝了水之后有什么感觉？

讨论后得出结论：喝了水之后我们不渴了，身体舒服多了。

二、听故事《小猴子怎么了》

1. 教师戴手偶讲述故事。

师：为什么猴哥哥长得又高又漂亮呢？猴弟弟为什么长不高还难看呢？

2. 通过保健医生的讲解，了解喝白开水的好处。

3. 学会给自己插入小水滴卡片。

4. 引导幼儿观察墙饰“喝水身体棒”，请幼儿每次喝完水后插入一张小水滴卡片。

◇活动延伸

1. 在饮水环节组织幼儿分组喝水，指导幼儿每次喝完水后为自己插入一张小水滴卡片。

2. 下午放学离园时，表扬喝水表现得好的幼儿。

3. 家园配合，请家长在家里多给幼儿提供白开水，少喝饮料。

（资料来源：范惠静. 幼儿园优秀健康活动设计80例[M]. 北京：中国轻工业出版社，2014.）

小小营养师（中班）

◇活动目标

1. 认识吃早餐的重要性。

2. 会选择合适的早餐食品，养成良好的进餐习惯。

◇活动准备

人物卡片（壮壮：高大，身体壮；瘦瘦：矮小，身体瘦），壮壮的早餐食谱（幼儿园的早餐食谱），配餐表格人手一张，早餐食物卡片若干（牛奶、豆浆、粥、馒头、香肠、咸菜、包子、青菜等），故事《壮壮和瘦瘦》。

◇活动重点

认识吃早餐的重要性

◇活动过程

一、以“我爱吃的早餐”谈话活动导入

师：小朋友，每天早上我们都会吃早餐，你爱吃什么呢？

小结：我们每天的早餐各式各样，都不相同。

二、听故事《壮壮和瘦瘦》，了解吃早餐的重要性

1. 出示壮壮和瘦瘦的人物卡片，请幼儿进行对比。

师：你看看，壮壮和瘦瘦有什么不一样？

小结：壮壮个子高、身体壮，瘦瘦个子矮、瘦瘦的。

2. 回忆故事内容，进一步了解吃早餐的重要性。

师：为什么瘦瘦不长个儿、爱生病，壮壮长得高、身体好呢？

小结：小朋友每天早上都要吃早餐，才会长得高、长得壮。

三、观察“壮壮的早餐食谱”，懂得早餐搭配的重要性

师：小朋友，让我们来看看壮壮每天都吃了什么东西吧。

小结：小朋友每天都吃不一样的食物，什么都吃一点，这样才能为身体提供各种营养，才能像壮壮那么健康。

四、玩游戏“我给瘦瘦配早餐”，尝试选择合适的早餐

1. 分配角色，引出游戏。

教师指导幼儿搭配食谱，组织幼儿交流、分享自己设计的早餐食谱。

2. 出示表格，介绍使用方法。

瘦瘦的营养早餐表

星期	食物
一	
二	
三	
四	
五	
六	
日	

小结：大家给瘦瘦设计的食谱真有营养，这样瘦瘦就可以变得健康了。

3. 教师出示幼儿园的食谱，引导幼儿喜欢吃幼儿园的营养早餐。

◇活动延伸

1. 请幼儿为娃娃家的小娃娃搭配早餐，进一步理解吃营养早餐的重要性。

2. 在早餐环节，鼓励、引导幼儿吃丰富的早餐食品。

（资料来源：范惠静．幼儿园优秀健康活动设计80例[M]. 北京：中国轻工业出版社，2014.）

吃健康的食物（大班）

◇活动目标

1. 知道识别食品包装上的生产日期以及安全标识，并能区分哪些食品是安全的，哪些食品存在安全隐患。

2. 增强食品安全意识，提高幼儿的自我保护能力，培养幼儿良好的饮食卫生习惯。

◇活动准备

1. 教学课件《吃健康的食品》。

2. 图片若干（健康食品，如蔬菜、水果、坚果；垃圾食品，如油炸食品、罐头类食品、腌制食品、加工的肉类食品、肥肉和动物内脏类食物、奶油制品、方便面、烧烤类食品、冷冻甜点、话梅和蜜饯类食物；过期食品，如霉变及变质的食品），笑脸卡片若干。

3.“健康大冒险”游戏棋盘若干。

◇活动重点

1. 知道健康饮食的重要性，养成良好的饮食卫生习惯。

2. 认识和区分哪些食品是安全的，哪些食品存在安全隐患。

◇活动过程

一、活动导入

师：平时你最喜欢吃什么东西？

幼儿自由回答，同时，教师点击课件，出示食物的图片。

引导幼儿小结：你们喜欢吃的东西真是各式各样，有的食品是有益健康的，而有的食品则是对我们的身体有害处的。

二、区分各类食品

1. 师：食物的种类有很多，你们愿不愿意来给食物分分类呢？

教师点击教学课件，引导幼儿将食品分成两大类。

健康食品：水果类，牛奶，蔬菜类。（有助于人体健康的食物）

垃圾食品：油炸食品，方便面，果冻，烧烤，甜点，饼干，可乐等（对人体有害的食物）

2. 了解垃圾食品对人体会有什么害处。

（1）请幼儿说说：平时自己都吃了些什么食品。

（2）教师点击教学课件，请幼儿了解垃圾食品的制作过程，幼儿讨论，教师在幼儿讨论的基础上进行小结：在我们吃的食品中有一些是垃圾食品，垃圾食品吃了以后会对我们人体造成伤害。所以，小朋友们要少吃或不吃这样的食物，才能更好地健康成长。

（3）师：你还知道哪些垃圾食品？（油炸食品，罐头类食品，腌制食品，加工的肉类食品，肥肉和动物内脏类食物，饼干类，奶油制品，方便面，烧烤类食品，话梅和蜜饯类食物）

教师将幼儿说到的垃圾食品逐一用课件展示，帮助幼儿进一步了解更多的垃圾食品品种。

三、区分食品安全标记

1. 师：除了垃圾食品以外，还有什么食品也不能吃？（请幼儿讨论并回答）

2. 请幼儿观看课件中小朋友喝过期牛奶出现肚子痛的画面。

师：他怎么了？为什么会这样？

引导幼儿小结：我们购买食品的时候一定要看清楚包装袋上的食品保质期，过期的食品是不能吃的，否则会引发身体不适，还可能会发生危险。

3. 认识生产日期和安全标识

教师出示图片，请幼儿观察并分辨食品袋上的生产日期、保质期及安全标识。

小结：食品包装袋上的这些标识会告诉我们哪些食品是安全的，哪些食品是不安全的。我们以后购买的时候一定要仔细地看清楚，还要提醒爸爸、妈妈不要忘记了看清楚食品的安全标识哦。

四、知识抢答

1. 将幼儿分成两组进行问题抢答。

抢答规则：教师逐一出示带有问题的课件请幼儿回答，当教师说出“开始抢答”后，幼儿举手示意。率先举手的幼儿回答问题，答对了给予一个笑脸卡片以示奖励，最后以获得笑脸卡片多的小组为胜利方。

部分问题如下：

（1）喝碳酸饮料比喝白开水对健康更好吗？

（2）多吃油炸食物对健康好吗？

（3）常吃零食好吗？

（4）空腹喝牛奶对身体有益吗？

（5）多吃瓜果、蔬菜对健康好吗？

2. 教师对问题抢答环节进行小结，并告诉幼儿正确的饮食卫生习惯是要少吃零食，不吃油炸类食品，多吃瓜果蔬菜，少喝饮料多喝水。

五、“健康大冒险”游戏

教师带领幼儿进入游戏场景开始游戏。

游戏规则：教师将幼儿分成红、蓝两组，每组轮流抛掷骰子，并按骰子所示的点数前进，到位后再按所在圈内的文字要求行走，先到终点者为胜者。

引导幼儿在游戏时讨论零食存在的安全隐患，鼓励幼儿一定要克制自己，少吃或不吃零食，养成良好的饮食卫生习惯。

（资料来源：重庆西南医院幼儿园 凌丽）

真题模拟

1. 学前期是培养（　　）的最重要、最关键的时期。

A. 良好学习习惯

B. 良好饮食行为和习惯

C. 良好人际交往

D. 良好道德行为

2. 以下不属于七大营养素的是（　　）。

A. 脂肪　　B. 谷物　　C. 碳水化合物　　D. 维生素

3. 肥胖是指体重超过正常体重的（　　）

A.10%　　B.30%　　C. 50%　　D.20%

【答案解析】D。肥胖是指体重超过正常体重的20%。

【思考与实训】

思考：

1. 如何在一日生活中向学前儿童进行饮食与营养教育？

2. 学前儿童饮食与营养教育的原则有哪些？

实训：

结合实际，为学前儿童设计一周的健康食谱。

第6章 学前儿童安全与自我保护教育

中午幼儿上床后，保育员老师刚刚拖完卫生间的地面，有的幼儿就要起来上厕所。苗苗不顾老师的叮嘱，穿上拖鞋跑进了卫生间，由于走得太快，苗苗脚下一滑，跌倒在地上，嘴磕在便池的边上流血了，老师急忙把苗苗送到医院。医生为苗苗处理了伤口，并缝了三针。①

维护幼儿的生命安全是每一位教育工作者的责任和义务，做好预防幼儿意外伤害事故的工作至关重要。预防工作只是成人单方面地重视是远远不够的，重要的是要让幼儿形成保护自己生命的安全意识，并提高自我保护的能力。

[1]苏晖.幼儿园安全管理实用手册[M].北京：中国农业出版社,2016.

【学习目标】

1. 理解和掌握学前儿童安全教育与自我保护的目标和内容。
2. 掌握学前儿童安全与自我保护教育的途径和方法。
3. 能在日常生活、游戏和教学活动中，主动积极渗透安全教育内容。

【学习重难点】

1. 能结合幼儿实际生活和学习，将安全教育通过多种途径进行实践，具备一定的安全事故应急处理能力。

2. 能根据不同年龄段幼儿的发展和活动特点，引导幼儿具备初步的安全事故预防与应急处理能力。

【知识结构图】

- 学前儿童安全与自我保护教育
  - 学前儿童安全与自我保护教育概述
    - 安全问题发生的原因
    - 安全与自我保护教育的目标
    - 安全与自我保护教育的内容
  - 学前儿童安全与自我保护教育的实施
    - 实施途径
    - 实施方法
    - 常见安全问题及应急措施

第一节
学前儿童安全与自我保护教育概述

安全事故是威胁儿童生命和幸福的一个严重问题，学前儿童意外的发生，无论对儿童自身还是对家庭都会造成极大的痛苦。《幼儿园工作规程》明确要求幼儿园应建立健全房屋、设备、消防、交通等安全防护和检查制度；建立食品、药品管理制度和幼儿接送制度，防止发生火灾、触电、砸伤、烫伤、溺水、吞咽异物等安全事故。《幼儿园教育指导纲要（试行）》指出："幼儿园必须把保护幼儿生命和促进幼儿健康放在工作的首位。"《3—6岁儿童学习与发展指南》则将健康领域放在五大领域之首。可见，保护幼儿生命、促进幼儿健康成长是幼儿园工作的首要任务。

一、学前儿童发生安全问题的原因

（一）从学前儿童角度

1. 学前儿童生理发展水平特点

从生理学角度看，学前儿童神经系统发育尚未完善，小脑对躯体控制的能力较差，动作灵敏性、协调性和应急能力较弱，常在行走、跑跳、上下楼梯等情况时跌倒、磕碰。

2. 对危险情境的认识不足

从心理学角度看，学前儿童处于身心逐步发展阶段，活泼好动，有强烈的好奇心，缺乏生活经验和安全意识，自我保护能力差，不能预见自己行为的后果，对突发事件不能做出准确的判断，面临危险时不会正确保护自己。如果对他们的照顾稍有疏忽，非常容易发生安全事故。

3. 好冲动的行为特点

日常生活中的许多意外事故的发生与学前儿童冲动的天性、草率的行为特点有关。美国明尼苏达大学在对儿童进行心理研究时发现，容易发生意外伤害的儿童，多表现为情绪不稳，粗暴易冲动，大胆冒失，好奇心很强，遇事有强烈的情绪反应。[1]

4. 性别特点

一般认为男童是学前儿童意外伤害事故的危险人群。男童意外损伤的死亡率高于女童，且随年龄增加，这种比例加大。相对女孩，男孩可能更乐于挑战和展现自己，喜欢追逐跑跳等游戏，成人也更纵容男孩的"冒险"，这也使得男孩安全意识比女孩低，更易发生危险。[2]

(二)保教人员的责任心和敬业精神

在幼儿园，保教人员是否具备责任心和敬业精神，工作努力程度、安全意识和应变能力如何等，都对学前儿童的安全有影响。在安全意识的指引下，保教人员应对各种有可能危害学前儿童的外部条件保有戒备和警觉的心理状态，积极排除隐患，执行安全操作制度，对意外伤害事故的影响因素防微杜渐。

真题解析

(2014年下半年《综合素质》考题)某幼儿在手工活动中争吵不休，班主任一怒用胶带贴住该幼儿的嘴巴，该班主任的做法(　　)

A. 正确，班主任有维护班级秩序的职责

B. 正确，班主任有批评教育幼儿的权利

C. 不正确，违反了不得体罚幼儿的规定

D. 不正确，侵犯了幼儿的言论自由权利

【答案解析】C。《中华人民共和国义务教育法》规定，教师应当尊重学生的人格，不得歧视学生，不得对学生实施体罚、变相体罚或者其他侮辱学生人格

[1]向伟,丁宗一.儿童意外损伤危险因素分析[J].中华儿科杂志,1999,11: 702-704.

[2]单敏月.学前儿童健康教育与活动指导[M].上海:华东师范大学出版社,2017.

尊严的行为,不得侵犯学生的合法权利。

(2017年下半年《综合素质》考题)周老师在活动课中趁孩子自主游戏的时候,拿出手机看微信,并给有些孩子看手机上漂亮的图片和有趣的小视频。周老师的做法(　　)

A. 不正确,不利于公平地对待幼儿

B. 不正确,不利于保护幼儿的安全

C. 正确,有助于拓宽幼儿的知识面

D. 正确,有助于建立和谐的师幼关系

【答案解析】B。幼儿自主游戏中安全问题是教师首先应考虑到的,因此教师的行为不利于保护幼儿的安全。

【资料链接】

保教人员的工作疏忽大意以及言行过激导致的安全意外。

1. 幼儿午睡时,值班教师脱岗,到隔壁班级与老师聊天,一幼儿不小心从上铺摔落,造成骨折。

2. 某教师与一幼儿在解决问题过程中,情绪激动地对幼儿吵嚷,幼儿忽然生气地趴在地上不起来,头部磕碰了一个大青包。

3. 某幼儿园大班一孩子上课时打瞌睡,老师发现后要求他去小班看看弟弟妹妹们是怎么上课的。他不愿意去,但老师强拉着他去,走到门边时,幼儿想挣脱老师,老师用力一拽,孩子撞到了门锁上,头上起了一个大包,被诊断为软组织挫伤。

4. 某幼儿上课时注意力不集中,私下和同桌窃窃私语,老师用教鞭指着该幼儿,告诫他不要讲话。恰巧,该幼儿被同伴碰了一下,教师教鞭撞到了该幼儿的眼睛上,导致其眼睛失明。

(资料来源:苏晖.幼儿园安全管理实用手册[M].北京:中国农业出版社,2016.)

(三)环境因素

意外伤害的危险对学前儿童来说几乎无处不在,幼儿园环境中可能导致意外伤害的危险因素也多种多样,需要我们从安全管理、园舍空间、环境设置、设备和危险物品等多个角度来考量。

1. 园舍空间

《托儿所、幼儿园建筑设计规范》中规定:“在幼儿安全疏散和经常出入的通道上,不应设有台阶。”“托儿所、幼儿园必须设置各班专用的室外游戏场地。每班的游戏场地面积不应小于60平方米。各游戏场地之间宜采取分隔措施。”如果室内外空间过分拥挤,活动场地狭小,幼儿密度过大,那么幼儿碰撞、摔跤事件更容易频繁发生。

2. 环境设施

日常生活中的一部分意外伤害与环境设施设备有关,一些设施设备存在很多不安全因素。如,盥洗室地板容易滑倒,奔跑时擦碰到桌角、门框,寝室床铺过高,开水桶放置位置不恰当等;幼儿在室外活动场地、游戏设施玩耍时发生骨折、挫伤、擦伤、扭伤等意外事故。这方面的隐患可以通过改善设施设备、增加警示标识以及培养幼儿自我保护意识和能力等方法来消除。

真题解析

(2017年下半年《综合素质》考题)教师成某带领小班幼儿户外活动,东东在玩滑梯时突然从滑梯上跳下摔伤。事后调取监控录像发现,事发时成某背对着幼儿活动区域。对东东所受伤害应承担赔偿责任的主体是(　　)

A. 成某

B. 幼儿园

C. 东东

D. 东东的监护人

【答案解析】A。《学生伤害事故处理办法》明确规定,学生伤害事故的责任,应当根据相关当事人的行为与损害后果之间的因果关系依法确定。若当事人的行为是损害后果发生的主要原因,应当承担主要责任;若当事人的行为是损害后果发生的非主要原因,承担相应的责任。东东的伤害是由于老师成某背对幼儿导致,因此需要承担主要责任。

【资料链接】

安全教育的前提——环境创设

日本幼儿园中的绝大部分户外活动场地采用硬土沙地，以减少摔倒后的损伤程度；单杠、爬竿等攀爬类设施下面垫上塑胶垫子；秋千周围设置围栏或者用白线标示，以提示孩子秋千摆动的安全位置。一些环境创设似乎又故意增加了危险因素，提供有尖尖屋顶的小房子来给幼儿攀爬，两棵高高大树之间设有大大漏洞的网绳供幼儿爬越。

6-1-1　幼儿爬树户外活动

国外很多幼儿园的活动场地都非常有限，但在环境创设上注重为儿童创设一种自然的环境，如用原木类的材料做成的设施，一些人工堆成的小土坡，自然生长的草地，用绳索吊在树上的自制秋千等，这一切都力图让儿童与自然亲近，也尽所能地降低活动中的损伤程度。另外，他们认为儿童不是永远生活在纯封闭、安全无危险的环境中的，只有让他们在充满危险的自然环境中去冒险、去体验，才能积累具体的保护自我的经验教训，形成防御危险的意识和能力，而这种自然的环境也减少了像塑胶等化学制品可能造成的污染和危害。

安全的实施者——教师

在户外活动时，为了培养孩子预测、判断、回避危险的能力以及探索、创新、自主的精神，教师允许幼儿尝试各种他们自创的具有“冒险性”的活动以及自己发明的一些游戏设施的“非常规”玩法，不会轻易制止或强制幼儿完成某一项动作或活动。他们还会参与到幼儿新奇刺激的活动中去，被称为幼儿活动的“同伴”。

德国某幼儿园曾调查过鼓励幼儿运动与事故发生率之间的关系。实施时间共持续8周，实验组幼儿在运动方面受到鼓励，结果发现这些幼儿不仅运动能力较强，而且事故发生率也下降了，而对照组幼儿几乎没什么变化。

当然给幼儿以充分自由的前提是，让幼儿掌握一些基本的、必需的安全行为规则。当幼儿第一次玩某一器械，或对一些游戏设施还未完全适应，或尝试某些具有危险性的活动之前，教师会与孩子们一起讨论如何安全使用某一器械、可能存在的危险以及如何避免危险发生等，并在儿童使用这些器械设施进行活动的反复尝试中给幼儿以恰当的安全指导与提醒。教师并不规定某一特定的玩法，但要让幼儿理解一个基本的安全规则，如当你在荡秋千时要注意前后有没有其他小朋友，以免相撞。

[资料来源：国外幼儿园安全教育的启发和借鉴.平安校园[J].2016(1)：82-84.]

二、学前儿童安全与自我保护教育的目标

教育目标是所有教育工作的出发点和最终归宿。安全教育目标必须符合学前儿童的年龄特征。《幼儿园教育指导纲要（试行）》中认为儿童安全的目标是知道必要的安全保健常识，学习如何保护自己。《3—6岁儿童学习与发展指南》中对学前儿童健康领域的安全教育目标是应具备基本的安全知识和自我保护能力。

学前儿童应具备基本的安全知识和自我保护能力

3-4岁	4-5岁	5-6岁
(1)不跟陌生人走，不吃陌生人给的东西。 (2)在提醒下能注意安全，不做危险的事。 (3)在公共场所走失时，能向警察或有关人员说出自己的名字、家庭地址、家长的名字或电话号码等简单信息。	(1)知道在公共场合不远离成人的视线单独活动。 (2)认识常见的安全标志，能遵守安全规则。 (3)运动时能主动躲避危险。 (4)知道简单的求助方式。	(1)未经大人允许不给陌生人开门。 (2)能自觉遵守基本的安全规则和交通规则。 (3)运动时能注意安全，不给他人造成危险。 (4)知道一些基本的防灾知识。

三、学前儿童安全与自我保护教育的内容

（一）身体安全与自我保护

（1）告诉幼儿不轻信陌生人的话，未经家人允许不跟陌生人走，更不要让陌生人触碰自己身体的某些部位。告诉幼儿，只有家长、医生、护士才能触碰自己身体的某些部位，如果是陌生人要这么做，一定要尽快逃离。

（2）帮助幼儿知道在公共场合要紧跟父母，上下扶梯要拉着大人的手，不能自己到处乱跑，不能远离父母的视线单独活动。

（3）记住自己的家庭住址、父母的姓名和电话号码，一旦走失知道向警察叔叔或工作人员求助，并能提供必要的信息。

（4）教育幼儿养成在公共场所注意观察消防标识和疏散通道的习惯，知道消防栓和灭火器的用途，知道110、119、120等急救电话，遇到紧急情况时具有一定的逃生技能。

真题解析

（2015年上半年《综合素质》考题）校外人员孔某趁幼儿园疏忽之际，骑摩托车闯入幼儿园，将幼儿刘某撞伤。对刘某所受伤害，应当承担主要责任的是（　　）

A. 孔某

B. 门卫

C. 幼儿园

D. 刘某的监护人

【答案解析】A。《学生伤害事故处理办法》第八条规定，因学校、学生或者其他相关当事人的过错造成的学生伤害事故，相关当事人应当根据其行为过错程度的比例及其与损害后果之间的因果关系承担相应的责任。当事人的行为是损害后果发生的主要原因，应当承担主要责任；当事人的行为是损害后果发生的非主要原因，承担相应责任。孔某应承担主要责任，而门卫和幼儿园也要承担相应责任。

(二)交通安全

(1)认识交通标识,如红绿灯、人行横道线,并且知道这些交通标识的意义和作用。

(2)了解基本的交通规则,如红灯停,绿灯行,行人走人行道,上街走路靠右行,不在马路上奔跑、游戏,不横穿马路等。

(3)要有交通安全意识,养成遵守交通规则的良好习惯。

6-1-2 交通标识

(三)消防安全

(1)不玩火,懂得玩火的危险性。

(2)掌握简单的自救技能。如一旦发生火灾必须马上逃离火灾现场,并及时告诉附近的成人。当发生火灾,自己被烟雾包围时,要用防烟口罩或湿毛巾捂住口鼻,并立即趴在地上,在烟雾下面匍匐前进。

(3)组织幼儿参观消防队,看消防员演习,听其介绍火灾的形成原因、消防车的作用、灭火器的使用及使用时应注意的事项等。

(4)组织幼儿进行火灾演习,事先确定各班安全疏散的路线,让幼儿熟悉幼儿园的各个通道,以便在发生火灾时,能在老师的指挥下统一行动,安全疏散,快速离开火灾现场。

6-1-3 火灾演习1

6-1-4 火灾演习2

(四)食品安全卫生

(1)教育幼儿不随便捡食和饮用不明的东西;勿将各种非食物的东西放入口中,以免发生食物中毒。

(2)教育幼儿不吃腐烂的、有异味的、过期的食物。

(3)养成良好的饮食习惯,如在进食热汤或喝开水时,知道先吹一吹,以免烫伤;吃鱼时,要把鱼刺挑干净,以免鱼刺卡在喉咙里;进食时,不嬉笑打闹,以免食物进入气管等。

(4)教育幼儿不能随便吃药,一旦要服药,一定要按照医生的吩咐,在成人的指导下服用。

(五)防触电、防溺水

(1)告诉幼儿不能随便玩电器,不拉电线,不用剪刀剪电线,不用小刀刻画电线,不将铁丝等插到电源插座里等。

(2)告诉幼儿,一旦发生触电事故,不能去拉触电的人,而应及时切断电源,或者用不导电的东西挑开电线。

(3)告诉幼儿不能私自到河边玩耍,或私自到河里游泳。

(4)告诉幼儿不能将脸闷入水中。

(5)告诉幼儿当同伴失足落水时,要及时就近叫成人来抢救。

(六)游戏与玩具安全

(1)教育幼儿在运动或游戏时要遵守纪律,有序活动,避免相互追打、乱跑乱撞。

(2)教育幼儿玩大型玩具,如滑梯时不拥挤,前面的幼儿还没有滑到底及没离开时,后面的幼儿不能往下滑;玩秋千时要坐稳,双手拉紧两边的秋千绳;玩跷跷板时,除了要坐稳,还要双手抓紧扶手。

(3)教育幼儿玩中型玩具,如积木、游戏棒时,不得用手中的玩具去打其他幼儿的身体,特别是头部。

(4)教育幼儿玩小型玩具,如玻璃球、珠子、豆子等时,不能将它们放入口、鼻、耳中,以免造成伤害。

6-1-5　户外游戏场所

【资料链接】

要命的帽子带

某幼儿园一个班的孩子，在老师的带领下来到户外一个组合式大型玩具器械前游戏。两名老师分别站在器械的两侧，其中一位老师在与其他班的老师说话。这时几个孩子慌慌张张地跑过来，叫着："老师，老师，轩轩挂住了！"老师急忙赶过去，发现轩轩被脖子上的一根细绳吊着，挂在滑梯上端。老师连忙爬上去把他抱了下来。幸亏发现得及时，轩轩没有受伤，但他的脖子上已经出现了血点。

原来轩轩在从滑梯滑下的一瞬间，帽子两边垂下的绳子的一端缠在了滑梯边的柱子上，虽然老师分别站在两边，但是其中一位老师的注意力并没有关注孩子，险些发生让人懊悔不已的重大事故。

户外活动幼儿衣着安全隐患的事故防范

1. 教师着装轻便、舒适，穿便于活动的运动鞋。

2. 幼儿穿适宜活动的服装，衣服尽量为纯棉的、容易吸汗的，裤子要有弹性以便于奔跑伸展，尽量不穿牛仔裤和长裙，穿舒适的运动鞋。

3. 幼儿上衣帽衫有拉绳的，尽量劝说家长拆掉，没有拆掉的要塞到衣服里去。

4. 准备户外活动时，教师要检查幼儿穿着是否适宜，如鞋带是否系好，鞋子是否合脚，衣服上是否有各种挂饰等不安全物品。

（资料来源：苏晖．幼儿园安全管理实用手册[M]．北京：中国农业出版社，2016.）

(七)幼儿生活安全

(1)教育幼儿在家不自己动手反锁门,不玩煤气、炉火、打火机、开水壶、饮水机、药品等危险物品。

(2)教育幼儿不随便开启家用电器,特别是电熨斗、电取暖器等;不玩弄电线与插座。

(3)教育幼儿在地板上玩耍时要注意地板上的水渍、油渍,以防滑倒;不能爬上凳子去拿高处的物品,以免物品掉落被砸伤。

(4)教育幼儿不擅自爬树、爬墙、爬窗台;不从楼梯扶手上往下滑;手不能放在门缝里。

(5)教育幼儿上下楼梯要靠右边走,不推挤。

(6)教育幼儿乘车时不在车上来回走动,手和头不伸出窗外。

(7)教育幼儿不独自玩弄烟花爆竹;打雷闪电时不站在大树底下。

(8)教育幼儿不逗弄蛇、蝎子、蜈蚣、黄蜂、毛毛虫、狗等动物。

拓展阅读

绑架防御技巧

教师示范指导:将正确行为示范给幼儿看,并为幼儿描述、解说。如:任何熟悉的人或者陌生人要求你和他一起走或是陪他去什么地方,你都应该拒绝,然后立即跑回学校(家)。

幼儿演练:在接受指导和看完示范后,幼儿练习正确的行为。

教师给予反馈:一定要赞赏幼儿表现出来的正确的行为;当幼儿出现不正确的行为时,教师给予进一步的指导,但不要特意指出错误行为,侧重于指导幼儿哪方面可以做得更好。

火灾现场的紧急逃生技巧

教师搜集家中可能会出现的火情资料,比如炒锅中起火、家中木器等着火、电线走火等,教导每种情况中的逃生技能。

教师将正确的行为示范给幼儿看,当幼儿表现正确的行为时,教师就对其强化；当幼儿有些行为不正确时，教师总是先赞美幼儿表现正确的那部分技能，再给予矫正性反馈，告诉幼儿哪里可以做得更好，然后让幼儿演练，直到正确为止。

地震来了怎么办？

教师告诉幼儿，地震来时，如果我们在室内一定要赶紧躲到矮桌下方、沙发边缘或其他家具旁边，并用手保护好头部；如果没有矮桌或合适的家具，就躲到内墙边，因为外墙更容易在地震中损毁；要远离书柜等又高又重的家具。教师带领幼儿多次训练这些动作技能。

（资料来源：单敏月．学前儿童健康教育与活动指导[M]. 上海：华东师范大学出版社，2017.）

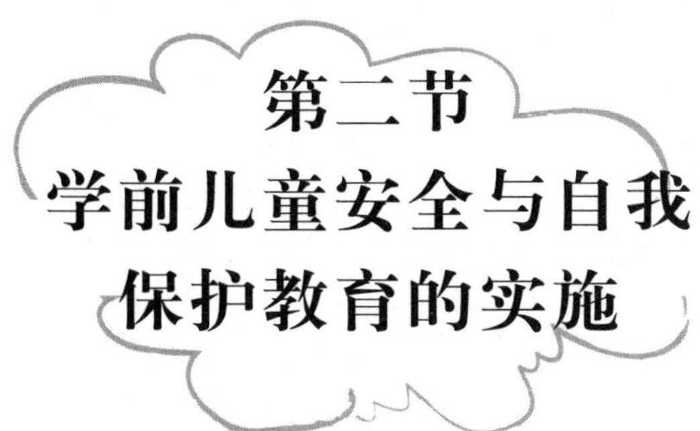

第二节 学前儿童安全与自我保护教育的实施

一、学前儿童安全与自我保护教育的途径

《幼儿园教育指导纲要(试行)》提出寓教于生活、游戏之中,要结合活动内容对儿童进行安全教育,把安全教育渗透到儿童一日生活活动的各个环节中,让儿童主动参与全过程,注重在活动中培养其自我保护能力。

(一)课程与资源

将安全教育外化于教学活动的具体保障措施,内化为教学活动的重要内容和目标,精心设计、安排系列活动,让儿童在活动中亲身体验。如小班主题“能干的我”,通过“安安全全玩滑滑梯”、“不跟陌生人走”、“防止抓咬伤”等系列活动,培养儿童的安全和自我保护意识,学会简单的自我保护技能。此外,教师还应积极开发安全教育资源,丰富安全教育内容。如,提供丰富多样的有关安全方面的绘本,给儿童播放有关安全的影视视频,邀请专业人士如消防员、警察、医生等来幼儿园,给学前儿童及老师讲解并示范正确的应对安全事故的方法和技能。

某幼儿园安全教育主题计划表

小班	中班	大班
活动名称:不跟陌生人走 活动目标: (1)知道陌生人的话不可以轻信,不能跟陌生人走。 (2)引导幼儿初步具有自我保护的意识。	活动名称:我会求助 活动目标: (1)引导幼儿知道遇到麻烦时可以求助他人。 (2)让幼儿学会一些基本的求助常识以及怎样拨打求助电话。	活动名称:不上当受骗 活动目标: (1)帮助幼儿建立初步的防范意识。 (2)教会幼儿学习应对危险的基本方法。
活动名称:妈妈不见了 活动目标: (1)引导幼儿知道找不到妈妈应该怎么做。记住电话和家庭住址,初步掌握应对方法。 (2)提高幼儿的自我保护能力。	活动名称:小心、危险 活动目标: (1)引导幼儿尝试多角度思考生活中常见的危险因素和预防措施,建立安全意识和自我保护意识。 (2)引导幼儿大胆讲话,有敢于当众表达自己想法的勇气。	活动名称:参观消防队 活动目标: (1)引导幼儿了解消防员的角色,消防队的任务及装备。 (2)引导幼儿学习火灾中正确的自我保护方法。 (3)引导幼儿感恩消防员的辛苦付出。
活动名称:我会走路 活动目标: (1)引导幼儿养成良好的习惯,学习安全走路的方法,走路时抬头看路,不嬉戏打闹。 (2)引导幼儿正确地上下楼梯,知道走路靠右行。	活动名称:我会打报警电话 活动目标: (1)引导幼儿初步具有自我保护意识,遇到危险知道拨打电话求救。 (2)引导幼儿记住电话110(报警)、119(火警)、120(急救),并让幼儿知道在什么情况下拨打。	活动名称:身边的安全标识 活动目标: (1)引导幼儿认识常见的安全标识。 (2)引导幼儿初步学会看安全标识保护自己,增强自我保护意识。

(二)游戏与生活

1. 游戏活动中融入安全主题

教师要充分利用各种游戏活动,让学前儿童在轻松、愉快的气氛中学习各种安全自救方法和技能。如在游戏区准备红绿灯标志,设置人行横道、丁字路口等,让儿童在游戏活动中掌握基本的交通规则。在娃娃家创设安全主题的游戏情景,如“你一个人在家,有陌生人敲门怎么办?”、“发生火灾了怎么办?”、“发生地震了怎么办?”等,让儿童在游戏中,设想各种自救自护的方法并反复练习,懂得在第一时间采取最有效的自我保护措施,提高自我保护能力。

2. 日常生活中渗透安全教育

儿童的一日生活各个环节是进行安全教育的最好载体。如在盥洗室、便池处、饮水桶前、电源插座旁等处贴上老师及儿童设计的各种安全标识,强化儿童的安全意识;在一日生活的各个环节,教师要将活动要求交代清楚,如午睡前,提醒儿童不带发夹、项链、小珠子、纸屑等有安全隐患的物品上床;上下楼梯靠右行,不推不挤,一步一步走;外出活动时,提醒儿童不狂奔乱跑、安全使用运动器械、遵守活动规则。

(三)器具与玩法

有关统计表明,学前儿童受伤种类一般有骨折、挫伤、擦伤、扭伤等,事故发生最频繁的就是户外活动场地、游戏设施等处,如滑梯、秋千、攀登架等。教师应对这些事故高发场地及设施采取相应的措施,教会幼儿正确的玩法,给予幼儿适当的安全提醒,让幼儿既能在充满"危险"和"挑战"的环境中得到锻炼,又能确保自身的安全。

真题解析

(2015年下半年《保教知识与能力》考题)幼儿在户外运动中扭伤,出现充血、肿胀和疼痛,教师应对幼儿采取的措施是(　　)

A. 停止活动,冷敷扭伤处

B. 停止活动,热敷扭伤处

C. 按摩扭伤处,继续活动

D. 清洁扭伤处,继续活动

【答案解析】A。如果幼儿扭伤后没有骨折,则应该立即冷敷伤处,使血管收缩止血,以利于止痛和消肿。

【资料链接】

大型玩具使用制度

1. 教师应根据幼儿的年龄特点和实际情况,为幼儿选择适合的大型玩具进行游戏。

2. 在组织幼儿活动前,教师应检查玩具有无异常,位置摆放是否适当,玩具有无损坏。

3. 开始游戏前,教师应先介绍玩具的名称,帮助幼儿认识各个部位,指出游戏时的注意事项。针对本班幼儿情况,讲解游戏的玩法,提醒幼儿注意安全。

4. 幼儿游戏时，教师在场地中的站位要合适，对于要格外留意的地方应心中有数，加强巡视。

5. 活动中，教师要注意幼儿身上佩戴的饰物是否收好，幼儿的衣裤是否穿好，以免影响幼儿的活动造成安全隐患。

6. 幼儿游戏中，教师应根据游戏情况及运动量，安排幼儿进行适当休息，注意活动内容动静交替、时间适宜，保证幼儿有充足的体力和良好的情绪。

7. 对于动作不协调的幼儿和有受伤史的幼儿，要特别关注他们的活动，给予适当的帮助。

8. 玩滑梯时，提示幼儿不带玩具上滑梯；玩滑梯时要坐好，不倒滑，手扶滑梯两边；滑下去后立刻站起来并离开，不停留；后面的小朋友要等前面的小朋友走开后再滑。

9. 游戏结束时，教师不要急于让幼儿集合，应站在能看到全体幼儿的位置上环顾幼儿，并引导幼儿依次从大型玩具上下来，确保幼儿安全。

10. 幼儿游戏时，应有两名教师同时在场，相互配合，多巡视幼儿的活动，教师不要固定在一个位置上，应随着幼儿位置的变动而变换位置。

11. 教师要根据天气情况（如下雪、下雨或刮风后），在活动前检查玩具上有无积雪、雨水、断树枝及其他杂物，及时清理之后再让幼儿游戏。

12. 发现大型玩具有磨损、螺丝松动等问题时应及时上报，并提醒幼儿不到有安全隐患的地方去玩。

（资料来源：苏晖. 幼儿园安全管理实用手册[M]. 北京：中国农业出版社，2016.）

（四）教师与家长

《幼儿园教育指导纲要（试行）》指出，幼儿园应与家庭、社区密切合作，综合利用各种教育资源，为儿童的发展创造良好的条件。家庭、社区对儿童安全教育的作用是幼儿园无法取代的，应尽快构建家园、社区互动的桥梁和科学协作机制，形成教育合力。社区的消防大队、派出所、交警大队、街道社区等都是安全教育的重要资源，应努力挖掘社区安全教育资源，使安全教育更加丰富、直观有效。如定期举办家长讲座、参观消防大队、举行消防演习、开辟安全专栏、安排家长开放日等，让家长了解安全教育的相关知识，知道运用有效的方法进行安全教育。

二、学前儿童安全与自我保护教育的实施方法

（一）对照比较法

对照比较法是指对行为要求不同的两组进行行为比较后，就不同行为结果对幼儿进行安全教育的方法。对于一些危险性不大的活动，可鼓励幼儿大胆尝试和体验，逐步找出最佳的行为来保护自己。例如，玩皮球时把幼儿分成两组，一组不提任何要求让幼儿自己玩耍，另一组则按教师提出的安全要求玩皮球。幼儿通过两种玩皮球的行为的比较，逐渐懂得只有遵守游戏规则，并学会保护自己和同伴，才能玩得好，不会撞到、碰伤，将安全事故的发生概率降到最低。

（二）实例分析法

实例分析法是教师利用幼儿生活中的所见所闻以及经常发生的一些事件对幼儿进行实例分析的方法。实例分析法能让他们知道什么事情（动作）是可以做的，什么事情（动作）是不可以做的，让他们知道一些引起危害的原因，并学习一些简单的自救动作和方法。

（三）游戏模拟法

游戏模拟法是教师通过游戏的方式模拟各种意外事故发生的场景，让幼儿学会在特定情况下的操作动作，培养其安全意识和自我保护能力的方法。例如，通过角色游戏模拟发生火灾、地震等情境，让幼儿掌握自救的动作、方法和技能。

（四）自然后果法

自然后果法是通过儿童自己的过失行为获得必要的警示，使幼儿为自己的所作所为带来的后果负责，从而引以反省，促使其改正过失，表现出正确的行为。例如，幼儿的手指被热水烫了一下后，知道被热水烫了会疼，以后就知道热水很烫，不会随便去触碰热水了。如果曾在活动室里奔跑，被玩具柜撞疼了，以后走路就会更加小心。幼儿从自然的后果中懂得了如何去做。但教师在使用自然后果法时，一定注意其仅适用于不会导致幼儿身心的伤害、没有生命危险以及不给家庭带来财产损失的情况。有时幼儿并不一定能体会到自身行为和后果之间的联系，需要教育者帮助幼儿找出他们的行为和结果之间的因果关系来有效地引导。与此同时，还要对幼儿的行为加以具体指导，使幼儿弄清楚做事或行动时应当注意哪些安全事项，使他们在实践中得到锻炼。

三、学前儿童常见安全问题及应急措施

幼儿园日常生活中比较常见的安全事故一般包括跌倒、磕碰、扭伤、骨折、牙外伤、烫伤等，它们可分为简单性创伤和重伤。简单性创伤，指伤口浅，仅仅蹭破表皮等伤情，只需在园内请保健医生进行处理；重伤则需要经保健医生初步处理后送往医院进行治疗。幼儿园常见的安全事故主要有：

（一）跌倒、磕碰伤

1. 险象分析

学前儿童性格活泼好动，喜欢跑跑跳跳，在奔跑、跳跃时不慎跌倒，碰撞到他人或物品的情形经常发生，出现蹭破膝盖、胳膊肘等现象。在穿着较少的夏季，这些现象更为常见。

2. 伤情诊断

幼儿跌倒、磕碰经常会出现青紫肿胀、压痛、皮下组织损伤等闭合性外伤，或者呈现表皮渗血并沾有沙土和污物等状况。

3. 急救处理

（1）如果只是红肿没有破皮，可立即采取冷敷的方式处理，瘀血较重者24小时以后才能用热敷，切记当时不能揉搓。

（2）蹭破皮肤后应先观察幼儿伤口的深浅，若伤口较浅仅仅蹭破了表皮，只需将伤口处的泥沙清理干净即可。首先用过氧化氢或生理盐水冲洗伤口，清除污垢和沙土后，涂红汞或甲紫。如伤口较深且出血多，应立即用消毒纱布按压止血，然后用消毒纱布包扎，送往医院进一步处理。

4. 预防措施

（1）组织户外活动及游戏活动前，要检查活动场地是否平整，有无砖头、绳索及凸起物等妨碍幼儿活动的障碍。

（2）提醒幼儿不猛跑、不推拉追逐；跑动时注意观察左右，会躲闪。

（3）检查幼儿鞋子的大小及裤子长短是否适宜，鞋带是否散开，以免发生绊倒、磕碰等现象。

(二)利器割破、划伤

1. 险象分析

生活中,幼儿在使用剪刀、小刀等文具或触摸纸边、草叶、打碎的玻璃器具时,都可能会发生手被划破的事故。

2. 伤情诊断

皮肤被尖锐的物体划破后,伤口出现不同程度的流血。

3. 急救处理

(1)若伤口较小,则属于浅出血性伤口,若伤口内无异物,可将伤口周边清洁后,用创可贴处理即可。

(2)若伤口较大时,要用干净的纱布按压伤口止血,止血后在伤口周围用消毒液由里向外消毒,然后敷上消毒纱布,用绷带包扎。

(3)若割伤严重、流血过多,需要及时对伤口进行止血包扎,可在伤口靠近心脏的一端用绳带等物系紧,包扎后立即将伤者送往医院治疗。

4. 预防措施

(1)班级内不摆放仙人掌(球)等带刺的观赏植物。

(2)提供安全剪刀供幼儿使用,班级内制定使用剪刀的安全常规,并用图示的形式说明剪刀的正确使用方法。将班内削水果的刀放置在幼儿触碰不到的地方。

(3)木质桌椅、玩具等边缘要圆滑并定期检查,发现有毛刺要及时打磨、修理或更换。

(4)尽量不在班内投放玻璃质地的物品。

(三)扭伤、脱臼

1. 险象分析

追逐打闹是幼儿的天性,在户外活动中由于他们比较兴奋,很难控制住自己的力度和速度。在游戏时用力过猛或跑得太快,他们的手腕、肘部、腰颈等部位有可能发生扭伤。另外,幼儿的韧带比较松,用力拉拽胳膊等都可能造成脱臼。

2. 伤情诊断

以上情况轻则会出现皮肤青紫、瘀血、肿胀，重则会出现脱臼。幼儿脱臼后症状并不十分明显，没有特别的疼痛感觉，脱臼的胳膊虽然还能活动，但不能抬高，使不上力，抓握时喜欢用另一只手代替，这时需要仔细观察才能发现。

3. 急救处理

（1）轻微的扭伤可用冷水浸湿的毛巾或冰块敷于伤处，也可用红花油涂抹于扭伤处，然后让幼儿平躺休息，将其受伤的地方抬高。

（2）若扭伤严重很快出现肿胀或瘀血时，不能让幼儿走动，要立即将其送往医院治疗，并在前往医院的途中用冷敷的方法为幼儿减轻疼痛。

（3）如果幼儿四肢某个部位严重扭伤，可用绷带、毛巾、布带等在扭伤的上、下部位进行固定包扎，注意要定时将包扎的绷带适当放松，随后立即将幼儿送往医院。

（4）若幼儿某部位发生脱臼，应及时带其到医院进行复位。

（四）烧（烫）伤

1. 险象分析

在幼儿烧（烫）伤事故中，最常见的是由开水、热汤、热牛奶、热粥等引起的，天冷时家中的热水袋、暖手宝、电热毯等物品以及摩托车、汽车的排气管等都可造成幼儿烫伤。其次，还会发生明火烧伤、化学制剂烧伤等，如消毒液、洁厕灵等化学制剂因使用不当会造成皮肤损伤。

2. 伤情诊断

创面表皮红肿、疼痛或起水泡，有衣物粘连在创伤面。

3. 急救处理

（1）如果是小面积的轻度烫伤，皮肤只是红肿，没有起疱、破皮，应立即用冷水冲洗局部15—30分钟，或将烫伤部位浸入冷水中，以便降低温度，舒解疼痛。

（2）如果皮肤表面起疱或皮肤已破，则不能用水冲。如果幼儿是穿着衣裤鞋袜被烫伤，千万不能直接将其脱掉，有衣物粘连住皮肤的情况时更不能硬扯，要连同衣服一起在冷水龙头下冲洗、降温。之后剪去衣物没有粘连皮肤的部分，所有的动作要轻柔，此时一定要保持创面干净及水疱完整，紧急处理后，用干净纱布敷盖创面，送孩子到医院救治。

（3）对于烫伤部位，可以迅速用大量干净的冷水冲洗，切记不要盲目使用一些土办法涂抹伤口，如用酱油、牙膏、肥皂水、香油等涂抹，这些做法轻则污染创伤面，重则会引起创伤面的化学烧伤，进一步增加孩子的痛苦。

（4）如果皮肤沾染了化学用品，要立即用清水反复冲洗。

4. 预防措施

（1）为幼儿分发饭菜时，教师要再一次检查饭菜、粥汤的温度是否适宜，注意不要盛得太满，不能从幼儿头上传递饭菜，避免造成烫伤。

（2）班级内的暖瓶、饮水桶等热容器放置在离幼儿较远的安全地带（幼儿触碰不到的高处或柜子内），开水壶、饮水桶、汤盆等都要盖上盖子。给幼儿提供的饮用水温度要适宜，饮水机要妥善放置。

（3）把电热水器的温度设定为“温水”，或者在50摄氏度左右；室内冬季取暖用的暖气片应加上罩，炉火周围应围上防护栏。

（4）教师不能带幼儿到厨房操作间去送、取物品，饭菜烹制完毕后晾至适宜温度后才能发到班级内。

（五）骨折

1. 险象分析

当幼儿跌倒或从高处跳下后，身体某部位着地时可能会造成骨裂、骨折等。幼儿在幼儿园内发生骨折的部位通常是小腿或肘部。

2. 伤情诊断

孩子摔倒后，身体某部位剧烈疼痛或局部有明显的压痛，且摔倒后不久患处肿胀、隆起。表现为伤处拒绝触碰，且运动受限。在关节脱位和严重骨折时，还会发生肢体变形。

3. 急救处理

（1）先要了解着地部位及当时事故详情，不要牵拉或强行把幼儿抱起，切记不要试图把变形或弯曲的肢体弄直，否则只能加重骨折。让幼儿试着自己起来，并注意观察受伤部位。当幼儿身体的某一部位疼痛，不能触碰且无法用力时，可初步判断为骨折。为使骨折处得以固定，可在幼儿骨折部位用宽绷带和木板等把骨折处的关节暂时固定住。

（2）若是肋骨处骨折，幼儿会感到呼吸困难或胸痛难忍，要检查其血压以防止休克。若是颈部受伤,要让幼儿仰卧,并用有一定厚度的软质物品垫在颈部两侧,以稳定颈部原有状态。

(六)牙外伤

1. 险象分析

日常生活中,幼儿因跑动中相互碰撞、不慎摔跌等都有可能导致幼儿的牙齿碰撞到硬物,受到不同程度的伤害。若处理不当,幼儿的牙齿非但不能继续发育生长,还会导致牙槽感染。

2. 伤情诊断

根据碰撞的剧烈情况,轻者可能会出现牙齿松动、牙龈出血;重则会出现牙体断裂,从牙根处断成两截。

3. 急救处理

(1)应让幼儿头部向前倾,在其身前放置一个卫生碗或盆等容器,然后用手清理幼儿口中的断齿和血块。用一块消毒纱布,卷成略大于牙槽且稍高于受伤牙槽两旁牙齿的垫子。将垫子轻放在幼儿受伤的牙槽上,让幼儿紧咬15分钟左右,并告诉幼儿如果嘴里有血渗出,要在不放松垫子的同时将血液吐出来。尽快将幼儿送往医院治疗。

(2)幼儿的牙组织还处于生长期,当牙齿断裂后,应在半小时内把孩子连同断牙送往医院,时间越短越能提高断牙的成活率。若条件允许,最好把断牙放到牛奶或生理盐水里。

(3)断牙掉在地上可能沾上脏东西,千万不要用自来水清洗,否则断牙上的牙周膜很可能就被洗掉了。

4. 预防措施

平时加强体育活动,增强幼儿身体的协调性,在摔倒前能下意识地用手做支撑,防止脸部触地。

(七)惊厥

1. 险象分析

入园的幼儿中有高烧惊厥史的孩子比例较以前有所增高,有的孩子在发烧时,体温还没有达到高温就可能发生惊厥。

2. 伤情诊断

幼儿惊厥(俗称“抽风”)通常突然发作,表现为意识丧失,头向后仰,眼球上翻,口唇青紫,面部和四肢肌肉强直性抽搐。持续的时间长短不一,短的仅数秒,长的数分钟,患儿呼吸细弱且不规则。幼儿惊厥后,千万不可惊慌失措、大声呼叫或用力摇晃、拍打幼儿。

3. 急救处理

首先让患儿头偏向一侧平卧,托起下颌,以保持呼吸道通畅,也便于及时排除呼吸道分泌物。不要搂紧患儿,应松开患儿衣领、裤带,保证血液循环、畅通。用大拇指按压患儿的人中穴(上唇沟的上三分之一处),以减轻抽搐程度和缩短抽搐时间,并随时清除口、鼻分泌物。迅速将毛巾或衣服拧成麻花状放在患儿上下牙齿之间,以免患儿咬伤舌头。但如果患儿牙关紧咬,无法塞入毛巾时,不可硬来。如果患儿伴随高热,应同时采取物理降温措施。在急救处理的同时,应做好去医院的准备工作。

4. 预防措施

(1)开学前要先了解班上哪些幼儿有惊厥史,并在日常工作中注意观察。

(2)对于有高烧惊厥史的幼儿,当有发热症状时,班内要做好交接班工作,在一天之中三位老师都应密切观察发热幼儿的精神状况。

(八)口腔异物——异物卡喉

1. 险象分析

儿童意外窒息通常是由口腔吸入异物引起的,导致窒息的异物多种多样,最常见的是花生米、瓜子、糖果,另外还有滑溜溜的果冻、玩具零件、纽扣、笔帽、塑料插板甚至铁钉、图钉等小物品。异物卡喉是指幼儿在进食或口含异物嬉笑、打闹或啼哭时,食物或异物嵌顿于声门或落入气管,造成幼儿窒息或严重呼吸困难。

2. 伤情诊断

表现为突然出现剧烈呛咳、不能发声、哮鸣,异物堵塞气管时产生憋气、呼吸急促、声音嘶哑、面色苍白或青紫等现象,严重者可迅速出现意识丧失,甚至窒息。

3. 急救处理

孩子吸入异物后如果还能够有力地说话或咳嗽,可先让孩子尝试用咳嗽的方法将异物排出。绝不可用手指抠挖，也不可用大块食品咽压，而应想法诱其本人吐出，过分的干预和不当的操作可能会促使异物吸入呼吸道。

如果孩子咳嗽无力，呼吸越来越困难，嘴唇、指甲或皮肤发紫，甚至用拇指和食指卡住自己的脖子，这就说明气管被堵住了。在迅速与医生联系的同时，应立即对其进行现场急救。具体方法为：

（1）拍背法：让孩子趴在救护者膝盖上，头朝下，托起胸，猛拍背部几下，使孩子咳出异物。

（2）倒提法：将孩子倒置、头向下，或倒提孩子的双腿，使其头向下垂，拍击其背部，可借助异物重力和幼儿呛咳时胸腔内气体的冲力，迫使向外咳出异物。

（3）迫挤胃部法：让孩子坐着或站着，成人站在其背后，手臂抱住孩子，一只手握成拳头，大拇指向内放在孩子肚脐与剑突之间，另一只手掌压住拳头，有节奏地向上向内推压，以促使孩子的横膈抬起，压迫肺底，让肺内产生一股强大的气流，使卡在其中的异物在气流的冲击下排出。

4. 预防措施

（1）午睡时幼儿常将被子或枕头蒙在头上睡觉，值班教师要勤巡回、细观察，及时发现异常。

（2）培养幼儿良好的进餐习惯，提醒其不在进餐时嬉笑打闹，以防食物噎住或卡住气管，进餐中不把筷子含在嘴里说话、玩耍，以免戳伤喉咙。

（3）不给幼儿玩体积小的玩具及物品，如珠子、扣子、玩具零件、棋子、别针、图钉、硬币等，以防误吞。

真题解析

（2016年上半年《保教知识与能力》考题）幼儿突然出现剧烈呛咳，伴有呼吸困难、面色青紫。这种情况最可能是（　　）

A. 急性胃肠炎

B. 异物落入气管

C. 急性喉炎

D. 支气管哮喘

【答案解析】B。支气管异物的症状表现为呛咳、吸气性呼吸困难。如异物较大，嵌入气管分叉处，将导致吸气和呼气困难。

(九)鱼刺卡喉

1. 险象分析

孩子在进餐时,因饮食不慎,将鱼刺、骨头渣等卡在咽部或嵌入扁桃体而引起疼痛,吞咽时疼痛加剧。

2. 伤情诊断

一般情况下,鱼刺最容易刺入扁桃体下端、舌根等部位,喉部卡了异物,人的咽部会感到刺痛或有异物感,如果异物刺激喉黏膜,会引起剧烈的咳嗽。

3. 急救处理

(1)一旦被鱼刺卡了,喝醋、大口吞咽等方法对幼儿是不适用的,因为幼儿的很多器官还处于发育阶段,这些方法可能会适得其反。当有鱼刺卡在幼儿喉咙时,首先要稳定他们的情绪,尽量不要让其大声哭泣。不再让幼儿进食其他东西,停止再吞咽食物,因为再吞咽食物可能会使鱼刺卡得更深。

(2)可以让幼儿张大嘴,拿手电筒观察其喉部是否有鱼刺。如用汤匙或牙刷柄压住幼儿舌头的前面部分,在亮光下观看舌根部、扁桃体、咽后壁等,如果发现鱼刺并有把握取出,可以试着用工具夹出来。

(3)鱼刺较大或扎得较深,做吞咽动作时一直持续疼痛,应尽快去医院请医生取出。

4. 预防措施

在为幼儿做鱼类食物时,应选择刺较少的鱼类;幼儿在吃鱼时,提醒幼儿把鱼刺挑出来,细嚼慢咽;吃鱼时不说话。

(十)异物入眼

1. 险象分析

儿童常常会被沙子、灰尘、眼睫毛、小虫子等异物侵入眼睛。

2. 伤情诊断

异物进入眼睛的症状通常是眼睛发红、流泪、疼痛、有异物感,甚至视力模糊,如不及时治疗可能会导致结膜炎甚至角膜炎。

3. 急救处理

（1）教师迅速准备一碗凉开水或矿泉水，切忌直接用自来水冲洗眼睛，否则容易引起细菌感染，应用汤匙盛水冲洗受伤的眼睛。但如果入眼的异物量大且污染重（化学物品），必须争分夺秒地用当时所能找到的最干净的水源冲洗半个小时。生石灰入眼除外。

（2）头向受伤的一侧倾斜。如左眼受伤则向左倾斜，慢慢用凉开水冲洗受伤的眼睛约5分钟。

（3）闭上眼睛。教师安慰儿童，让其保持镇定，不要揉眼睛。先让儿童闭上眼睛休息片刻，等到眼泪大量分泌时，再让其慢慢睁开眼睛眨几下。多数情况下，泪水会将眼内异物冲出来。

（4）完成上述步骤后，无论异物是否取出，教师都应该立刻带孩子去保健医生或医院处做进一步检查。

4. 预防措施

（1）教育幼儿不用脏手揉眼睛，不玩尖锐的物品，游戏时不扬沙，以防异物入眼。

（2）教育幼儿不玩弄铁丝、小刀、小树枝，用筷子吃饭时不嬉戏打闹，以防刺伤或划伤眼睛。

（3）日常用的消毒液及杀虫剂要妥善保管，以防液体溅入幼儿眼睛。

（4）及时修剪园内绿化带低矮的树枝，以防幼儿跑动中刮伤眼睛。

（十一）异物入耳

1. 险象分析

多发生在午睡或自由活动时，幼儿出于好奇，将随手玩弄的小物体塞入耳朵内。有时也会有小昆虫爬入幼儿耳朵内。幼儿耳朵被塞进异物后，用手在耳朵中乱掏的做法容易损伤外耳道皮肤，也可能将异物推入深处，损伤鼓膜，甚至将异物推入中耳，造成严重后果。

2. 伤情诊断

如果异物在耳朵中的部位较深，可能会有疼痛感。

3. 急救处理

（1）如果是小石子、纽扣、豆子等小异物，可让幼儿头歪向塞进异物的耳侧，单脚跳，使其自行脱出。

(2)如果是小昆虫等异物，可带幼儿到暗处，用手电筒或小型照明设备的光线诱使其爬出；或用食用油，滴3—5滴入耳，过2—3分钟后，把头歪向耳朵进异物的一侧，小虫一般会随油流淌出来。

(3)如果幼儿在洗头、洗澡时，将水溅入外耳道后引起耳鸣，可用双手紧捂两侧耳郭，然后迅速松开，借助气流的冲击作用将水弹出，也可用柔软的卫生纸捻成长条，轻轻塞入外耳道吸收水分。

(4)对于不能及时取出的小异物或小的固体物，不可自行主张用镊子夹取，否则容易损伤外耳道及鼓膜，应迅速去医院处理。

4. 预防措施

教育幼儿不把小玩具、豆子等物品放入耳朵。午睡时，检查幼儿有无将小物品带上床玩耍。幼儿园要及时灭虫，保持室内清洁。

(十二)异物入鼻

1. 险象分析

幼儿玩耍时，出于强烈的好奇心，将手边的纽扣、黄豆、果核、小纸团等异物塞入一侧或双侧鼻孔中。这不仅影响呼吸，还会引起鼻腔炎症，异物继续下行甚至会进入气管。

2. 伤情诊断

异物进入鼻腔后，鼻子会有肿胀、疼痛、呼吸不畅等感觉。

3. 应急处理

(1)对于进入鼻孔较浅的异物，可争取幼儿的配合，让其用嘴深吸一口气，教师紧按无异物的一侧鼻孔，让幼儿用力擤鼻，有时异物可以自然排出。如果这种方法无效，切不可用镊子等器具夹取圆形异物，因为稍有不慎，不仅不能取出异物，反将其推向鼻腔深处，甚至落入气管，危及生命。

(2)异物取出后，如有鼻黏膜损伤，可以根据具体情况给幼儿涂点消炎药膏。

(3)经简单处理后异物仍不能排出的，应立即前往医院，请医生用专用的器械取出。

4. 预防措施

教育幼儿不将物品塞进鼻子，鼻子内有异物要及时告诉老师、家长。

真题解析

（2014年下半年《保教知识与能力》考题）幼儿鼻中隔是易出血区，该处出血后，正确的处理方法是（　　）

A. 鼻根部涂抹紫药水，然后安静休息

B. 让幼儿头略低，冷敷前额、鼻根

C. 止血后，半小时不做剧烈运动

D. 让幼儿仰卧休息

【答案解析】B。鼻出血的正确处理方法是让幼儿头略低，以防出血回流，冷敷前额和鼻根以利于止血。

（2015年上半年《保教知识与能力》考题）被黄蜂蜇伤后，正确的处理方法是（　　）

A. 涂肥皂水

B. 用温水冲洗

C. 涂食用醋

D. 冷敷

【答案解析】C。黄蜂的毒性呈碱性，可以在伤口处涂食用醋，中和毒液。如果是蜜蜂蜇伤，其毒性为酸性，应用肥皂水涂抹伤口。

【案例分析】

不吃陌生人的东西，不跟陌生人走（小班）

◇设计意图

小班幼儿天真活泼，容易被新鲜事物吸引。平时，碰到好吃的好玩的不会拒绝，别人给点儿好吃的就会跟随离开，给好玩的玩具就会爱不释手。《3—6岁儿童学习与发展指南》中健康教育目标指出“不跟陌生人走,不吃陌生人给的东西”。为了保证幼儿的健康和安全,我们必须教给幼儿一些必要的安全常识,培养幼儿的自我保护意识。

◇活动目标

1. 知道不能吃陌生人给的东西,不听信陌生人的话,不跟陌生人走。

2. 了解一些简单的自我保护方法,具有初步的自我保护意识。

◇活动准备

1. 经验准备:幼儿知道不吃陌生人的东西,不跟陌生人走。

2. 物质准备:请教职工或幼儿家长扮演陌生人,糖果、玩具若干。

3. 情景准备:幼儿园所在社区花园。

◇活动过程

(一)活动开始,教师组织幼儿到户外游戏

师:小朋友,今天天气真好,我们一起到幼儿园外面的小花园去玩儿吧!

(二)情景模拟

1. 师:花园的花开得好漂亮啊,小朋友,你们认识这些花吗? 我们去找一找花园里还有哪些花。(幼儿分散活动)

2.“陌生人”出现,与一名幼儿开始聊天。

陌生人:小朋友,你好哇! 你是哪个班的小朋友哇? 你多大了呀?

(幼儿回答)

陌生人:哇,你好聪明啊,奖励你一个糖果吃,草莓味的糖可好吃了。

幼儿:我不能吃你的好吃的。

陌生人:小朋友,拿着吧,我兜里还有,一会儿再给别的小朋友吃。

(幼儿接过糖果,将糖果放进了嘴里)

陌生人:小朋友,糖果好吃吗? 我这里还有好玩儿的玩具呢,我刚刚吃肯德基的时候送的玩具,我送给你吧!

幼儿:吃肯德基送的?

陌生人:是呀,好玩吗?

幼儿：好玩。

陌生人：那我带你去吃肯德基，有薯条、汉堡、冰淇淋。

幼儿：好，我最喜欢吃薯条了。

（陌生人带着幼儿往小区大门走去）

3. 老师在幼儿即将跟随"陌生人"离开的时候，大喝一声"你们干什么去？"，"陌生人"一看见老师出现后，慌忙逃离。

师：你跟着那位叔叔去什么地方？

幼儿：去肯德基吃薯条。

师：你认识刚才那位叔叔吗？

幼儿：不认识。

师：那为什么要跟他走呢？

幼儿：因为他给我好吃的。

教师小结：没有告诉老师或爸爸妈妈就跟陌生人走是一件很危险的事，他如果把你带走了，你找不到爸爸妈妈怎么办？万一回不了家了怎么办？

（三）讨论求救方法

1. 教师向幼儿解释陌生人就是不熟悉、不认识的人。

师：我们能不能跟陌生人走？为什么？陌生人要带我们走，怎么办？

（幼儿讨论交流）

教师小结：陌生人要你跟他出去玩时，不能跟他一起去；陌生人给礼物或好吃的东西，我们不能要；陌生人要硬拉着小朋友跟他走时，要大声地喊叫："我不认识你，我不跟你走。"还可以大声地哭让旁边的人听到，或者向别人求救。

3. 教师进一步向幼儿解释为什么不能跟陌生人走。

陌生人，我们不熟悉、不了解，有可能是坏人。坏人会用好吃的食物、好玩的玩具或者好听的话骗小朋友，把小朋友骗走，使我们再也不能回到自己的家里，再也见不到爸爸妈妈。我们不能随便相信陌生人的话，更不能跟陌生人走。

◇活动延伸

1. 教师给幼儿讲一些现实生活中的案例或观看相关视频，增强幼儿的安全意识。

2. 教师和幼儿一起进行情景表演，提升幼儿的防范意识。

（资料来源：苏晖. 幼儿园安全管理实用手册[M]. 北京：中国农业出版社，2016.）

上下楼梯的安全（中班）

◇设计意图

随着幼儿年龄的增长，他们的活动能力也越来越强，但此时他们的生活秩序性和规则性还没有养成，在上下楼梯时经常做一些危险动作。如有的幼儿在三、四级台阶上跨阶梯往下跳，有的幼儿上下楼梯相互推拉，有的两步两步跨着走，有的双手扶着高的扶手从楼梯上"嗖"一下滑下来，等等。前不久，就有一名幼儿下楼梯时摔在地上把牙齿磕裂了。针对这一现象，我们开展了"上下楼梯，注意安全"的教育活动。

◇活动目标

1. 幼儿初步具有安全意识和规则意识，养成安全文明的上下楼梯的好习惯。

2. 学习上下楼梯的正确方法，了解在楼梯上玩耍和滑扶梯的危险性，不做危险动作。

◇活动准备

经验准备：幼儿有上下楼梯的经验。

物质准备：幼儿低着头上楼梯、边走边打闹上楼梯的图片，幼儿从楼梯上滑下来、蹦下来摔倒的图片，上下楼梯的儿歌。

◇活动过程

（一）通过谈话，引入主题

1. 你们平时是怎么上下楼梯的？

2. 你们在上下楼梯的时候摔过吗？如果摔过，想一想为什么会摔跤呢？

3. 你觉得怎么上下楼梯才安全？

（二）向幼儿展示不正确的上下楼梯的照片

1. 照片上的小朋友是怎么上楼梯的？这样上楼梯可能会发生什么危险？

2. 他们是怎样下楼梯的？这样下楼梯安全吗？

3. 照片中的小朋友为什么摔倒了？

（三）讨论、学习上下楼梯的正确方法

1. 你们自己上下楼梯时遇到过什么危险？为什么会发生危险呢？

2. 怎样上下楼梯最安全？我们应该怎么做呢？

先请幼儿讨论，然后教师小结：上下楼梯应该靠右边行走，扶好扶手，抬头向前看，一级一级往上（下）走。

3. 很多小朋友一起上下楼梯时，怎样做才能安全？保护好自己的同时也保护好其他小朋友？

（幼儿讨论）

教师小结：小朋友一起上下楼梯时，要靠右边行走，一个跟着一个走，不推也不挤。

（四）学习儿歌，加深对安全上下楼梯的认识

安全上下楼梯

一二三四五六七，小朋友们上楼梯；
向右走哇不拥挤，一个跟着一个走；
小手扶着小栏杆，一级一级往上走；
七六五四三二一，小朋友们下楼梯；
向右走哇不拥挤，一个跟着一个走；
小手扶着小栏杆，一级一级往下走；
上楼梯呀下楼梯，安全第一要牢记。

（五）教师和幼儿一起制订上下楼梯时的规则

1. 上下楼梯要走楼梯的右边，沿着楼梯上的小脚印走。

2. 上下楼梯时不推挤、不打闹。

3. 上下楼梯时扶着扶手，不从扶手上往上爬或往下滑。

4. 下楼梯时一级一级往下走，不从楼梯上往下跳。

◇活动延伸

1. 制作有关上下楼梯的安全标识。

2. 结合美工活动，开展“安全上下楼梯”的画展，加深幼儿对上下楼梯的印象。

（资料来源：苏晖. 幼儿园安全管理实用手册[M]. 北京：中国农业出版社，2016.）

遇到火灾怎么办（大班）

◇设计意图

火灾是幼儿生活中常见的一种险情，发生频率较高，让幼儿了解火灾中的正确自救方法是非常必要的。本次活动结合幼儿生活，通过观看视频、图片，讨论和演练等形式，帮助幼儿梳理自救方法，提高其对火灾的预防能力和火灾发生时的自我保护能力。

◇活动目标

1. 学习火灾中正确的自我保护方法，懂得火灾发生时如何撤离、躲避、求救等多种自救方法。

2. 能正确拨打火警电话119，面对火灾不慌张，积极动脑想办法，增强自我保护能力。

3. 感恩消防员的辛苦，体验人与人之间的关爱之情。

◇活动准备

1. 经验准备：活动前请幼儿制作“发生火灾怎么办”的安全宣传画。

2. 物质准备：视频（小明家失火、消防员救火、火灾求生法）、课件《遇到火灾怎么办》、快乐成长宣传片、湿毛巾、安全出口标识若干。

◇活动过程

（一）通过讲述“小明家失火”事件引导幼儿感受火灾的危害

1. 播放“小明家失火”的视频。提问：小明家发生了什么事情？你有什么感觉？

2. 播放“消防员救火”视频。提问：消防员叔叔表现得怎么样？你想对他们说些什么？

3. 结合火灾前后家园的变化图片，让幼儿感知火灾的严重后果。

（二）讨论、交流引发火灾的多种原因，引导幼儿了解如何避免发生火灾

1. 师：为什么会发生火灾？怎样做能够避免发生火灾？

2. 演示课件，引导幼儿观察标识，说出生活中不能做的事。

（三）通过多种形式，学习运用撤离、躲避、求救的方法自救和自护，懂得面对火灾要沉着、冷静，积极想办法

1. 通过交流，引导幼儿了解发生火灾时如何撤离。

（1）幼儿相互交流宣传画，分享自己知道的自救方法。

（2）教师带领幼儿模拟练习拨打火警电话的方法，要求幼儿说清地点和人员情况。

（3）通过图片（电梯、楼梯、窗户、安全通道）判断，让幼儿了解发生火灾时，从安全出口撤离最安全，并引导幼儿在现场寻找安全出口标识。

（4）幼儿观看视频“火灾求生法”，进一步了解捂住口鼻、弯腰、靠墙走的重要性。

2. 通过实地演练，巩固幼儿逃生撤离的已有经验。

（1）用湿毛巾捂住口鼻，引导幼儿从安全通道撤离。

（2）引导幼儿运用多种方法迅速撤离。

3. 创设情境，引导幼儿了解无法撤离时，如何正确躲避。

（1）师：当火势很大无法撤离时，应该怎么办？可以用哪些方法躲避？

（2）演示课件，引导幼儿分析判断在哪里躲避是正确的。

（3）运用儿歌，全面总结火灾中的自救方法。

[案例来源：幼儿快乐与发展课程编写组.幼儿园快乐与发展课程教师指导用书（大班）[M].北京：北京师范大学出版社，2004.]

真题模拟

1. 关于幼儿耳道异物的处理方法，下列表述不恰当的是（　　）

A. 如膨胀的豆类进入耳道，可先用酒精滴入，待其缩小后再钩出

B. 小虫子入耳未死者，应先用乙醚或氯仿酒精，将虫子杀死后取出

C. 泥沙类异物可用外耳道冲洗法

D. 圆形硬质异物可用耳镊夹取

【答案解析】D。较小异物可用双氧水洗出，一般异物可用小钩取出。球

形异物禁止用镊子夹取，以免误将异物推向更深处。铁制异物可用强力磁铁吸出。植物性异物禁止用水冲洗，应先用95%酒精滴入或用1%酚甘油滴入后取出。动物昆虫异物应先用乙醚或氯仿酒精，将虫子杀死后取出，也可用食用油杀死后取出。

2. 中午进餐时，欣欣不小心被烫伤了小手，老师首先对欣欣烫伤的小手的处理方式是(　　)

A. 冷水冲洗

B. 肥皂水冲洗

C. 擦药

D. 毛巾包裹

【答案解析】A。幼儿烫伤时，要用流动的冷水不断冲洗伤处，进行冷却处理，防止烫伤范围继续扩大。

【思考与实训】

思考

1. 学前儿童意外事故的原因有哪些？

2. 学前儿童安全教育包括哪些内容？

3. 学前儿童安全教育的目标有哪些？

4. 请列举学前儿童常见的意外伤害事故，说一说这些情况发生后教师的应对措施。

实训

1. 分组合作创编学前儿童安全活动方面的歌谣。

2. 利用幼儿园实训阶段，观察并分析某幼儿园在安全教育方面的主要措施，及存在的问题与不足。

3. 设计一个大班安全防火教育活动，要求写出活动名称、活动目标、活动准备、活动过程及活动延伸。以小组为单位，进行教学模拟。

第7章 学前儿童心理健康教育

多多，三岁，在家活泼可爱，最喜欢听贝瓦儿歌，只要一听到贝瓦儿歌就跟着唱、跳并做各种动作，节奏感特别强。上幼儿园一个月后开始吸吮手指，连参加最喜欢的音乐活动也一直不停地吮吸，只能一只手做动作。站、坐、行，手指一直放在嘴里，妈妈把他的手指涂上黄连，多多觉得苦，没有吮吸手指。可是只要妈妈没涂，照样吮吸。面对这种情况，应该怎么办？

【学习目标】

1. 识记学前儿童心理健康教育的目标、内容，领会其实施途径。

2. 掌握学前儿童心理健康的判断标准，初步学会设计、实施、评价学前儿童心理健康教育活动。

3. 感受到学前儿童心理健康教育的重要性与紧迫性。

【学习重难点】

1. 识记学前儿童心理健康教育活动的目标、内容；领会学前儿童心理健康教育的实施途径；初步学会设计、组织、评价学前儿童心理健康教育活动。

2. 掌握预防与矫正学前儿童常见的心理障碍、行为问题的方法。

【知识结构图】

- 学前儿童心理健康教育
  - 学前儿童心理健康教育概述
    - 学前儿童心理健康教育的含义
    - 学前儿童心理健康的标准
    - 影响学前儿童心理健康的因素
  - 学前儿童心理健康教育的目标和内容
    - 学前儿童心理健康教育的目标
    - 学前儿童心理健康教育的内容
  - 学前儿童心理健康教育的实施
    - 学前儿童心理健康教育的途径
    - 学前儿童心理健康教育的方法
    - 学前儿童心理健康教育应注意的问题
  - 学前儿童性教育
    - 学前儿童性教育的目标
    - 学前儿童性教育的内容
    - 学前儿童性教育的途径
  - 学前儿童常见心理问题的识别及辅导
    - 感觉统合失调
    - 焦虑症
    - 多动症
    - 恋物癖
    - 咬指甲与吮吸手指

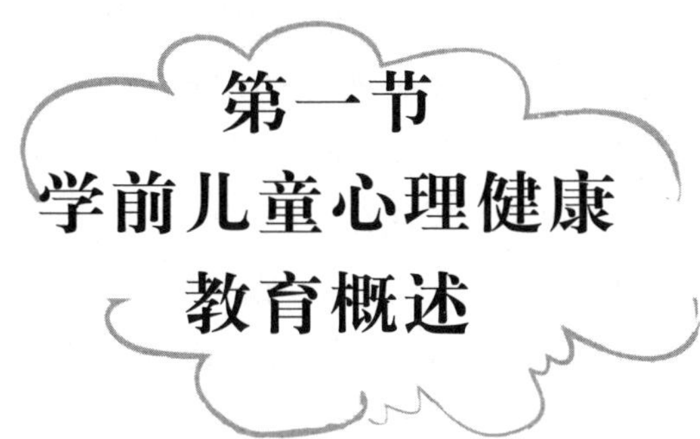

第一节 学前儿童心理健康教育概述

随着时代的发展、社会的进步、认识的不断发展，心理健康在人类健康中的地位越来越重要，心理健康已成现代社会精神文明的一个重要标志，心理健康教育也越来越受到人们的关注。学前儿童正处于性格形成期，其心理健康与否将会对他们的认识、情感乃至个性形成都产生重要影响。学前儿童的心理健康教育是为幼儿一生发展奠定心理素质基础的重要教育内容。

一、什么是学前儿童心理健康教育

WHO对健康的定义为："健康不仅为疾病或羸弱之消除，而系体格、精神与社会之完全健康状态。"[1]意即，健康概念包含着生理健康、心理健康和适应社会三方面的内涵。心理健康是指个人心理方面的良好状态，也就是说，除了没有心理与精神疾病的症状外，其个人的认知能力、情感表达、行为表现等各方面都应维持在一个正常且平衡的状态下，使得个人对自己以及对环境的调适能够达到最高且最好的效能，进而获得快乐、满足以及产生合乎社会文化要求的行为。学前儿童心理健康是指心理发展达到相应年龄组学前儿童的正常水平，情绪积极、性格开朗、无心理障碍，对环境有较快的适应能力。

心理健康对于成长中的学前儿童来说尤为重要。因为他们虽然已具有人体的基本结构，但是各器官、各系统尚未发育完善，他们对外界环境及其变化的影响比较敏感，容易受到各种不良因素的伤害。这导致有些幼儿的心理很脆弱，承受能力以及自我评价和自我调节的能力很差。因此，学前儿童的生活环境与所

[1]世界卫生组织之组织法(即约章).世界卫生组织汇报[J].1947,1(1-2):20.

受教育是否适当，直接关系到幼儿良好心理品质能否形成。

学前儿童心理健康教育是运用心理科学原理与方法，根据学前儿童的年龄特点，有目的、有计划地预防和矫治学前儿童的行为偏异和心理障碍，培养健康心理品质的教育，它是学前儿童健康教育的重要组成部分。不适当的环境影响与教育作用，会导致幼儿产生心理问题或心理障碍，乃至形成不良心理品质。适当的心理健康教育不仅有可能将学前儿童的心理障碍、行为问题消灭在萌芽状态，更为重要的是有利于促进幼儿良好心理品质的形成，增进他们的心理健康，培养健全人格，使他们获得认知、情感、社会适应等方面的和谐发展，从而成长为一个有益于社会的人。

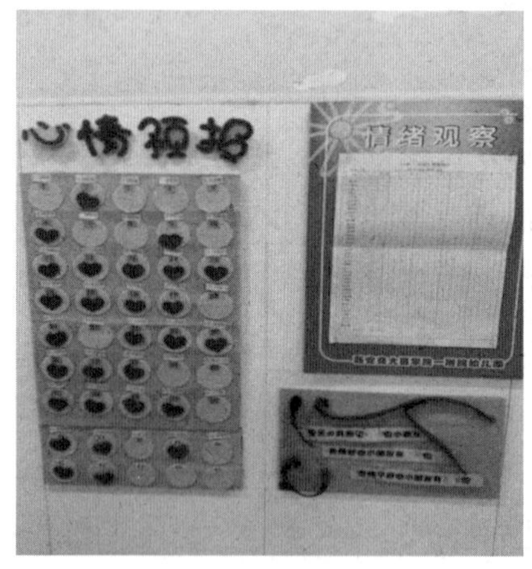

图7-1-1　健康教育宣传1

图7-1-2　健康教育宣传2

二、学前儿童心理健康的标准

学前儿童心理健康的重要标志是情绪反应适度、自我体验愉悦、社会适应良好、心理发展达到相应年龄组儿童的正常水平。一般认为，学前儿童的心理健康可以从动作、认知、情绪及人际关系等方面衡量。

1. 动作发展正常

动作发展是反映儿童生长发育的指标，也是制约儿童心理发展的因素之一。皮亚杰认为，动作是儿童智力的起源，思维是内化动作。个体动作的发展与脑的形态功能的发育是密切相关的。因此，学前儿童躯体大动作和手指精细动作的发展水平是否处于正常的范围，是其心理健康的重要标志。学前儿童大动作或躯体动作发展的大致年龄划分如下：

2—3岁：走路有节奏；由疾走转变为跑；做跃起、向前跳跃和接物动作时上身动作仍显得僵硬；能边走边推玩具小车，但经常把不住方向。

3—4岁：能双脚交替地上楼梯，但下楼梯时用单脚引导；当做向上、向前跳跃动作时上身显得较灵活；有点依靠上身做扔物和接物的动作，仍然需要依靠胸部才能接住一个球；能双手扶把手踩三轮小童车。

4—5岁：能双脚交替地下楼梯；能跑得很稳；能用单足飞快地跳跃；能依靠躯体的转动和改变双脚的重心去扔球；仅依靠双手就能接住球；能飞快地踩三轮童车，方向也把得很稳。

5—6岁：奔跑的速度越来越快；飞跑时也跑得很稳；能做真正的跳跃运动；表现成熟的扔物和接物动作模式；能踩带有训练轮子的自行车。

学前儿童精细动作发展的年龄划分如下：

2—3岁：能做简单的穿衣和脱衣的动作；会拉开和拉上大的衣服拉链；能成功地用小匙吃饭。

3—4岁：会扣上和打开衣服大扣子；已学会自己吃饭；会使用剪刀；会模仿画出垂直的线段和圆圈；开始会画人，但画出的是蝌蚪式的人。

4—5岁：能用剪刀按直线剪东西；能模仿画出矩形、十字形。

5—6岁：会系鞋带；画人能画出人体的六个部分(头、躯干、双手和双脚)；能模仿写出数和简单的字。

2. 认知活动积极

一定的认知能力是学前儿童学习与生活的重要前提。正常的认知水平是儿童与周围环境取得平衡和协调的基本心理条件。儿童积极的认知活动，一是表现为各种认知心理机能的发展，如感知能力的发展、注意能力的发展、记忆能力的发展和思维能力的发展等方面；二是表现为领域知识的发展，如数、时间、空间、运动、速度、因果等。

3. 情绪安定愉快

情绪状态反映了个体中枢神经系统功能的协调性，也表明个体的身心处于良好的平衡状态。当幼儿情绪处于安定愉快的状态时，机体会分泌出对身体有益的物质，这有利于幼儿身体的正常发育和健康发展；愉悦的情绪还有助于幼儿积极地探索环境，与他人交往，并与他人建立良好的关系。学前儿童的情绪具有很大的冲动性和易变性，但随着年龄的增长，情绪的自我调节能力有所增强，稳定性逐渐提高，并开始学习合理地疏泄消极的情绪。如果某个学前儿童经常处于消极的情绪状态，或闷闷不乐，或一触即发，或暴跳如雷，那么该儿童的心理是不健康的。

4. 人际关系融洽

学前儿童之间的交往活动是一种全新的人际关系的体现，它既是维持心理健康的重要条件，也是获得心理健康的必要途径。心理健康的儿童乐于与人交往，能与同伴合作，会跟同伴快乐地游戏。而心理不健康的儿童，其人际关系往往是失调的，他们或远离同伴，或攻击同伴，或成为同伴群体中不受欢迎的人。

5. 性格特征良好

性格是个性中最核心、最本质的表现，它反映在个体对客观现实的稳定态度和习惯化了的行为方式中。心理健康的儿童，一般具有热情、勇敢、自信、主动、合作等性格特征；而心理不健康的儿童，往往具有冷漠、胆怯、自卑、被动、孤僻等性格特征。

6. 没有严重的心理健康问题

心理不健康的学前儿童常常会以各种行为方式表现出来，诸如吸吮手指、遗尿、口吃、多动等障碍。而心理健康的学前儿童不会有严重的或复杂的心理健康方面的问题。

三、影响学前儿童心理健康的因素

影响学前儿童心理健康的因素是多种多样的，包括生理、心理和社会诸方面。了解这些影响因素，对预防学前儿童心理健康疾病和提高其健康水平具有重要意义。

（一）生理影响

1. 遗传

遗传对心理健康的影响首先表现在：遗传的生理疾病会导致幼儿的心理疾病。诸如唐氏综合征、呆小症、染色体变异症等都会导致幼儿心理和行为方面的问题。其次，某些心理疾病也受遗传的影响，诸如儿童孤独症、精神分裂症和多动症等的发生和发展都与遗传有关，这些遗传的疾病常常带来行为问题。再次，智力、气质和性格等心理特征也会遗传，这些遗传的心理特征同样会对学前儿童的心理健康产生不同的影响。

2. 疾病

除了遗传因素之外，病菌、病毒、大脑外伤、化学中毒、严重躯体疾病等都可能会导致心理障碍甚至精神失常。

（二）环境的影响

1. 自然环境的影响

自然环境是指学前儿童在日常生活中所接触的由空气、水、阳光等元素组成的环境。

（1）空气污染。室内污染容易诱发学前儿童罹患血液系统疾病以及呼吸道疾病，如白血病、儿童哮喘等。大量电子产品释放的辐射会对儿童的大脑产生不良影响，甚至可能导致儿童的智力下降。

（2）噪声的影响。学前儿童能承受的声音强度一般为80—90分贝，高强度的噪声刺激会使学前儿童的大脑皮层及自主神经功能出现紊乱并产生头晕、嗜睡或乏力等一系列症状。

（3）劣质玩具、食品的危害。有些劣质玩具和食品可能是由有毒、有害或变质的原料制成的，另外有些玩具面目可憎，有些玩具还可能带有色情色彩，这些都会对儿童的心理健康造成伤害。

2. 社会环境的影响

（1）家庭及家庭教育对学前儿童心理健康的影响。家庭对学前儿童心理健康的影响主要体现在两个方面。一是家庭的氛围。例如父母的眼神、语言交流、行为举止、性格表现、作风习惯和对儿童的态度都会在无形中给儿童的心理以极大的刺激和启示。二是家长对儿童的期望水平和教养方式。家长对孩子的适当期望，会激发儿童的发展动力，而过高的期望水平会给儿童带来巨大的心理压力，会引发一些行为问题或者行为障碍。

（2）托幼机构对学前儿童心理健康的影响。由园所领导、幼儿教师之间以领导方式、同事关系、师幼关系等元素构成的文化环境、精神氛围对幼儿心理健康也会产生影响。如与幼儿接触最多的教师对幼儿心理健康的影响巨大：首先是师幼关系的影响，和谐、平等的师幼关系有助于学前儿童在一个安全的心理环境中发展；其次，幼儿教师自身的心理健康水平对学前儿童的心理健康也有影响。

（三）幼儿自身的心理特点

1. 自我强度

自我强度是指个体应对内外压力的能力。如果学前儿童的吃、睡、空气、水、游戏、安全、被称赞等需要不能得到满足，就容易造成儿童的需求受挫，从而产生消极情绪，如紧张、恐惧、焦虑、冷漠等。但是，儿童不可避免地会有受挫的时候。这时，儿童有一定的自我强度就显得非常必要和重要，要引导学前儿童学会协调自己的需要和现实的反差，保持平衡的心态，从而促进心理健康。

2. 自我意识

学前儿童的自我意识是在成人对其行为、游戏等的评价和态度以及与同伴的对比中不断地形成的。这是一个自我认识、自我评价、调节行为与情绪的过程。我们要引导幼儿形成正确的自我意识，避免幼儿因为自我意识不强而出现任性、执拗、退缩等情绪和行为问题。

第二节
学前儿童心理健康教育的目标和内容

一、学前儿童心理健康教育的目标

学前儿童心理健康教育的目的是培养学前儿童良好的情绪、情感、性格、习惯和社会适应能力，对学前儿童的行为偏异、心理障碍、心理疾病进行早期预防和治疗，使学前儿童智能、情感、性格、习惯、行为方式与周围的现实环境平衡协调，以形成健康的心理素质。《幼儿园教育指导纲要（试行）》在健康领域中和心理健康目标相关的有三条：身体健康，在集体生活中情绪安定、愉快；生活、卫生习惯良好，有基本的生活自理能力；知道必要的安全保健常识，学习保护自己。《3—6岁儿童学习与发展指南》中针对如何提高3—6岁幼儿的心理发展水平，从情绪安定愉快和具有一定的适应能力两个方面提出了指导性意见。

情绪安定愉快

3-4岁	4-5岁	5-6岁
（1）情绪比较稳定，很少因一点小事哭闹不止。 （2）有比较强烈的情绪反应时，能在成人的安抚下逐渐平静下来。	（1）经常保持愉快的情绪，不高兴时能较快缓解 。 （2）有比较强烈情绪反应时，能在成人提醒下逐渐平静下来。 （3）愿意把自己的情绪告诉亲近的人，一起分享快乐或求得安慰。	（1）经常保持愉快的情绪。知道引起自己某种情绪的原因，并努力缓解。 （2）表达情绪的方式比较适度，不乱发脾气。 （3）能随着活动的需要转换情绪和注意。

目标“情绪安定愉快”的本质是强调幼儿要有积极的情绪。积极的情绪是幼儿心理健康的一个重要表现，积极的情绪是一种具有正向价值的情绪，与某种需

要的满足相联系，通常伴随着愉悦的主观体验，并能提高人的积极性和主观能力。

3—4 岁儿童情绪表达比较个人化，一切以自己的情绪为主，开心了就笑，不高兴了就哭。这一阶段，幼儿情绪的调节是被动的，需要成人的“安抚”。注意是“安抚”而非“讲道理”，因为这一阶段幼儿哭闹起来后，教师要求他们不大叫、不要闹是不起作用的，他们甚至听不见成人说话。当孩子哭闹起来时，我们可以给他一个诱人的玩具或一块糖，使他暂时不哭。但是，这种方法不能滥用，否则儿童很难学会对情绪冲动的控制。

4—5 岁儿童的情绪表达的冲动性减弱，稳定性提高，儿童情绪调节的能力有所增强，在不高兴时能够较快缓解过来。此阶段儿童情绪的表达不仅仅包括表达某种刺激下的情绪，还包括将自己的情绪主动与他人分享，这与该阶段儿童社会性的发展有关。成人在调节幼儿情绪时，可以对其讲道理，比如为什么别的小朋友会生气，为什么吃饭的时候不能玩玩具，等等。

5—6 岁儿童情绪的自我调节不断增强，不稳定性、冲动性减弱，他们表达情绪时能做到能表达才表达。比如有的幼儿在幼儿园遇到了不开心的事能控制并掩饰自己的情绪，但是一回家看到父母可能就会立刻大哭起来。这一阶段的幼儿还能学会随着活动的需要较快地转换情绪和注意，比如活动开始前自己和某个小朋友发生了冲突，但是此时老师开始组织活动了，幼儿就会暂时停止和小朋友的冲突，转移到老师的活动中来。这一阶段的幼儿还会比较适度地表达自己的情绪，比如：在父母面前，当他看到自己喜欢的玩具，他会直接伸手去拿，或摇着妈妈的胳膊要求给自己买下来；但是在外人面前，他可能会通过问长问短的方式表达自己对这个玩具的喜爱。

具有一定的适应能力

3-4 岁	4-5 岁	5-6 岁
(1)能在较热或较冷的户外环境中活动。 (2)换新环境时情绪能较快稳定，睡眠、饮食基本正常。 (3)在帮助下能较快适应集体生活。	(1)能在较热或较冷的户外环境中连续活动半小时左右。 (2)换新环境时较少出现身体不适。 (3)能较快适应人际环境中发生的变化。如换了新老师能较快适应。	(1)能在较热或较冷的户外环境中连续活动半小时以上。 (2)天气变化时较少感冒，能适应车、船等交通工具造成的轻微颠簸。 (3)能较快融入新的人际关系环境。如换了新的幼儿园或班级能较快适应。

社会适应是指社会环境发生变化时，个体的观念、行为方式随之而改变，使之适应所处社会环境的过程。适应不同的社会群体或组织的过程是儿童社会化的重要表现，儿童成长过程中往往会加入不同的社会群体，不同的社会群体有着不同的组织结构特点、不同的社会规则，赋予其成员不同的社会角色和不同的角色期待。幼儿从家庭走进幼儿园，所经历的不仅是生活空间的转换，更是生活方式、角色身份、人际关系、行为准则等诸多方面的变化。社会环境的这些变化要求儿童必须从心理到行为有所转变，以适应新的社会群体，儿童只有认识到并理解这种变化，主动变换角色、调节行为，才能与新群体建立起和谐关系。因此，每一次社会环境的改变对儿童都是一次挑战，也都提供了更多的学习与发展的机会。

社会适应能力是一种综合能力，包括对社会情境的判断能力，对自己在群体中角色地位的认识能力，对规则的理解和接受能力，对自己行为的调控能力，以及融入新的人际关系时所需要的交往能力，等等。在变化迅速的今天，这些能力显得更为重要。积极主动地适应环境，以不断增强的自主性、判断力和个人责任感来行动是健康个性的重要表现。因此，从小培养儿童的社会适应能力无疑在为其快乐生活和健康成长奠定基础。

【思考与实训】

思考：

《3—6岁儿童学习与发展指南》中学前儿童心理健康教育的目标是否全面？我们应该如何理解、实施《3—6岁儿童学习与发展指南》中的心理健康教育目标？

【资料链接】

幼儿入园分离焦虑

适龄幼儿进入幼儿园，与依恋的对象(主要是亲人)分离时，随即产生焦虑、不安、伤心、痛苦的感觉和撒娇、哭喊、吵闹等拒绝分离的表现，即幼儿入园焦虑，实际是一种分离焦虑，它是一种紧张不安的情绪，是幼儿进入新环境所产生的恐惧和不适应。幼儿刚刚进入幼儿园，陌生的环境、陌生的幼儿教师与陌生的小伙伴，使幼儿产生了不安全感，使幼儿对亲人的依恋感加强，不愿意离开亲人。亲人的离开使幼儿感到不安全,缺乏依恋对象,从而产生了入园焦虑。每个幼儿入园的时候或多或少都会出现分离焦虑的现象,只是程度不同而已,幼儿入园焦虑的表现主要有以下几方面。

1. 哭闹。哭闹是幼儿分离焦虑出现的第一信号。当孩子进入一个陌生的环境,没有依恋对象的陪伴,孩子的心理会感到紧张、压抑,对于孩子来说,最直接的表达情感及诉求的方式就是哭闹,同时是宣泄不满的方式。

2. 身体不适。许多幼儿在刚进入幼儿园的一段时间出现了身体不适的现象,这也是分离焦虑现象的一种。出现身体不适的一部分原因是因为孩子的接触面变广,孩子生病的概率自然也会随之提高,另一部分原因则是进入新的环境中而产生的心理变化间接地引起生理上的变化,出现感冒、咳嗽等身体不适的现象,同时,还会有一些孩子以身体不适为借口,逃避上幼儿园。

3. 忧伤。大多的孩子是通过哭闹表现出分离焦虑,然而也有部分孩子表现为忧伤,一个人静静地坐在椅子上或角落里流泪。

4. 害怕、紧张。幼儿来到陌生的环境,对于较少与外界接触的他们来说,一下子面对新的老师、新的小朋友、新的环境、新的活动方式,常常会感到无所适从,感到害怕、紧张。

入园焦虑是幼儿一种正常的心理活动。家长要正确面对这种现象,和班级教师共同采取措施,帮幼儿顺利度过这一阶段。

二、学前儿童心理健康教育的内容

学前儿童心理健康教育的主要内容是帮助他们学习表达和调节情绪的方法,学习社会交往的技能,养成良好的习惯,进行性教育,预防和矫治一些常见的心理障碍和行为异常,培养学前儿童自我保护的能力和提高其心理健康水平。

(一)学习表达和调节自我情绪情感的方式

情绪情感是影响学前儿童心理健康的一个重要因素。学前儿童的情绪情感带有易变换、易冲动、易传染、易外露的特点。他们对情绪情感的控制还有困难,有时也不知道该怎么表达自己的情绪情感。因此,在教育过程中要教会儿童正确认识、理解、评价引发情绪情感反应的情境,让其知道只有提出合理的要求才能得以满足,而不合理的需求必定是不能被满足的;要让学前儿童学会用语言和非语言(神态、表情、动作等)的方式表达自己的情绪情感;培养他们控制、调节情绪情感的能力。

(二)学习社会交往的能力

对归属、爱以及尊重的需要是人类的基本需要。学前儿童这种需要的满足更多的是从有同伴的集体中获得。社会交往能力的形成对学前儿童的发展是十分重要的。因此,在教育过程中要让儿童学习感知他人的情感,并能用合适的方式给予回应;学习轮流分享、互助合作等技能;能实现与同伴及相关成人、周围现实环境的协调和适应;懂得基本的礼貌礼节。

(三)学习独立生活的能力

独立性的培养起始于学前阶段,针对这一阶段儿童渴望"独立"的需要,要教育他们学会自己的事情自己做,不依赖他人;使他们在日常活动中有主见,学习独立思考并解决问题;引导他们学习自我保护的常识和技能;帮助他们体验独立自主、获得成功的喜悦,培养独立的个性心理品质。

(四)学习养成良好的习惯

习惯是一定情况下比较固定的、完成某种动作的自动化的倾向,是一种信念和行为的定势,具有稳定持久的特点。培养学前儿童良好的习惯,会对其一生产生积极的影响。学前教育阶段主要是培养学前儿童良好的生活习惯、卫生习惯和行为习惯。

(五)进行合适的性教育

学前儿童对自己性别的认识,对自己在社会生活中应起的作用的认识,以及性意向的发展,是他们社会化发展的一个重要部分。这一发展的结果,不但影响到儿童期的心理活动和行为特点,而且关系到他们最终形成的个性,影响他们的一生。儿童早期性教育的内容主要是:性别角色教育、自我护理与保护教育、爱的教育。

(六)预防心理障碍和行为异常

教师要依照心理健康的标准,通过调查、观察、筛查和诊断等方法,及早发现学前儿童的各类行为问题、心理障碍和心理疾病,确定问题的性质,采取有针对性的措施,进行早期教育、早期干预或早期治疗。

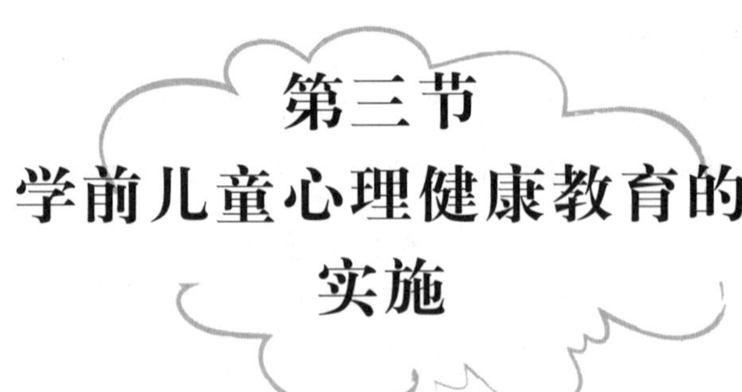

第三节 学前儿童心理健康教育的实施

一、学前儿童心理健康教育的途径

学前儿童心理健康教育，可以依托社区、家庭、幼儿园等途径进行，也可以通过集中或分散的方法开展。

（一）正式的途径

1. 专门的心理健康教育活动

这是指根据学前儿童心理健康教育的目标和内容，或是针对当前存在的实际问题，向学前儿童进行心理健康教育。这种教育活动可以根据不同年龄的特点和需要，在日常的课程中进行。

2. 专家的心理咨询

心理咨询是通过谈话、游戏等方式提供学前儿童需要的知识，增进学前儿童的自我认识，开发学前儿童的潜在能力，帮助学前儿童克服困难，达到身心健康发展的目的。心理咨询的效果，取决于进行心理咨询的教师和医生的知识、态度、咨询技术，以及职业道德和操作规则。

3. 一般的行为指导

狭义的行为指导具有行为矫正的意思，指运用条件反射学说和社会学习理论改正儿童的不良行为。采取正负强化的奖惩方式进行训练，家、园经常使用的代币制就是常用的方式之一。

(二)非正式的途径

幼儿园同家庭和社区紧密合作、共同努力,是实施学前儿童心理健康教育的重要途径。

1. 幼儿园一日活动

幼儿园一日活动各个环节的渗透影响,园内各种设施、环境布局的整合影响,园长、教师、保育员的合力影响,都是实施学前儿童心理健康教育的途径。比如,幼儿园的游戏,除了其本身的教育作用外,若将心理健康教育融合于游戏中,就能发挥增效作用。游戏是儿童合群性的养成、独立性的培养的极好手段。幼儿通过游戏主题的确立、角色的选择、情节的发展等活动,可以学会如何与同伴友好相处,促进自我意识、合群情感的良好发展以及社会化和个性化的协调发展。

2. 幼儿园、家庭与社区的共育

学校开设有关幼儿和家长心理的讲座;开展亲子活动;开设家庭心理咨询,对有问题的儿童开展上门治疗、送教等活动;开展学习化家庭建设活动;开展"社会模拟活动",让小区中的儿童定期在一起活动;实现时空开放,积极利用社区心理卫生资源,努力形成一体化的教育网络。

3. 媒体的运用

让学前儿童观看自己喜欢的电视、影像,阅读自己喜欢的图书等,也是进行心理健康教育的有效途径。儿童可在欢乐、轻松的氛围中受到有益的影响。

二、学前儿童心理健康教育的方法

学前儿童的年龄特点以及心理健康教育的内容,决定了教育方法在学前儿童心理健康教育过程中的重要性。常用的学前儿童心理健康教育的方法如下。

(一)榜样示范

在心理健康教育中,树立榜样,让儿童通过从无意到有意、从自发到自觉的过程模仿榜样的行为和习惯,这是心理健康教育的一种行之有效的方法。榜样可以是同龄儿童,或是儿童喜欢的人物形象。值得注意的是,在学前儿童良好行为形成的过程中,具有决定性影响作用的是父母和教师的行为。在运用这一方法时,家长和教师要以身作则,为儿童树立模仿学习的典范;同时,家长和教师在

为儿童选择榜样时，要注意榜样的典型性、权威性和情感性，使榜样和范例能对儿童的行为起到启动、控制、矫正的作用。

（二）情境演示

情境演示是指让儿童以表演的方式，在不同的社会情境中做出行为对策的教育方法。情境演示的内容源于儿童的生活实际，它能帮助儿童认识到一定情境中可能遇到的问题和冲突，并对之做出合乎社会行为规范的反应。在运用这一方法时，家长和教师要注意引导儿童积极思考，锻炼他们判断是非的能力和学习选择的能力。

（三）行为练习

行为练习是指让儿童对已经学过的技能和行为进行反复练习，加深儿童对某个行为或技能的理解和掌握，从而形成稳定的行为习惯。在运用这一方法时，家长和教师要注意行为练习的兴趣性、持续性和指导性，这样才能取得良好的效果。

（四）讲解说理

讲解说理是指向儿童传递、讲授有关心理健康的一些粗浅的知识，以提高儿童的认知水平，帮助儿童改善对心理健康的态度。在运用这一方法时，应注意讲授的生动有趣，形式的活泼多样，切合儿童的生活实际，符合儿童的年龄特征。

（五）讨论评议

讨论评议是组织儿童参与心理健康教育的过程，通过提出问题、发表意见、共同交流而取得较一致的认识。这种方法的运用，可以是在同伴之间的，也可以是在儿童和成人之间的。应当允许儿童发表不同的看法，也应当鼓励儿童表达自己真实的情绪和情感，以及对他人发表评议。

三、学前儿童心理健康教育应注意的问题

（一）提高教师的心理素质

幼儿园教师和家长的心理健康与否，直接影响着儿童的心理健康。因此，要对儿童进行心理健康教育，教师和家长首先应注意提高自身的心理健康水平，合理排解工作、生活压力，保持自信、乐观、开朗、向上的良好心态；对自己有正确的

评价，生活目标切合实际，保持人格的完整与和谐；具有良好的社会适应能力、融洽和谐的人际关系、良好的行为习惯，给儿童以积极的、正面的影响；尽量不要在儿童面前宣泄不良情绪，不要因为自己心情不好而影响儿童，更不应向儿童发泄。

（二）渗透在一日生活中

儿童心理的发展受多种因素影响，并且具有连续性，因此要在幼儿一日生活的各个环节渗透心理健康教育，并保持要求的一致性。这需要幼儿园教师及其他工作人员的支持，也需要家长的配合。如教师在语言领域课程中要鼓励孩子勇于表达自己的想法，在户外活动中要鼓励儿童积极参与活动，根据自己的兴趣爱好扮演好游戏角色。保育员也要鼓励儿童在寝室里多和同伴交流，提高人际交往能力。

（三）及时发现问题，适时疏导

儿童在成长过程中渐渐学会了将情绪由外露转为内隐。如伤心时不哭出声音来，受了委屈不表现出来等，但又由于情绪调节能力不足而压抑；或有时由于缺乏必要的语言表达能力，不懂得如何表达自己的情感体验，影响情绪和精神状态。这就需要教师善于观察，熟悉每个幼儿的个性特点和表达方式，及时发现幼儿的反常情绪，适时帮助其疏导情绪，以爱心来呵护幼儿的心灵。

（四）尊重幼儿人格，不要妄下结论

教师要尊重每个幼儿，不要随便下结论。如指责某幼儿有“多动症”，或是其他异常行为；不要给孩子贴标签，否则会对幼儿的心灵造成严重伤害，而且影响其社会性的发展。当然，如果发现某幼儿有一些症状与幼儿易患的心理疾病相似，教师应及时提醒家长带孩子去医院检查，以免错过最佳治疗年龄。即使幼儿真的患有某方面的心理疾病，教师也应尊重并保护其隐私，尽量为其提供正常的交往环境，并在家长的配合下尽可能地帮助治疗，促进其健康发展。

（五）整合幼儿园、家庭和社会的教育影响

儿童由于认知发展的不成熟，缺乏明辨是非的能力，容易受到周围成人的影响，对周围成人的言行举止尤为注意。教师、家长或周围其他成人不恰当的言行举止，很容易影响儿童。因此，需要有效整合幼儿园、家庭和社会的教育影响，使各方面的力量保持一致，形成合力，这样才能促进儿童的心理健康发展。

【思考与实训】

思考：

很多教师喜欢借助情绪绘本培养幼儿的安全、乐观、自信等积极健康的情绪，健康情绪是否通过一个绘本故事的讲述、一次教育活动的开展就可以达到？如何在家、园、社会的合力下为幼儿营造一个健康积极的心理环境？

【案例分析】

光知道哭是没有用的（小班）①

◇活动目标

1. 了解故事的内容，知道遇到解决不了的困难时，哭是没有用的，要寻求帮助。

2. 学习故事中的对话："哭是没有用的，你要把困难告诉我们，我们才能帮助你。"

3. 能有表情地参与表演。

◇活动准备

1. 布偶情境表演道具（小球、纸飞机各一个）；布偶（小鸭、小羊、小兔、小松鼠）；用积木、塑料草地、塑料花布置的场景。

2. 小鸭、小羊、小兔、小松鼠头饰各三个。

◇活动过程

（一）引入

小朋友，你哭过吗？你是怎样哭的？

（二）引导幼儿初步了解故事内容

教师介绍故事名称，幼儿看教师用手偶表演。

[1]夏力．回归生活：幼儿园教育活动案例及评析[M]．复旦大学出版社，2010.45.

(三)引导幼儿理解故事的内容,懂得遇到解决不了的困难时,要寻求帮助

1. 帮助小羊。

(1)小鸭和小松鼠见到小羊在小河边哭,就对它说了些什么呢?

(2)小羊回答了吗? 它该怎样做呢?

(3)小羊只是摇头,小鸭和小松鼠知道它为什么哭吗?

(4)小鸭和小松鼠是怎么说的?(幼儿学习对话:"哭是没有用的,你要把困难告诉我们,我们才能帮助你。")

(5)小羊把困难说出来后,大家是怎么做的?

2. 帮助小兔。

(1)小鸭和小松鼠看见小兔在大树下哭,就对它说了些什么呢?

(2)小兔回答了吗? 它该怎样做呢?

(3)小兔只是摇头,小鸭和小松鼠知道它为什么哭吗?

(4)小鸭和小松鼠是怎么说的?(幼儿练习对话:"哭是没有用的,你要把困难告诉我们,我们才能帮助你。")

(5)小兔把困难说出来后,大家是怎么样做的?

(6)我们在幼儿园(家里、街上)遇到解决不了的困难时,我们可以怎样做呢?

(四)幼儿通过故事表演,练习故事中的对话

幼儿戴上头饰表演该故事,教师提示幼儿注意表演时的表情,重点指导幼儿练习故事中的对话。

(五)小结

1. 幼儿练习对话:"哭是没有用的,你要把困难告诉我们,我们才能帮助你。"

2. 拇指教育。(利用动物头饰进行)

◇活动评析

此活动在心理健康教育领域的目标主要有两点:一是愿意把自己哭、不开心的情绪及其原因告诉亲近的人,求得帮助或安慰;二是学会一些社会交往技能,要有同情心、互助互爱等。活动以故事贯穿始终,利用幼儿已有经验,充分调动学习的积极性和主动性;通过故事表演、讨论评议、行为练习等心理健康教育方式方法较好地达到了目标。

附：故事

一天清早，小鸭和小松鼠一起来到小河边做运动。它们走哇走，看到小羊在哭。它们问："小羊，小羊，你为什么哭哇？"小羊不说话，还是"呜呜呜"地哭。小鸭说："小羊，哭是没有用的。"小松鼠说："你要把困难告诉我们，我们才能帮助你。"小羊说："我的皮球掉进水里了，我不会游泳，怎么办呢？"小鸭说："别着急，我来帮助你。"小鸭跳进水里，帮小羊拿到了皮球。小羊高兴地说："谢谢！"

它们走哇走，走到了大树下，看见小兔在哭。它们问："小兔，小兔，你为什么哭哇？"小兔不说话，还是"呜呜呜"地哭。小鸭说："小兔，哭是没有用的。"小松鼠说："你要把困难告诉我们，我们才能帮助你。"小兔说："我的飞机挂在树上了，我不会爬树，拿不到。"小松鼠说："别着急，我来帮助你。"小松鼠"嗖嗖嗖"地爬到树上拿到了飞机。小兔高兴地说："谢谢！我们一起去玩飞机吧！"它们一起开开心心地玩游戏。

（资料来源：广州市第一幼儿园　蔡小娟）

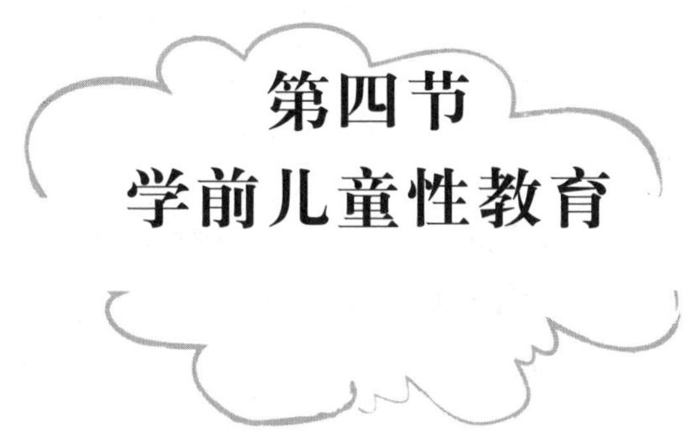

第四节 学前儿童性教育

一、学前儿童性教育的目标

性教育是健康教育的重要组成部分，也是家庭教育、学校教育和社会教育的重要内容。有研究表明，3—6岁是学前儿童性别意识产生、发展的关键期。而我国由于历史、文化原因，一直忽视儿童的性教育。性教育是一种卫生教育、生活教育，也是道德教育、责任教育和人格教育。我们不能把性教育简单地理解为性知识教育，其实性教育涉及生理、心理、社会、道德、伦理等诸多方面。不时传出孩子被性侵的新闻，遭受性侵害将对孩子的生理、心理产生极度负面的影响，我们在谴责犯罪分子素质低下的同时，也应该反思学前儿童性教育开展的现实状态。

幼儿教育以及幼儿健康教育的总目标是构建幼儿性教育目标的直接依据。《幼儿园教育指导纲要（试行）》在健康教育目标中和性教育相关的有这样两条：知道必要的安全健康常识，学习保护自己；生活、卫生习惯良好，有基本的生活自理能力。可以说，幼儿性教育是幼儿教育和幼儿健康教育的具体内容，幼儿性教育的目标必须在幼儿教育的总目标和幼儿健康教育的总目标的双重限定下科学制订。

另外，幼儿各年龄阶段的身心发展特点是建构幼儿性教育目标的根本依据。不同年龄阶段的幼儿的身体发育和心理发展的特点存在很大不同，这是建构幼儿性教育的目标、内容体系的重要依据。幼儿的性生理特点是制订幼儿性教育目标应该参考的一个前提，学前阶段的幼儿还没有出现第二性征，并不具备生育功能，这一特点决定了幼儿性教育的目标同青春期或成人性教育的目标要有所区分；幼儿性心理发展水平主要体现在性别自认、异性意识和性欲意识这三个方面。根据不同年龄幼儿的身心发展水平，开展包括性生理基础知识、性别角色以及情感的教育，使幼儿能够在认知水平、情感态度以及行为技能这些方面发生变化，最终促进幼儿的身心健康发展。

已有研究把幼儿性教育的目标从性别角色、自我护理与保护和爱的教育三个方面进行制订。

（一）性别角色发展

性别角色发展是幼儿性心理健康发展的一个重要方面。只有能正确认识自己与别人的性别，认识和理解不同性别行为模式，表现出符合自身性别的行为，性心理才能健康地发展，社会化才能得以很好地进行。幼儿性别角色的发展目标，包括性别概念的发展、性别角色观的发展、性别化行为模式的发展。在幼儿阶段通过性别角色教育逐步帮助幼儿获得以下能力：

（1）正确认识自己与他人的性别。

（2）性别角色发展观，认识到社会对男性或女性的期望。

（3）能够认识和理解不同性别行为模式。

（二）自我护理与保护

自我护理与保护是以掌握生殖器官名称、卫生常识、识别不适当的身体接触为基础，通过训练与教育而自觉形成的一种行为。只有掌握生殖器官的科学名称，具备一定的卫生常识，才能够了解自己的身体状况，对自己的身体进行适当的护理，并养成良好的清洁卫生习惯。只有认识身体隐私部位，能够识别不适当的身体接触，才能够形成自我保护意识。在幼儿阶段应通过教育和行为训练帮助幼儿获得相关知识，培养一定意识以及形成良好的行为：

（1）掌握外生殖器的正确名称、形态和功能，认识自己身体外形以及与异性和成人的区别。

（2）掌握一定的卫生常识，在成人的帮助下学会身体的清洁和护理方法，养成良好的卫生习惯。

（3）识别不适当的身体接触，增强自我保护意识，在遭遇性侵害时做出适当的反应。

（4）预防生殖器官的疾病、预防行为问题的产生以及矫正已出现的行为问题。

（三）爱的教育

爱的情感是在认识过程中发生、发展的，是由于周围环境的刺激物对人们产生具有一定意义的信号作用而引起的，反映人们对事物所持的态度。爱的教育主要是培养幼儿的社会性情感，提高他们情绪的自我调控能力，帮助他们对自我、环境以及两者之间的关系产生积极的情感体验，最后达到整个教育目标的完成和健全人格的培养。幼儿性教育中的爱的教育要达到以下两个目标：

（1）培养幼儿热爱生命的情感，让幼儿在了解生命起源的基础上，珍惜自己的生命，懂得如何爱惜自己以及如何理解、正确看待性行为。

（2）让幼儿了解家庭结构，培养幼儿热爱家庭及家庭成员的情感。

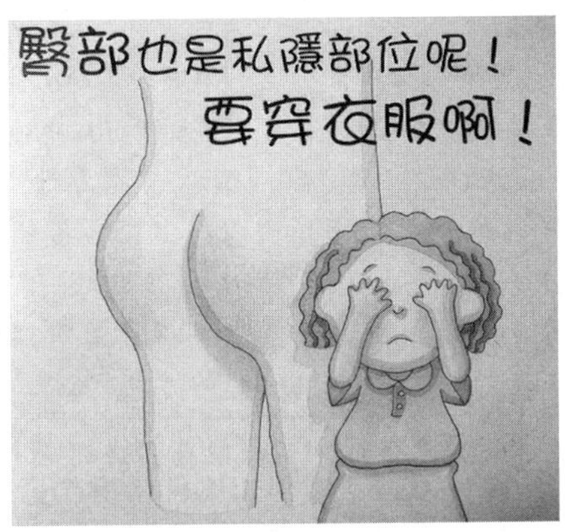

图7-4-1　性教育绘本1

图7-4-2　性教育绘本2

二、学前儿童性教育的内容

学前儿童性教育的内容主要包括以下三方面：性别角色、自我护理与保护、爱的教育。[1]以下表格详细列出了幼儿性教育的具体内容。

各年龄段性别角色教育主要内容

内容	3–4岁	4–5岁	5–6岁
性别概念	（1）教幼儿认识自己的性别，并让幼儿初步认识自己身体外形以及外生殖器的特点。 （2）教幼儿认识爸爸、妈妈、老师、同伴等自己所熟悉的人的性别。 （3）告诉幼儿即使自己长大了，性别还是不会改变，男孩还是男孩，女孩还是女孩。	（1）告诉幼儿，他们与同性别的人在身体外形、外生殖器的形态结构上存在相似之处。 （2）教幼儿根据身体外形、结构区分他人的性别。 （3）告诉幼儿，爸爸、妈妈、老师、同伴等身边的人变老了或是长大了，性别也不会变。	（1）告诉幼儿，不同性别的人的身体外形、外生殖器的形态结构是不相同的。 （2）告诉幼儿，衣着打扮不会改变人的性别，穿女孩的衣服、扎辫子不会使男孩变成女孩，穿男孩的衣服、剪男孩的发型也不会使女孩变成男孩。

[1]黄金花.幼儿性教育目标与内容的研究[D].长沙：湖南师范大学，2008.

（续表）

内容	3-4岁	4-5岁	5-6岁
性别角色观	(1)告诉幼儿，女孩一般都喜欢布娃娃等玩具，男孩一般都喜欢卡车、飞机、坦克等玩具。 (2)告诉幼儿，女孩一般都喜欢穿漂亮的花衣服，扎漂亮的长辫子，男孩一般都喜欢穿简洁大方的衣服，剪干净利落的短发。	(1)告诉幼儿，搬运、建筑、飞行员、武警、工程师等工作一般都由男性来承担，照料病人等需要耐心细致才能完成的工作一般由女性来承担。 (2)告诉幼儿，男性应该说话响亮、富有进取心、坚强、独立、自信、有能力，女性应该文静、温柔、善良、富有情感。	(1)告诉幼儿，如果女性认为自己有力气和能力，也可以从事搬运、建筑、工程师等工作，如果男性认为自己有耐心、很细致，也可以从事护士的工作。 (2)告诉幼儿坚强、独立、自信、有能力的男性也可以有温柔和善解人意的一面，温柔、善良的女性也可以有坚强、独立、自信的一面。
性别化行为模式	(1)男孩喜欢玩卡车、坦克等玩具，用积木盖房子等游戏，女孩喜欢玩洋娃娃，玩过家家等游戏。 (2)知道男孩长大了是当爸爸，女孩长大了是当妈妈。 (3)男孩乐于在日常生活中模仿爸爸的行为，女孩乐于在日常生活中模仿妈妈的行为。	(1)知道爸爸、妈妈、消防员、警察、护士的性别特点。 (2)知道爸爸、妈妈在家庭中履行的职责。 (3)在角色游戏中，男孩扮演爸爸或消防员，女孩扮演妈妈或老师。	(1)自己讲述爸爸、妈妈老师、消防员、警察、护士的性别特点。 (2)讲述自己当了爸爸（妈妈）以后要为家庭履行的职责。 (3)在角色游戏中，做出和游戏性别角色相符合的行为。

各年龄段幼儿自我护理与保护教育内容

内容	3-4岁	4-5岁	5-6岁
认识身体	(1)让幼儿了解男孩和女孩身体的外形特点。 (2)学习身体外部器官的科学名称。 (3)学习男孩和女孩外生殖器的科学名称。	(1)认识男孩和女孩外生殖器的外形结构。 (2)让幼儿初步了解身体外部器官的功能。 (3)让幼儿初步了解外生殖器的功能。	(1)让幼儿了解男孩和女孩身体外形以及外生殖器的不同之处。 (2)让幼儿了解自己与同性别成人身体外形以及外生殖器的相同之处和不同之处。

（续表）

内容	3–4岁	4–5岁	5–6岁
清洁卫生习惯培养	(1)提醒幼儿及时排便，形成经常喝水的习惯。 (2)让幼儿掌握小便的正确姿势，如男孩站着小便，女孩蹲着小便。 (3)学习清洁外生殖器和排泄器官的方法。	(1)告诉幼儿要主动排便，知道喝水有利于排出身体内的有害物质。 (2)让幼儿学习擦拭屁股的正确方法。 (3)让幼儿掌握清洁外生殖器、排泄器官的正确方法。	(1)让幼儿形成及时、独立排便的习惯，便后能自己用正确的方法擦拭屁股。 (2)学会在成人的指导下自己洗澡、自己清洁外生殖器和排泄器官，养成主动洗澡和勤换衣服的习惯。
学会自我保护	(1)告诉幼儿，每个人的身体都有隐私部位，这些部位包括腹部、臀部、大腿内侧，还有女性的胸部和阴部，以及男性的阴茎等。 (2)让幼儿知道，通过电话可以与家人或其他人讲话，当自己需要帮助的时候，可以向爸爸、妈妈打电话求救。 (3)教育幼儿外出活动由父母或其他家长全程陪同。	(1)告诉幼儿，保护隐私部位不被他人随便看和触摸是我们每一个人的权利，除了在我们年龄小的时候父母帮助我们清洗，或当我们身体不适时父母照顾我们，或是为了健康的原因，医生检查身体。 (2)教会幼儿如何使用电话，将爸爸妈妈的手机号码写在随身携带的卡片上，自己需要帮助时，知道拨打卡片上的号码寻求帮助。 (3)教育幼儿外出活动时由父母或其他家长陪同前往，等父母确认环境安全后，再自己单独活动。	(1)教导幼儿不应该随便向别人暴露自己的身体，也不窥探或触摸他人的隐私部位。 (2)知道性行为是以爱为前提的。 (3)告诉幼儿除了拨打爸爸妈妈的电话可以寻求帮助以外，还可拨打其他电话寻求帮助。 (4)教育幼儿外出活动时要征得父母的同意，并告诉父母去什么地方，行走路线，活动时间。
配合疾病的预防与治疗	告诉幼儿，女孩外阴、男孩阴茎、泌尿系统等外生殖器和排泄器官是非常容易感染病菌，导致发炎的器官，要注意保持这些部位的清洁卫生。	(1)告诉幼儿，衣服过紧或大便后由后往前擦拭屁股可能会导致外阴发炎。 (2)阴茎清洗不干净或受到沐浴液、香皂残留物质的刺激可能会引发龟头炎，玩弄外生殖器和大腿相互摩擦可能会引发外生殖器的疾病。 (3)告诉幼儿要经常喝水，上完厕所后由前往后擦拭屁股，经常洗澡或冲浴，洗澡后彻底擦干身体，穿着宽松舒适的棉质衣裤可以降低外生殖器和排泄器官疾病的发生率。	(1)告诉幼儿，女孩外生殖器发痒、排尿时疼痛可能是因为外阴或泌尿系统发炎了，男孩外生殖器发红、潮湿、疼痛或发痒可能是因为患了龟头炎。 (2)教育幼儿在外生殖器和排泄器官发痒、发红或出现其他不舒服的症状时，要及时告诉家长或老师。 (3)告诉幼儿，在接受医生的检查和治疗时要安静地配合，只有经过医生的治疗，生病的身体才能很快恢复康复。

各年龄段幼儿爱的教育主要内容

内容	3–4岁	4–5岁	5–6岁
热爱生命的教育	(1)给幼儿看动植物繁衍的图片、录像等,向其介绍一些自然环境中动植物繁衍后代的奥秘。 (2)告诉幼儿,他们是爸爸、妈妈的孩子,是从妈妈的肚子里生出来的。 (3)让幼儿知道自己姓名的由来,了解母亲生产时的辛苦,知道自己成长过程中的一些小故事,初步体验成长的乐趣。	(1)告诉幼儿,花草树木和动物也有生命,它们跟人一样,也需要呵护。 (2)告诉幼儿,他们是在爸爸、妈妈、爷爷、奶奶等家人的细心照料下成长起来的,他们的成长过程倾注了家人的心血。 (3)告诉幼儿,爸爸、妈妈、老师都很爱护他们,他们的生活非常幸福,要快乐、自由自在地生活。	(1)告诉幼儿我们的生活与周围的环境密切相关,要保护好我们所处的环境,让幼儿初步形成与其他生命和谐共生的意识。 (2)告诉幼儿在人的成长过程中会发生令人愉快的事情,也会发生让人伤心的事情,这是每个人的成长过程都不可避免的,培养幼儿面对挫折的积极态度。
学会爱自己	(1)让幼儿学会保护身体的各部分器官。 (2)让幼儿知道做事情时应注意不要伤害自己,有一定的安全意识。	(1)教导幼儿受到伤害时不惊慌,知道及时向老师或家长报告,并会处理一些简单的问题,如擦破皮知道涂药水。 (2)帮助幼儿正确认识自己,让幼儿从小就懂得每个人都有自己的长处和短处,不要因为自己某一方面不如别人而产生自卑感,或因此自暴自弃。 (3)相信幼儿的力量,满足其自我操作的要求,让幼儿摆脱对老师和父母的依赖,增强其自尊、自信。	(1)帮助幼儿客观地评价自己,使幼儿建立真正意义的自尊。 (2)能够自己动手解决一些问题。

三、学前儿童性教育的途径

提高幼儿园性教育的质量和效果,仅有适宜的性教育目标与优化的性教育内容还不足,还需要有与目标、内容相配套的性教育途径和方式方法。为此,幼儿园应提倡全方位、多渠道地开展幼儿园性教育,让幼儿可以通过更多途径去获得性知识与相关帮助。

(一)系统的教学活动

课堂教学活动是幼儿园开展性教育的主要途径。通过教师讲解、师幼对话、开展游戏等多种方式,有目的、有计划、系统地向幼儿传授性知识,帮助幼儿树立科学的性观念及表现正确的性行为，让幼儿接受比较全面的性教育内容。例如我们可以将前文所述的性教育内容整合为多个单元的主题活动，如“认识我”、“探索生命”等，根据不同年龄阶段幼儿的身心发展特点和具体的教学情境，不断调整、发展和生成更为详细、具体的教学活动。在每一个具体的教学活动中，教师借助图片、影像等多种玩教具，生动形象地开展幼儿园性教育。

(二)日常的生活活动

幼儿自身的特点与发展水平，使得幼儿园的教育不同于其他阶段的教育，最大的不同是“保教结合”。幼儿年龄小，身心各方面发展水平不高，所以要求幼儿园中保育与教育共存。这一特点告诉我们，在幼儿园中开展性教育仅仅依靠教学活动是远远不够的，还需要发挥日常生活活动的教育功能。给幼儿树立良好的榜样，布置有教育意义的环境等，使幼儿在日常生活中获得潜移默化的性教育。

(三)大众文化传媒

如今的性教育绘本、动画、电视节目等发展迅速，成为幼儿学习性知识的一个常用途径。幼儿园在进行性教育时要善于利用这些文化载体，使得幼儿园性教育事半功倍。可是由于它们也可能携带了一些不健康的信息。因此，幼儿教师在利用大众传媒这一便捷的方式进行幼儿园性教育时，一定要取其精华、剔除糟粕，发挥这些文化媒介的积极意义。

【思考与实训】

思考：

学前儿童性教育这样一个不太成熟的研究领域，它的目标、内容是否合适、全面？开展方式方法是否适度？如何在中国这样一个“谈性色变”的文化背景下找到一个合适的路径开展学前儿童性教育活动？

【案例分析】

身体红绿灯(中班)

◇活动目标

1. 了解身体的隐私部位,知道要保护自己并尊重别人的隐私。

2. 掌握保护隐私部位的方法,增强自我保护意识。

◇活动准备

1. 多媒体课件:《幼儿画报》中红袋鼠自护系列故事《不许摸》,幼儿安全自护图片四幅,知识竞赛题卡等。

2. 操作材料:男、女孩卡通人体图、固体胶、"红绿灯"贴图。

◇活动过程

(一)调动已有经验,激趣导入

1. 观察游泳衣的不同。

师:看看男孩子和女孩子的游泳衣有哪些地方不一样。

2. 讨论为什么不同。

师:为什么这样设计呢?

(二)感知理解,操作体验

1. 说一说。

(出示卡通人体图)引导幼儿与旁边的伙伴自由交流,说一说身体的哪些部位不能给别人随便看、随便摸。

师:我们身体的有些部位是不能让别人随便看,更不能让人随便摸的。你们猜猜是哪些部位?

2. 贴一贴。

每组一张人体卡通图,引导幼儿在自主讨论的基础上进行小组合作,将不能让别人随便看、随便摸的部位用"红灯"遮盖起来,可以触碰的地方用绿灯贴起来。

师:小朋友的身体是属于自己的,有些部位是不能露出来,不能让别人随便看、随便摸的,我们用"红灯"把这些部位遮盖起来吧。

3. 辨一辨。

展示操作结果，幼儿观察、思辨、纠错，自我完善操作结果。

（1）教师借助电子白板的拖拉功能，让幼儿操作共同的遮盖部位，如人物图片上的胸部、屁股、生殖器等部位用“红灯”遮盖起来。

（2）对于幼儿操作中出现的有“异议”的身体遮盖部位，引导他们观察、思辨、纠错。

师：你们为什么要把这些部位遮盖起来呢？

师幼小结：图片上遮盖起来的如胸、腿、屁股、生殖器等部位，都不能随便露出来，不能让别人随便看、随便摸，它们都是小朋友身体的隐私部位。

（三）拓展经验，丰富认识

师：小朋友都知道了身体的隐私部位，那怎样保护我们的隐私部位呢？

1. 引导幼儿根据自己的已有经验大胆地发表看法。

2. 播放课件《不许摸》，了解故事中的小羊是如何保护隐私部位的。

师：大灰狼和狐狸想要干什么？(想摸小羊的隐私部位)小羊同意了吗？它是怎么说的？我们来学一学。(引导幼儿学一学小羊大声拒绝的话：“不许摸、不许摸！”“如果再摸，我就喊大人了！”……)

师：如果是你，你会怎么办？

师幼小结：我们要学会保护自己的隐私部位，如果有人要摸你的隐私部位，不许他摸、大声地喊大人、赶快离开。

3. 幼儿观察、比较图片中小朋友的做法，进一步丰富保护自己和尊重别人隐私的经验。

师：小朋友知道要保护自己的隐私部位，那别人的隐私部位我们要不要保护和尊重呢？

师幼小结：我们要保护好自己的隐私部位，平时注意穿好衣服，在上公共厕所的时候要随手把门关上。同时，我们还要学会尊重别人的隐私，在别人换衣服、上厕所时，我们不要故意去看。但是爸爸妈妈帮我们洗澡，或者医生给我们看病或者检查身体的时候是可以看的。

◇活动延伸

1. 在区域活动中，引导幼儿用交通信号灯的方式画出身体可触碰的部位图。

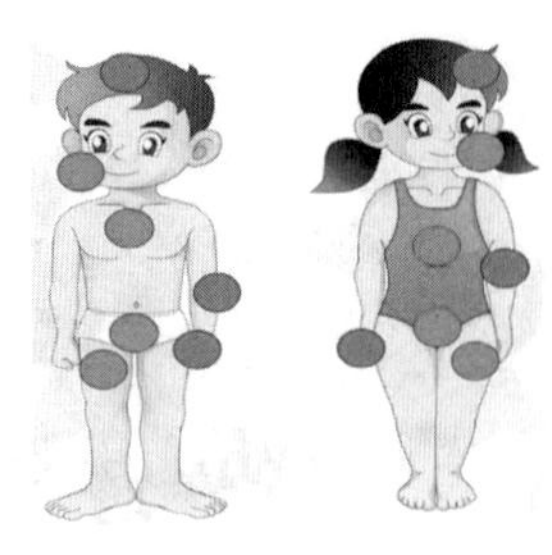

图7-4-3　活动图卡1

图7-4-4　活动图卡2

◇活动评析

此活动在性教育领域的目标主要有三点。一是知道人的隐私部位有哪些。二是识别不适当的身体接触，在遭遇侵犯时做出适当的反应。三是增强自我保护意识。活动以幼儿已有经验导入，通过讨论评议、故事表演、行为练习等加深认知，调动情绪，最后养成自觉的自我隐私保护行为，充分调动了幼儿学习的积极性和主动性，较好地达成了目标。

第五节 学前儿童常见心理问题的识别及辅导

儿童在生长发育过程中，发生一种或少数几种行为问题是很正常的。有些行为问题，随着儿童年龄的增长，会逐渐减弱，最后消失。但有些行为问题，愈演愈烈。下面介绍一些学前儿童中常见的心理障碍和行为问题及其预防和矫正方法。

一、感觉统合失调

案例：凯凯上幼儿园已经一年多了，老师经常向家长反映他上课多动不安，坐不住；平衡能力差，容易摔倒；做不好翻滚、系鞋带、骑车、跳绳和拍球等动作；和小朋友玩球，他总是接不住球……可凯凯是个聪明的孩子呀！妈妈一着急，就带他去医院检查，医生诊断凯凯是感觉统合失调。

所谓感觉统合，就是大脑把视觉、听觉、触觉等身体的各种感觉器官传来的信息进行多次的组织分析、综合处理，从而做出正确的决策，使个体和谐有效地运行。感觉统合失调是指外部的感觉刺激信号无法在儿童的大脑神经系统进行有效的组合，而致机体不能和谐运作，使认知能力与适应能力削弱，学习或工作效率低下，久而久之形成各种障碍，最终影响身心发展。

（一）病因

既有先天因素，也有后天教养问题。

（1）先兆流产，孕期用药，情绪不稳定，早产或剖宫产，造成触觉学习不足。

（2）养育方式表现为过度保护或管束过严。如多数独生子女家长对子女存在过分保护的问题，儿童应有的摸、爬、滚、打、蹦跳等行为，在发育的自然历程中被人为破坏。

(3)缺少户外活动和各种运动。

(二)主要表现

感觉统合失调分为以下几种：

1. 视觉统合失调

在学习时会出现阅读困难(漏字窜行、翻错页码)，写字时常常过重或过轻、字的大小不一，存在出圈出格等视觉上的错误，从而造成学习障碍。此外，这类儿童在生活上还常常丢三落四，生活无规律。

2. 听觉统合失调

表现为上课注意力不集中、多动，平时有人喊他，他也不在意，好像与他无关等。

3. 触觉统合失调

触觉统合失调即所谓触觉敏感(防御过当)或迟钝(防御过弱)。有前一种症状的儿童，表现出对外界的新刺激适应性弱，所以喜欢固着于熟悉的环境和动作中(喜欢保持原样和有重复语言、重复动作)，对任何新的学习都会加以排斥，不喜欢他人触摸、成绩不佳、人际关系冷漠，常陷于孤独之中。有后一种症状的儿童则反应慢(拖拉行为的生理基础)、动作不灵活、笨手笨脚、大脑的分辨能力弱、缺少自我意识、学习积极性低下，所以也表现出学习困难、人情冷漠的问题。

4. 平衡统合失调

在学习和生活中常常观测距离不准、协调能力差。观测距离不准，会使孩子无法正确掌握方向；协调能力差，会让孩子手脚笨拙(常撞倒东西或跌倒)。

5. 本体统合失调

在体育活动中动作不协调(不会跳绳、拍球等)，音乐活动中发音不准(走调、五音不全等)，甚至与人交谈、上课发言时会口吃等。

(三)预防与矫治

开展感统训练，教师以感统器材如滑板、圆筒、平衡台、羊角球等20多种训练用具为载体，以游戏活动为主要形式的一种矫正方法。

二、焦虑症

案例：4岁的朵朵，一到陌生的地方或一关灯，就会拼命哭闹。晚上睡不安稳，经常做噩梦，有时出现夜间遗尿。有一天，朵朵拿了同班一位小朋友的图书不愿归还，父母严厉地训斥了她，朵朵就变得不愿意说话，甚至不愿意上幼儿园，说小朋友们会嘲笑她。最近妈妈因为出差没有陪朵朵睡觉，朵朵就出现了头痛、食欲不振、心悸、气促、出汗、尿频等症状。父母带她去医院检查，医生诊断朵朵患上了儿童焦虑症。

（一）病因

患儿往往是性格内向和情绪不稳定者；部分患儿在发病前有急性惊吓史，如与父母突然分离、亲人病故、不幸事故等。

（二）主要表现

1. 分离性焦虑

表现为与亲人分离时深感不安，担心亲人离开后会发生不幸，亲人不在时拒不就寝，拒绝上幼儿园或上学，勉强送去时哭闹并出现自主神经系统功能紊乱症状。

2. 过度焦虑反应

表现为对未来过分担心、忧虑和有不切实际的烦恼。多见于学龄期儿童，担心学习成绩差、怕黑、怕孤独，常为一些小事烦恼不安、焦虑。

3. 社交性焦虑

患儿表现为与人接触或处在新环境时出现持久而过度的紧张不安、害怕等心理，并试图回避，恐惧上幼儿园或上学，有明显的社交和适应困难。

（三）预防与矫治

1. 预防为主

（1）建立正常的亲子关系，营造良好的家庭环境，给予足够的关爱，不过分苛求孩子。

（2）培养儿童自制能力，坚强的意志，克服困难的信心。

2. 矫治原则

(1)查明原因,解除心理刺激因素,改善教育方法或改善环境,给予适度的爱。

(2)可采取支持性心理治疗或行为疗法中的系统脱敏疗法。

(3)可采用生物反馈疗法。

(4)对严重焦虑症的儿童可辅以抗焦虑药治疗。

真题解析

(2017年上半年《保教知识与能力》考题)初入园的幼儿常常有哭闹、不安等不愉快的情绪,说明这些幼儿表现出了(　　)

A. 回避型依恋

B. 抗拒性格

C. 分离焦虑

D. 黏液质气质

【答案解析】C。分离焦虑是指婴幼儿因与亲人分离而引起的焦虑、不安或不愉快的情绪反应。幼儿从家庭迈入幼儿园,环境的巨大改变容易引起幼儿的分离焦虑。

三、多动症

儿童多动症又称注意缺陷障碍或脑功能轻微失调,是发生于儿童时期(多在3岁左右),与同龄儿童相比表现出明显的注意集中困难、注意持续时间短暂以及活动过度或冲动,且伴有学习困难、认知功能障碍的一组综合征。

(一)病因

1. 遗传因素

有部分多动症患儿的父母、同胞和其他亲属在童年也患过此病,同卵双生儿的多动症的发病率较异卵双生儿明显增高,这均提示遗传因素与多动症关系密切。

2. 脑损伤或脑发育不成熟

(1)母亲孕期疾病。

(2)分娩过程异常。

(3)生后1—2年内,中枢神经系统有感染、中毒或脑外伤的患儿。

3. 环境与教育因素

由于教育方法不当及早期智力开发过量,学习负担过重,使外界环境的压力远远超过了孩子的能力承受范围。

(二)主要表现

1. 注意障碍

表现为注意力不集中,易受环境干扰;对成人的指令心不在焉,似听非听;频繁地改变注意对象,做事情难以全神贯注;常有始无终,粗心大意,半途而废或虎头蛇尾。

2. 活动过渡

这类儿童似乎有一股用不完的精力,活动量明显增多。喂食困难,常以跑代走,平时老是翻箱倒柜,不是拆开玩具就是打翻碗盆。

3. 冲动任性

多动症儿童经常是行动先于思维,行动之前从来不考虑后果。比如,他会在课堂突然喊叫,甚至离座奔跑;抢同学东西或袭击别人;排队缺乏耐性,往往还没轮到他便抢先占队。

4. 学习困难

主要表现为学习成绩低下,多动症患儿的智力是正常或基本正常的,学习困难的原因与注意力不集中、多动有关。

有关研究发现,儿童多动症与孩子调皮有着四点明显区别:

(1)调皮孩子对感兴趣的事物能聚精会神,还讨厌别人干扰;而多动症孩子玩什么都心不在焉和无法有始有终。

(2)调皮孩子在陌生的环境里和特别要求下能约束自己,可以静坐;而多动症孩子根本坐不住,静不下来。

(3)调皮孩子的好动行为一般有原因、有目的;而多动症孩子的行为多具有冲动性,缺乏目的性。

(4)调皮孩子思路敏捷、动作协调,没有记忆辨认的缺陷;而多动症孩子在这些方面则有明显不足。

(三)预防与矫治

1. 预防措施

提倡婚前检查，适时结婚，优生优育；孕妇应注意陶冶性情，应自然分娩；创造温馨和谐的生活环境，使孩子在轻松愉快的环境中度过童年；要因材施教，切勿盲目望子成龙；让多动症儿童与有同情心的小朋友多接触，参加一些活动，加强躯体锻炼；为多动症儿童提供社会化的环境；训练儿童的感觉统合能力，尽量避免儿童玩含铅的制品。

2. 矫治途径

(1)心理治疗。①支持疗法：支持疗法是指应用心理学知识和方法，采取劝导、启发、鼓励、支持、同情、说服、消除疑虑、保证等方式，来帮助和指导患者分析认识当前所面临的问题，使其发挥自己最大的潜在能力和自身优势。②行为疗法：是以减轻或改善患者的症状和不良行为为目标的一类心理治疗技术的总称，可将阳性强化法及消退法结合起来。

(2)药物治疗。多动症的主要诱因是由于孩子体内血铅含量过高。补锌、硒，可以帮助降低体内铅的含量。微量元素锌、硒可以拮抗重金属元素，平时多吃含锌、硒丰富的食品，如鱼、瘦肉、花生、芝麻、奶制品、蘑菇、鸡蛋、大蒜等，也可适当服用锌剂。

四、恋物癖

案例：5岁的蓓蓓从来不愿离开她从1岁时就拥有的那只玩具熊。几年来，不论蓓蓓是跟着父母走亲访友还是到外地旅行，还是上幼儿园，旧玩具熊一直是第一重要的东西，必须得把它带上而且常紧紧抱在怀里才行。如果她发现旧玩具熊没带，一定会烦躁不安、哭闹不休，即使到了床上也迟迟无法入睡。尽管在她的“百宝箱”里还有一些各式各样的崭新的玩具熊，但她一点也不喜欢。父母、老师极尽“哄劝利诱”之能事，要蓓蓓放下那只又脏又旧的玩具熊，都遭到了蓓蓓近乎拼命式的反对。蓓蓓好像很难适应新的环境，她在幼儿园从不主动和小朋友说话，也不和大家一起玩，上课时不举手发言，老师提问时，她嗫嗫嚅嚅，声音很小；她遇到事情就退缩，似乎唯一喜欢做的事就是抱着旧玩具熊自言自语地躲在角落里……

儿童恋物癖是一种儿童离开某一样陪伴惯了的东西就忐忑不安的行为。

(一)病因

恋物癖大都是因为儿童在家庭中缺乏与父母的亲情互动,安全感匮乏而引起的。

(二)主要表现

有恋物癖的儿童怕见陌生人,不敢与人说话、交往,表情淡漠;回避集体活动,遇事胆怯退缩。

(三)预防与矫治

恋物癖的根源在于儿童缺乏安全感,而把那份安全感寄托在某件物品上。要戒除儿童的恋物癖,就要从增强儿童的安全感做起。

1. 家庭防治对策

(1)平时多拥抱孩子,多拍抚孩子的背部和头顶,以解其"皮肤饥饿"。

(2)进行睡前安抚工作。因为所有孩子在本能上都畏惧黑暗,很多儿童就是在入睡前的害怕不安中染上"恋物癖"的,父母应在孩子独睡前陪伴孩子。

(3)和孩子多沟通,让孩子开阔视野,扩大和外界的交流,避免让他沉溺在自己和所恋物品的狭小天地里。

2. 幼儿园防治对策

(1)逐步过渡策略。有恋物癖的幼儿从家里带来一件熟悉的物品,教师没有必要急于让他脱离依恋物,要等他日后情绪相对稳定时再循序渐进,逐步纠正此行为。

(2)爱心抚慰策略。有恋物癖的幼儿适应新环境的能力较弱,缺乏安全感。因此,教师要给予这些幼儿更多的关爱。

(3)集体归属策略。有恋物癖的幼儿本来对陌生环境就缺乏安全感,教师要创造一切机会让他们参加班级集体活动。

五、咬指甲与吸吮手指

案例:洋洋,男,4岁半。母亲在个体小厂上班,每天早出晚归,很少有时间过问孩子。父亲大男子主义思想严重,除了上班,回家后几乎不做家务,也不照顾孩子。洋洋没上过小班直接进了中班。他活泼好动，情绪不稳定，不太顺从。他在上课时常常不经意地将手放进嘴里，用牙齿啃咬指甲，午睡时没有睡意，也常常啃咬手指甲或脚趾甲。如果没有人干扰，他会一直咬下去，直到指甲咬出血了才停止。现在，洋洋所有的指甲都被咬秃或咬变形了……

咬指甲与吸吮手指是指儿童反复出现的自主或不自主地啃咬手指甲或脚趾甲、吸吮手指的行为，是儿童期常见的一种不良习惯，男女均可发生。多数儿童随着年龄增长，此行为可自行消失，少数顽固者可持续到成年。

（一）病因

儿童咬指甲与吸吮手指常与父母的养育方式及环境有关。缺乏亲人的关怀、缺乏玩具、孤独无伴也会使儿童产生孤独感或紧张、抑郁，以致用这种行为来消除不安；缺锌的儿童也有可能会出现咬指甲的毛病。

（二）主要表现

反复出现的自主或不自主地啃咬手指甲或脚趾甲、吸吮手指的行为。部分儿童常伴有其他行为问题，如睡眠障碍、多动、焦虑、紧张不安、挖鼻孔等，症状顽固者夜间也出现此类行为。

（三）预防与矫治

1. 家园配合，满足幼儿的心理需求

家庭、幼儿园要共同配合，父母、教师多关心爱护幼儿，多进行情感交流、肌肤接触。

2. 开展活动

开展丰富多彩的手指游戏活动，鼓励孩子多与同伴玩耍，如可以玩有趣的玩具、手影游戏、“翻花”游戏(有些地方叫跳绳)，做手工等，让幼儿发现手指协调的奥妙、发现手指能够带来更多乐趣。

3. 支持鼓励、维护幼儿的自尊心

父母、教师在对幼儿的咬指甲和吸吮手指行为进行矫正时，态度要和蔼亲切，语言动作要轻柔。

4. 行为矫治疗法

采取行为矫治疗法，如强化法、消退法、厌恶法等常能收到良好的效果。

当然，还有诸如攻击问题、排泄障碍、口吃等常见行为问题也需引起我们的重视，只要我们在家、园、社区形成的积极大环境下，通过我们的努力，幼儿后天的行为问题应该可以缓解。

【考查要点】

幼儿园心理健康教育是五大领域内容之一，以考查综合能力的材料分析题居多，且不仅仅局限于心理健康方面的内容，一般要求分析幼儿的一些心理健康现象、原因及处理方式，特别倾向于考查结合社会领域和教师的专业素质来发现、分析、解决问题。在分析的时候要"从生物—心理—社会"这一模式来理解。

真题解析

（2015 年下半年《保教知识与能力》考题）

材料 1：小班入园第二周，王老师发现小雅在餐点与运动后，仍会哭着要妈妈。老师抱她，感觉她身体绷得紧，问她要不要去小便，她摇头。老师又问："要不要去大便？"她点头。老师牵她到卫生间，她只拉一点就离开了。过一会儿，她又哭了。老师给她新玩具，和她玩游戏，但她的情绪还是不好。离园时，老师与她妈妈约谈，了解小雅在幼儿园拉不出大便的原因。

第二天早操后，小雅又哭了，老师蹲下轻声问："小雅是想上厕所了吗？"她点头。老师带她上厕所，她又只拉一点就站起来。老师询问："老师陪你多蹲一会儿，把大便都拉出来，好吗？"小雅又蹲下，但频频回头。这时，自动冲厕水箱的水"哗"的一声冲出来，小雅扑到老师身上"哇哇"大哭，老师紧紧地抱住她，轻柔地说"老师抱着你"。

老师将水龙头关小，把小雅抱到离冲水口远一点的位置蹲下，小雅顺利拉完大便。连续一段时间，老师们轮流陪小雅上厕所，并且给予指导和观察，让小雅学会如何使用厕所的冲水装置。小雅开始适应学校的厕所，出现了久违的笑容。

问题：请分析上述材料中教师的适宜行为。

答题要点：

1. 教师的职业特点。

2. 教师的职业道德与必备的能力和素质。

3. 良好师幼关系的意义及分离焦虑的解决。

材料2：3岁的阳阳，从小跟奶奶生活在一起。刚上幼儿园时，奶奶每次送他到幼儿园后准备离开时，阳阳总是又哭又闹。当奶奶的身影消失后，阳阳很快就平静下来，并能与小朋友们高兴地玩。由于担心，奶奶每次走后又折返回来。阳阳再次看到奶奶时，又立刻抓住奶奶的手，哭泣起来。

针对上述现象，请结合材料进行分析：

1. 阳阳的行为反映了幼儿情绪的哪些特点？

2. 阳阳奶奶的担心是否有必要？教师该如何引导？

答题要点：

幼儿情绪情感发展的特点：

1. 情绪的易冲动性。

2. 情绪的不稳定性。

3. 情绪的外露性。

措施：

1. 创设良好的育人环境，培养幼儿良好的情感。

2. 充分利用各种活动培养幼儿的情感。

3. 成人的情绪自控。

4. 正确疏导幼儿的不良情绪：（1）转移法。（2）冷却法。（3）消退法。

【思考与实训】

思考：

跟踪观察一位有行为问题的幼儿，做详细观察记录，分析其行为问题发生的原因，并给出矫正方法。

实训：

一、按照下列要求实施一个幼儿园心理健康教育活动

绘本《我要更自信》：火鸡图图不喜欢自己。她的腿很瘦，她的羽毛是棕色的，她的头上没有毛。最主要的，她讨厌自己的咯啵咯啵声。但当图图用她超级自信、超级有力、超级火鸡式的咯啵咯啵声救了一群小鸡之后，一切都改变了！

以该绘本为来源设计一个心理健康教育活动。

1. 写出完整的教案，要求设计出清晰的活动过程、步骤，有条理地呈现出活动设计意图、教学目标、教学重难点、教学准备、教学过程、教学延伸等关键要素，以及与这些步骤相关的内容和教学方式、方法。活动过程结构完整，体现出心理健康教育活动的设计、组织思路。

2. 设计任务完成后，分小组相互评价、修改教案。

3. 试教活动

（1）试教学习任务

辅教同学：用心揣摩试教对象的年龄特点，全力配合试教同学完成教学活动。

听课同学：认真记录每位试教同学的教学活动名称、目标、组织步骤、教学方法、教学手段、教学基本功等；对每位试教同学的教学活动做出评价，包括评分和文字评价。

（2）试教过程中，每位同学按照学习任务执行。试教完毕后，执教者做自我评价，每个小组推选代表汇总评价建议，并当场讲述，汇总的书面评价建议交给试教者做参考，教师做评价与总结。

二、再次修改教案，提升教学水平

总结教案和试教操作环节中出现的问题，继续修改教案，心备下一轮试教。

三、观摩及评析性教育活动

1. 活动任务要求。

活动流程及评价的记录：边观看优质课录像或进幼儿园观摩，边记录教师的活动过程，包括活动目标、方法、教具准备、教师提问、师幼互动等。

要求：活动内容记录详细具体；活动结构层次表述清晰；语言表述恰当，活动步骤、标题要求使用概括性语言表述；评价内容涵盖优点和缺点。

2. 分组讨论，分享记录成果。

分组讨论学习要求：(1)各组针对活动的优缺点及优化策略进行讨论，每组选一名代表汇总小组评价意见并在集体面前讲述。(2)小组讨论主要围绕相关理论知识进行。如预设的活动目标是否全部达成？重点、难点是如何处理的？达成目标用了哪些教学方式、方法？活动的设计是否体现了层次性？幼儿得到了哪些发展？

第 8 章

学前儿童体育

在一次投掷活动中，教师创设了活动情景，为了让幼儿掌握动作要领，教师让幼儿安静地观看其动作示范。示范两次之后，教师让幼儿依次尝试。然而，在尝试过程中，幼儿只是用力地把投掷物从上往下“砸”、“甩”、“扔”(而非活动核心目标所要求的“投掷”)，结果要么投得不远，要么投得不准。教师一个个评价时就说：“×××，你的动作不正确！××，你没有砸到！××，你姿势不对。老师再来教你们一次。”于是，该教师又开始向幼儿示范半侧身肩上挥臂投掷的基本动作，并反复让幼儿做模仿练习。

这位老师设计的体育活动是否合理？对于学前儿童的体育活动组织和设计，我们该遵循什么样的原则呢？

【学习目标】

1. 了解学前儿童体育活动的基本内容和基本组织形式；熟悉学前儿童体育活动开展的基本原则和规律；掌握学前儿童早操、体育游戏和体育教学等各类体育活动创编和组织的相关知识。

2. 初步具备创编学前儿童早操、体育游戏和体育教学等各类体育活动的实践能力。

3. 树立科学的“体育活动观”，喜欢组织各类体育活动。

【学习重难点】

1. 各种体育活动类型的设计和指导要点。

2. 能合理组织学前儿童早操、体育游戏和体育教学等各类体育活动。

【知识结构图】

- 学前儿童体育
  - 学前儿童体育概述
    - 学前儿童体育活动的概念
    - 学前儿童体育活动的目标
    - 学前儿童体育活动组织的基本原则
    - 学前儿童体育活动应遵循的规律
  - 学前儿童体育活动的内容
    - 学前儿童基本动作练习
    - 学前儿童体育游戏
    - 学前儿童基本体操
    - 学前儿童器械运动
  - 学前儿童体育活动的组织形式
    - 早操
    - 体育教学活动
    - 户外体育活动
    - 室内体育活动
    - 区域式体育活动

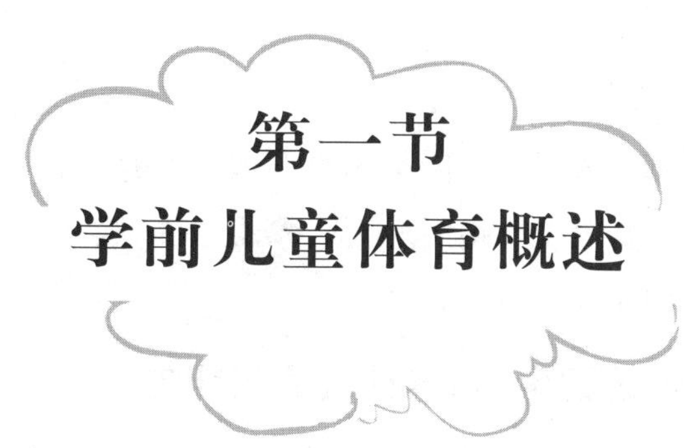

第一节 学前儿童体育概述

一、学前儿童体育活动的概念

体育是生命的一种表现形式，是增强体质、增进健康、塑造健美体态的重要手段。健康的身体是全面发展教育的物质基础。缺乏体育锻炼成了影响学前儿童健康成长的重要原因之一，我们必须让学前儿童从小养成积极参与体育锻炼的习惯，让他们的身心都得到全面发展。

在幼儿时期，身体各个器官、系统的机能尚未发育成熟，科学、适宜的体育活动是促进幼儿身体各个器官、系统机能的正常发育，提高幼儿身体素质，发展基本活动能力的重要途径。

科学的体育锻炼除了能促进幼儿身体机能的提高外，还能促进幼儿认知能力的发展，培养开朗的性格和优良的品德，有利于幼儿身心和社会性的发展。

综上所述，体育活动对学前儿童的身心全面、和谐的发展具有十分重要的意义。

二、学前儿童体育活动的目标

根据《幼儿园教育指导纲要（试行）》健康领域目标的精神，“健康活泼，喜欢参加体育活动，动作协调、灵活”成为学前儿童体育活动的主要目标。

（一）积极参加体育活动

开展丰富多彩的、适合幼儿的体育活动，吸引幼儿主动参与其中，从而培养幼儿参与体育活动的兴趣与习惯。孩子的身体素质、运动能力受正确的生活习惯和长期坚持不断地进行体育活动的影响，一点点地提高。从身心健康的观念来看，首先需要幼儿体验到体育活动带来的快乐，从而才能逐渐养成经常运动的习惯。

（二）增强幼儿体质

各项体育活动能促进幼儿健康体态的形成，平衡、协调、灵敏、力量、耐力等身体素质的提高，发展幼儿走、跑、跳、投、攀登、钻、爬等基本动作，提高幼儿对外界环境、气候等变化的适应能力。

（三）促进幼儿心理健康、培养社会适应能力

在体育运动中，幼儿往往会面对一些挑战，会遇到挫折和困难，这就需要幼儿能够有勇气面对、克服困难，建立信心，培养幼儿坚强勇敢的良好品质。

幼儿参加体育活动的过程也是与他人交往的过程，幼儿必须遵守游戏规则，努力改变以自我为中心，并学会与他人合作、分享。这也是培养幼儿良好社会性的重要契机。

拓展阅读

《3—6 岁儿童学习与发展指南》中对学前儿童的动作发展提出了以下三个目标

目标1 具有一定的平衡能力，动作协调、灵敏

3–4岁	4–5岁	5–6岁
(1)能沿地面直线或在较窄的低矮物体上走一段距离。 (2)能双脚灵活交替上下楼梯。 (3)能身体平稳地双脚连续向前跳。 (4)分散跑时能躲避他人的碰撞。 (5)能双手向上抛球。	(1)能在较窄的低矮物体上平稳地走一段距离。 (2)能以匍匐、膝盖悬空等多种方式钻、爬。 (3)能助跑跨跳过一定距离，或助跑跨跳过一定高度的物体。 (4)能与他人玩追逐、躲闪跑的游戏。 (5)能连续自抛自接球。	(1)能在斜坡、荡桥和有一定间隔的物体上较平稳地行走。 (2)能以手脚并用的方式安全地爬攀登架、网等。 (3)能连续跳绳。 (4)能躲避他人滚过来的球或扔过来的沙包。 (5)能连续拍球。

目标2　具有一定的力量和耐力

3—4岁	4—5岁	5—6岁
(1)能双手抓杠悬空吊起10秒左右。 (2)能单手将沙包向前投掷2米左右。 (3)能单脚连续向前跳2米左右。 (4)能快跑15米左右。 (5)能行走1公里左右(途中可适当停歇)。	(1)能双手抓杠悬空吊起15秒左右。 (2)能单手将沙包向前投掷4米左右。 (3)能单脚连续向前跳5米左右。 (4)能快跑20米左右。 (5)能连续行走1.5公里左右(途中可适当停歇)。	(1)能双手抓杠悬空吊起20秒左右。 (2)能单手将沙包向前投掷5米左右。 (3)能单脚连续向前跳8米左右。 (4)能快跑25米左右。 (5)能连续行走1.5公里以上(途中可适当停歇)。

目标3　手的动作灵活协调

3—4岁	4—5岁	5—6岁
(1)能用笔涂涂画画。 (2)能熟练地用勺子吃饭。 (3)能用剪刀沿直线剪,边线基本吻合。	(1)能沿边线较直地画出简单图形,或能边线基本对齐地折纸。 (2)会用筷子吃饭。 (3)能沿轮廓线剪出由直线构成的简单图形,边线吻合。	(1)能根据需要画出图形,线条基本平滑。 (2)能熟练使用筷子。 (3)能沿轮廓线剪出由曲线构成的简单图形,边线吻合且平滑。 (4)能使用简单的劳动工具或用具。

三、学前儿童体育活动组织的基本原则

为了使所组织的幼儿体育活动能够满足幼儿身心多方面的需求,必须遵循以下四个原则。

(一)日常性原则

1. 每日坚持进行适量的体育活动

只有长期坚持不断地进行体育运动,才能渐渐提高身体机能水平,促进生长发育,提高身体素质及基本活动能力。所以,每日都应该让幼儿进行适当的身体锻炼活动,且保证幼儿“每日户外体育活动不得少于1小时”。这就要求各地幼儿园在制订课程计划的时候,要切实保证幼儿的体育活动时间,不能因为雨雪等天气的原因变相地减少体育活动时间,避免“三天打鱼,两天晒网”的现象。

2. 一日活动中需动静交替安排

幼儿学习的持续时间相对较短，为避免神经细胞过于疲劳，在幼儿较安静的活动之后，尤其是智力活动后，应该安排幼儿适当地动起来，消除集中注意力的疲劳，从而使生活有节奏、有规律。

（二）适量性原则

适量性原则是指学前儿童体育活动应该保证适宜的运动负荷。教师在组织安排幼儿体育活动时，应注意调节幼儿身体和心理的负荷量，保证在运动后可取得超量恢复的效果，从而提高运动能力，达到增强体质的目的。

影响儿童生理负荷的因素包括：练习次数、练习时间、练习密度、运动强度等方面。教师要根据身体锻炼的内容、运动项目的特点及幼儿年龄的差异，合理确定生理负荷量。一般要求"强度小些，密度大些，时间短些，变化多些，强调动静交替的节奏"以确保合理的生理负荷量。

（三）多样性原则

多样性原则是指学前儿童体育活动的组织形式应该是多种多样、丰富多彩的。

多样性原则的作用主要是相互弥补各项活动形式的不足之处，以及提高、激发幼儿对体育活动的参与积极性，丰富活动的内容。当前我国幼儿园体育活动的组织形式主要有：早操活动、体育教学活动、体育游戏活动等常规性的体育活动。不同的组织形式，有不同的适用范围和局限性，所要达到的目标也不完全相同，任何一种形式的体育活动都有其他形式、途径所不能代替的作用，因此需要多种组织形式的活动来相互弥补、相互配合，这样才能共同实现幼儿体育活动的目标。

除常规性的体育活动外，还可以开展区域性体育活动、亲子运动会、远足活动等，以激发幼儿参加体育活动的积极性，丰富幼儿生活，扩展幼儿的视野。

各种体育活动的组织形式都有一定的局限性，却又都具备一定的价值，并无好坏优劣之分。

（四）全面发展性原则

全面发展性原则包含两层含义。

（1）需要通过体育活动使幼儿身心得到全面发展。体育活动不仅要促进幼儿的身体健康，而且需要促进幼儿的心理发展。在增强幼儿体质的同时，让幼儿的心理、认知、社会性等都得到良好提高和发展。

(2)通过参与体育活动,使幼儿的各个身体部位、器官系统等都能得到协调、全面的发展。

四、学前儿童体育活动应遵循的规律

(一)动作技能形成的规律

动作技能的形成具有一定的规律性,通常经历以下相互联系的三个阶段。

1. 粗略掌握阶段

这个阶段,儿童对动作有了初步的印象,大脑皮层的兴奋过程广泛扩散,内抑制不够,故此阶段也称为“泛化阶段”。这个阶段的动作通常表现为:肌肉过分紧张而出现动作不协调、不准确,动作比较僵硬,多余动作较多,做动作时比较费力,不够自然。这一阶段,儿童的认知处于感知和表象阶段,主要靠视觉表象来控制和调节动作。

因此,在学习动作技能初期,教师应该抓住动作的主要环节进行必要的讲解和示范,让儿童对动作技能有一个初步的、整体的知觉和印象。同时提供给儿童较多的练习机会,不要过多地强调动作的细节部分或是过多地纠正儿童的错误动作,只要儿童做得基本对即可。

2. 改善提高阶段

在此阶段,儿童在粗略掌握动作的基础上,经过反复练习和观察分析示范动作以及听教师讲解初步形成动作概念。大脑皮层兴奋和抑制过程逐渐集中,内抑制加强,特别是分化抑制有了发展。使动作由“泛化”进入到“分化”,此阶段也称为“分化阶段”。已初步建立动力定型,但还不巩固。肌肉感觉有了发展,控制能力有所加强。视觉控制已不起主要作用,这个阶段的动作通常表现为:儿童紧张的动作或多余动作明显减少,大部分错误动作得到纠正,能比较轻松、协调和准确地完成整个动作,逐步形成了动作概念。但,动作还不够熟练;在一些复杂条件下动作容易变形,原有的错误动作或多余动作有可能随之重新出现。

因此,在这一阶段,应让儿童多练习,注意对儿童错误动作和多余动作进行纠正。

3. 巩固和运用自如阶段

此阶段,儿童动作概念已明确,大脑皮层兴奋和抑制过程更加集中,动作的动力定型已牢固地建立，主要依靠肌肉感觉来调节控制。这一阶段的动作表现是动作协调、准确、熟练、省力、运用自如。在这一阶段，教师要注意设置各种变化的环境和条件，通过不断挑战儿童和让儿童感到进步等方式，让儿童反复、主动练习，提高动作的适应性。

（二）人体机能适应性规律

人体机能适应性规律表明：人体在参加运动时，体内物质能量得到消耗，促进了异化作用，并引起疲劳和身体机能暂时下降，同时刺激恢复过程，使同化作用加强，出现超量恢复，人体的机能能力得到增强。这是人体通过运动，促进新陈代谢和提高机能的过程，也是产生适应性效果的过程。这个过程可分为以下四个阶段：

1. 工作阶段

儿童进行身体锻炼时，身体物质能量逐渐被消耗，但同时恢复过程也在进行，只是消耗过程占优势，表现为身体机能逐渐下降。

2. 相对恢复阶段

运动后身体机能指标逐渐恢复到运动前的水平、阶段。

3. 超量恢复阶段

通过合理休息，物质和能量储备超过运动前水平，从而提高身体的工作能力。

4. 复原阶段

如果间隔时间太长，身体的工作能力会又恢复到运动前的水平。研究表明，工作阶段消耗过小或过大，超量恢复的效果都不好；练习间隔时间过长和过短，也影响恢复的效果和工作能力的提高。因此，要根据不同体质、不同年龄、不同练习内容等情况，合理确定工作阶段的运动负荷量和练习间隔时间，才能收到更好的锻炼效果。

（三）人体生理机能活动变化的规律

人体在运动过程中，生理机能的活动能力是不断变化的，而且有一定的规律。一般在开始时，生理机能活动的能力逐步上升，达到最高水平，并在一定时间内保持最高水平，而后逐渐下降。这个过程可分为上升、平稳和下降三个阶段。

1. 上升阶段

上升阶段包括两个过程。

第一是在体育活动前，儿童知道或想到即将开始体育活动，身体各器官和心理上会发生一定的变化。如心跳和呼吸加深加快，情绪高涨、精神振奋。有的人，血液中葡萄糖含量增加。这些变化是积极的，能加速身体器官克服惰性，使活动能力较快地上升，以适应即将开始的体育运动。也有个别儿童或因为不爱运动或因为身体活动能力差而怕被同伴笑话等原因，会产生一定的消极反应，如情绪厌烦、全身乏力、动作迟钝等。

教师要根据这个规律，使儿童在运动开始前能产生积极性反应。如在教学的准备环节，教师可以采用故事引导的方式，让幼儿从故事角色的扮演中了解如何开展游戏的过程和方法；运用儿童崇拜的心理，利用简单的魔术先吸引小朋友注意力；还可以利用器材的新颖性和游戏情景的布置来激发儿童参与活动的兴趣等。

第二是通过开展一些准备性的身体活动，克服各器官的惰性，提高其活动能力，使之较快地达到较高的水平。由于个人体质、年龄、训练水平不同，因而这个过程也有长有短。幼儿身体器官惰性小，易动员，活动能力上升较快，所以准备活动时间要短，运动负荷增加要快。

近年来，幼儿体育界对于准备性活动的内容进行了改革和创新，突破了传统意义的仅仅通过单纯的、机械的体能动作练习来达到热身的目的。准备性活动的内容可以是体育游戏，也可以是音乐律动，甚至可以通过朗朗上口的儿歌形式来开展，比如在开展跳跃运动前，可以让儿童通过模拟兔子双脚跳的动作进行主题式热身，也可以通过开展徒手体育游戏“大灰狼与小白兔”来进行热身准备。

2. 平稳阶段

此时，各器官活动能力已达较高水平，并能保持一定时间，这时身体活动效率高、学习动作的效果好，能适应激烈的体育活动。这个阶段持续时间的长短与运动负荷、个人体质、训练水平、年龄、心理状态有关。由于幼儿肌肉组织容易疲劳，所以在这一阶段，幼儿持续时间比成人短，但是如果幼儿在此阶段中情绪愉快，疲劳出现得也会晚些。

为适应这个规律和根据幼儿特点，教师可将难度大、强度大的活动内容安排在此阶段，练习时间要少于学龄儿童，练习内容和方法要多样化，以激发幼儿积极的情绪。

3. 下降阶段

儿童经过一定时间段、一定数量的身体练习后，由于体内能量物质消耗多和恢复不足等原因，会出现身体疲劳，活动能力下降的情况。这时，要及时结束活动，但在激烈活动后又不能立即停止，而要做些一些身体放松的活动，使激烈运转的身体机器逐渐地停顿下来。

这个缓冲阶段很重要，因为“急刹车”不仅不利于疲劳的消除和能量物质的恢复，而且会给身体带来危害。

上升、平稳、下降是人体在体育活动中各器官活动能力变化的客观规律，在组织儿童开展体育活动时要遵守这个规律。要注意，热身准备和放松活动都是不可忽视、不可减少的环节。

真题解析

（2017 年上半年《保教知识与能力》考题）下列最能体现幼儿平衡能力发展的活动是（　　）

A. 跳远　　B. 跑步　　C. 投掷　　D. 踩高跷

【答案解析】D。踩高跷能够发展幼儿的平衡能力。

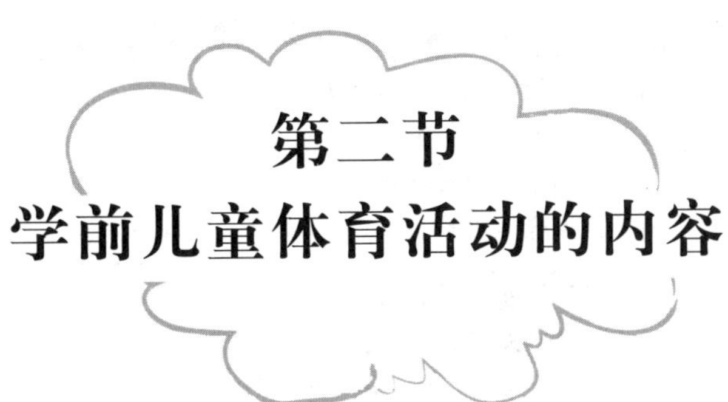

第二节 学前儿童体育活动的内容

一、学前儿童基本动作练习

基本动作是人体最基本的活动能力，既受遗传因素的制约，又受环境教育的影响，包括走、跑、跳、投掷、攀登和钻、爬，这是人们在生活和生产劳动中的实用技能，也是锻炼身体的重要手段。基本动作游戏是幼儿园体育的主要内容之一。

幼儿基本动作的练习与身体素质的培养有密切的关系。基本动作的练习不仅能提高幼儿的基本活动能力，还能提高幼儿的身体素质，促进机能协调发展，增强体质。

（一）走步

走步，也称为行走，是人体位移最基本、最自然、最省力和最容易的一种周期性运动方式。走步是人类日常生活中最基本的活动能力，学龄前阶段正是走步能力发展的重要时期，幼儿经常进行步行或一定距离的行走，可有效地增强肌肉、骨骼、关节、韧带的力量，提高身体的协调性、平衡能力。同时，走步也是一项以有氧代谢为主的身体运动，因此很适合学前儿童练习。

各年龄段走步动作发展的主要内容

年龄段	活动内容参考
3—4岁	(1)在指定范围内四散走。 (2)一个跟着一个走。 (3)模仿各种动物走。 (4)短途远足等。
4—5岁	(1)听信号有节奏地走。 (2)用脚尖走、蹲着走。 (3)在物与物之间、平衡板上走。 (4)倒退走、上下坡走等。
5—6岁	(1)听信号变速走、换方向走。 (2)快速走。 (3)一对一整齐地走。 (4)较长距离的远足等。

(二)跑步

图8-2-1　幼儿跑步图

跑步是人类移动最快的一种周期性运动。在幼儿日常生活中,跑步既是最基本的活动技能,又是锻炼身体的重要手段之一。跑步时几乎全身各个部位的肌肉、内脏器官都要参与活动,因此让学前儿童经常参加适当的跑步活动,可有效地提高心肺功能,以及下肢的力量、速度、灵敏性、耐力等。

各年龄段跑步动作发展的主要内容

年龄段	活动内容参考
3—4岁	(1)一个跟着一个跑。 (2)听信号跑。 (3)在指定范围内四散跑。 (4)100米慢跑、走跑交替等。
4—5岁	(1)在一定范围内四散追逐跑。 (2)20米快跑。 (3)往返跑。 (4)绕障碍跑。 (5)接力跑。 (6)100—200米慢跑、走跑交替等。
4—5岁	(1)听信号变速跑或改变方向跑。 (2)四散追逐跑、躲闪跑。 (3)在狭窄的小道上跑。 (4)高抬腿跑、大步跑。 (5)慢跑、走跑交替200—300米等。

(三)跳跃

跳跃动作具有较强的实用性,内容也丰富多彩,深受幼儿的喜爱。跳跃活动对幼儿腿部的肌肉力量、爆发力、弹跳力、协调能力等都有很好的促进作用。

各年龄段跳跃动作发展的主要内容

年龄段	活动内容参考
3—4岁	(1)较长距离并双脚连续向前跳。 (2)原地纵跳的同时用手触物。 (3)跨过一条小水沟等。
4—5岁	(1)立定跳远。 (2)单脚连续向前跳。 (3)双脚交替跳。 (4)单、双脚轮换跳。 (5)由较高处往下跳等。
4—5岁	(1)行进向前侧跳。 (2)向前、向后、向左、向右变换跳。 (3)转身跳。 (4)助跑跨跳。 (5)跳绳、跳皮筋、跳蹦床等。

（四）投掷

投掷是发展儿童上肢肌肉力量、身体协调能力以及结合器械对投掷物进行有效控制的重要途径。投掷属于非周期性动作，一般分为掷远和掷准两类。

掷远，也称投远，以将投掷物尽可能投得更远为目的。掷准，也称投准，其目的为将投掷物击中指定目标。掷准动作不仅需要一定的力量，更需要良好的目测能力，因此，掷准动作比掷远动作相对要难一些。

各年龄段投掷动作发展的主要内容

年龄段	活动内容参考
3—4岁	（1）单手自然地向前上方、向远处挥臂掷物。 （2）双手向前、向后抛掷投掷物。
4—5岁	（1）肩上掷远。 （2）滚球击物。 （3）一定距离的掷准等。
4—5岁	（1）半侧面转体肩上掷远。 （2）将小物体投进目标物内。 （3）双手胸前投篮。 （4）用小圈套住前方物体。 （5）较远距离的掷准等。

（五）攀、钻、爬

图8-2-2　幼儿攀登图

攀的动作可以增加幼儿全身的力量，尤其是手的抓力和腿部力量，也有利于协调性、灵敏性和平衡能力的发展，还能培养幼儿勇敢、顽强、沉着、谨慎的心理品质。

钻的动作可发展幼儿的腿部和背部的肌肉力量，增强动作的灵敏性、柔韧性和协调性等身体素质。

爬行需要人体上下肢以及躯干的协调配合。学前儿童各方面力量较弱，但不论哪个年龄段，爬行练习都能对孩子的四肢肌肉力量、背肌力量、腹肌力量以及动作的协调性和灵敏性产生积极的促进作用。

各年龄段攀、钻、爬动作发展的主要内容

<table>
<tr><th rowspan="2">年龄段</th><th colspan="3">活动内容参考</th></tr>
<tr><th>攀</th><th>钻</th><th>爬</th></tr>
<tr><td>3—4岁</td><td>(1)攀登肋木。
(2)攀登较低矮的攀登设备等。</td><td>(1)正面钻。
(2)钻过小山洞。</td><td>(1)爬过低矮的障碍物。
(2)倒退爬。</td></tr>
<tr><td>4—5岁</td><td>在各种类型的攀登器上自由攀登等。</td><td>(1)钻过长长的小山洞。
(2)侧面钻。</td><td>(1)猴子爬。
(2)肘膝着地爬。</td></tr>
<tr><td>5—6岁</td><td colspan="3">(1)在各种类型的攀登设备上完成各种手脚交替等动作。
(2)攀爬斜坡。
(3)攀爬竹竿、绳索。
(4)在各种障碍物下灵活地各种钻、各种爬。</td></tr>
</table>

【实例链接】

小动物走(中班)

◇游戏目标

在游戏情境中模仿各种动物的行走方式，发展下肢力量。

◇游戏准备

教师告诉幼儿，大家一起去森林里，看看都有什么动物。

◇游戏玩法

在一定范围内，幼儿跟随教师的口令，做出相应小动物的行走动作。教师：森林里有小白兔，小白腿跳一跳(幼儿模仿小白兔跳)；森林里有乌龟，小乌龟爬一爬(幼儿模仿小乌龟爬行)；森林里有小马，小马跑一跑(幼儿模仿小马跑动)。

二、学前儿童体育游戏

体育游戏，也称为运动游戏或活动性游戏，是根据一定的体育任务设计的，由身体动作、情节、角色和规则组成的一种活动性游戏，是学前儿童体育活动的一种主要组织形式。

（一）学前儿童体育游戏的意义

1. 锻炼幼儿身体

反复在游戏中进行一种或两种及以上的身体动作练习，可使这些动作更加熟练，动作能力得到提高。

2. 获得良好的情绪体验

激发幼儿对体育活动的兴趣，提高积极性和主动性，培养活泼开朗的性格。

3. 培养幼儿良好的品质和社会适应能力

体育游戏有一定的规则，有规则要求才能保证游戏顺利进行。这就需要幼儿学会控制自己的行为，遵守规则。

4. 促进幼儿认知能力的发展

游戏中要求幼儿注意力集中，具有一定的观察能力、记忆能力，要求思维活跃等，并且包含许多简单的基础知识。

（二）体育游戏的分类

按游戏组织的形式分类：集体游戏、分散游戏。

按基本活动能力分类：走的游戏、跑的游戏、跳跃的游戏、投掷的游戏、钻的游戏、爬的游戏。

按身体素质的培养分类：力量的游戏、耐力的游戏、速度的游戏、灵敏性的游戏。

按有无情节分类：情节性游戏、无情节性游戏。

按有无运动器械分类：徒手游戏和运动器械游戏。

按不同的运动器械分类：球的游戏、圈的游戏、绳子的游戏、木棒的游戏、沙包的游戏、平衡板的游戏、垫上游戏。

按游戏的性质分类：规则性游戏、主题性游戏、探索性游戏、表现性游戏。

各年龄阶段体育游戏的特点

项目	3—4岁	4—5岁	5—6岁
内容动作	简单。	内容稍微复杂，有情节和追逐性游戏。	竞赛性游戏，内容丰富、将体力与智力相结合，动作增多，难度增大。
情节	简单。	复杂性增加。	较复杂。
角色	角色少，以幼儿熟悉的角色为主。	增多。	较多，与情节的关系更复杂。
规则要求	简单，不带限制性。	较复杂，带有一定限制性。	较复杂，限制性较强。
结果	幼儿不太注意。	幼儿有所在意。	喜欢有胜负的结果。
活动方式	集体做一种动作，共同完成一项任务。	出现两人、三人合作的游戏。	合作性游戏增多，增强了组与组的合作。

【实例链接】

小羊找朋友(大班)

◇游戏目标

发展幼儿身体的灵敏性及奔跑能力，引导幼儿善于思考和观察，遵守游戏规则。

◇游戏准备

老师告诉幼儿，小朋友们都是小羊，你们跟着“妈妈”在草原上奔跑，看哪只小羊跑的时候不和别的小羊碰在一起。当听到“妈妈”的口令后，要做出相应的动作。

◇游戏玩法

幼儿跟随教师在一定范围内四散跑，边跑边根据教师的游戏信号做动作。教师随机发出的指令为：小羊快快跑（快跑）、小羊慢慢跑（慢跑）、小羊变变变（原地站住摆造型）、小羊抱一抱（两两相抱）、小羊拉拉手（三人拉圈）。

◇指导建议

教师及时观察并提醒幼儿注意四散跑时的方向，不要碰撞。

三、学前儿童基本体操

学前儿童体操是幼儿园体育活动的主要内容之一。通过头部、四肢、躯干等协同一致的大肌肉群的活动等，能使幼儿逐渐形成良好的体态，促进身体机能的生长发育，主要包括队列队形、模仿操、徒手操、轻器械操等。

（一）学前儿童体操的基本内容

1. 队列队形

队列队形练习是体育教学中的重要内容之一，幼儿按照一定的队形，做协同一致的动作。

队列队形练习使幼儿适应集体活动，遵守集体活动的规则和纪律，同时可发展幼儿的方位感。

教师在下达口令时应注意：首先，掌握好音节，有节拍，预令、动令有明显的节奏。然后，音色、音量不要平均分配，起音要低，由低向高拨音，如“向右看——齐”，“齐”字发音要高。最后，突出主音，把重点字的音量加大，如“向左——转”，要突出“左”字；“向前两步——走”，要突出数字。

幼儿的队列队形练习要求不能过高，更不能与成人或小学及以上在校学生的要求同等。

2. 模仿操

模仿操具有动作夸张、生动有趣、容易激发幼儿的兴趣、便于幼儿掌握等特点，可分为动物模仿操、运动模仿操、生活模仿操、劳动模仿操等。

3. 徒手操

徒手操是指不拿任何器械通过头颈部、四肢、躯干等部位动作的协调配合，有节奏、有规律地进行举、摆、绕、振、踢、跳跃等成套动作。徒手操具有动作简单规范、节奏鲜明、易于幼儿掌握等特点。它包含韵律操、武术操等。

4. 轻器械操

轻器械操是在徒手操的基础上，手持器械做出各种动作。器械操具有色彩丰富、响声与动作多变等特点。常见的器械有轻器械(哑铃、红旗、棍棒等)、辅助器械(凳子、垫子、皮筋等)。

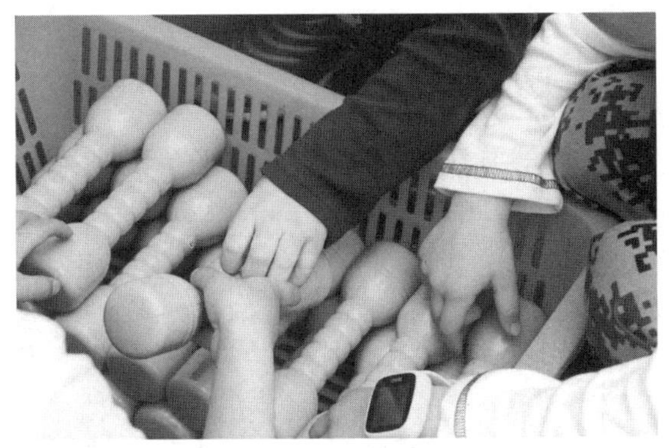

图8-2-3　轻器械图

(二)学前儿童基本体操编排原则

1. 科学性原则

编排整套操,必须遵循人体运动的生理规律,即运动量由小到大,逐步上升,动作由慢到快,由易到难。因此,学前儿童早操活动各环节的运动负荷量的曲线变化必须遵循“曲线上升、波形进展、曲线下降”的一般规律。在具体编排时,一般先是从运动量较小的如踏步运动、队列队形练习等活动和项目开始,使儿童身体机能由原来的安静状态尽快转入兴奋状态;接着安排运动强度和难度较大的操节运动,使活动量迅速增加,并出现第一次运动负荷的高峰;然后转入体能训练环节,利用身体或器械练习走、跑、平衡、跳和钻等基本动作,此环节要加大练习的密度和强度,使运动负荷出现第二次高峰;最后进入放松环节,安排一些较平静的身体活动或一些缓和的律动,使运动量逐步下降,身体机能由兴奋状态逐步转入安静状态,这样才能体现创编的科学性,达到预期的锻炼目的。

体操锻炼一般包括头颈、四肢、躯干等一系列不同的动作练习,按照人体的生理机能活动规律,动作创编必须遵循从头至脚、从四肢到躯干、由局部到全身、由慢到快、由易到难的顺序来编排。如基本体操动作编排可以按照这样的顺序:踏步—头部—扩胸—体侧屈—体转—腹背—踢腿—全身—跳跃—整理。

2. 适龄性原则

由于不同年龄段儿童的生理和心理发展存在一定的差异性,因此在编排体操活动时要根据儿童的年龄特点,从类型、早操结构、动作难度、拍数、节奏、时间、运动量等方面要有不同的要求。一般来讲,小班的动作简单易学,富有趣味性，能边念儿歌或边听音乐做模仿操或徒手操，对动作正确性的要求不高，模仿得像就行了；中班儿童可以做简单的轻器械操，开展简单的队列队形练习，要求他们的动作比较整齐，有一定的力度；大班儿童要求能随音乐节奏做徒手操和轻器械操，动作要合拍，并要尽可能正确和准确，动作效果统一规范和整齐等。

各年龄段学前儿童基本体操编排的特点①

年龄段	早操类型	动作难度	基本结构	拍数	节奏	运动量	时间
3—4岁	以模仿操为主，可做简单的徒手操。	动作较简单、对称、变化小。	热身活动－基本体操－音乐游戏。	二八拍，或者按儿歌的节拍。	较慢，变化小。	较小。	8—9分钟。
4—5岁	以徒手操为主，可做简单的轻器械操。	动作有一定的难度和变化。	热身活动－队列队形练习－基本体操－体能训练－音乐游戏。	二八拍。	有快有慢，变化较小。	增大。	9—10分钟。
5—6岁	早操类型更丰富，开始学习较难的轻器械操，徒手体操一般采用韵律操、武术操方式等。	动作变化多，动作难度较大。	热身活动－队列队形练习－基本体操－体能训练－放松活动。	二八拍。	有快有慢，变化较多。	较大。	11—12分钟。

3. 时代性原则

音乐是学前儿童体操之“魂”，不同时代的人们对于音乐的选择有其独特的审美倾向。对于幼儿来讲，他们喜欢的音乐都来源于他们熟悉的生活，这样的音乐他们能很快地接受和适应，能更好地将音乐和动作结合。而对于教师来讲，这些音乐是时下社会的产物，他们能很快地理解并将所感悟的情感传递给幼儿，起到事半功倍的效果。因此，教师在编排的时候要考虑到时代性原则，尽可能选择一些幼儿和教师熟悉的音乐，如动画片主题曲、民族民间乐曲、古典乐等，同时要注意音乐的选择要尽可能儿童化，要有童趣，另外盲目追求时尚的流行歌曲也是不可取的。

①陈雅芳主编．学前儿童健康教育与活动指导[M]．教育科学出版社，2012.8:145（引用时有改动）

4. 简易性原则

学前儿童体操创编的基本要素是音乐选择、动作编排和队列队形设计。无论是对于音乐的选择、动作的编排还是队列队形的设计，都应该力求简单易学，难度不要太大，花样不要过多，不要超出幼儿的接受能力。一般来讲，一套新操教几次后，幼儿能粗略掌握，能配合着音乐做，这样的难度是比较适合幼儿的，如果难度过大，会影响幼儿参与的积极性以及锻炼效果。

四、学前儿童器械运动

器械运动可激发幼儿的运动兴趣，能使幼儿获得由多种运动刺激引起的舒适感和愉悦感，同时可以扩大幼儿之间的交流与接触，提高幼儿自主探索、交流、合作的积极性。

(一)固定性运动器械

图8-2-4 攀爬设备

固定性的运动器械主要包括滑行类(各类滑梯、滑板)、摇摆类(秋千、浪船)、旋转类(转椅)、颠簸类(跷跷板)、攀登类(攀登架、爬网)、钻爬类(铁架地道)、弹跳类(蹦床、充气城堡)等大中型运动器械。

处于婴儿时期的孩子十分喜欢被大人抱起来轻轻摇摆的感觉，这样能使他们的情绪逐渐恢复平静，并且愉快。而当他们长大后，却依然想继续体验这样的感觉，所以我们必须为幼儿提供摇摆、颠簸的器械，比如秋千等。在颠簸、摇摆的过程中，幼儿会感到惊险、刺激和兴奋，他们可能会想象自己是在坐一架飞机，甚至是宇宙飞船，愉快的心情就此产生；幼儿坐在摇摆、颠簸的器械上更需要通过自身的力量、平衡能力时刻调整自己在器械上的身体状态和位置，以保持重心。

因此，这不仅能使幼儿获得愉快的体验，更能促使幼儿平衡能力、协调能力、肌肉力量等身体素质的发展。

婴儿一旦开始学会爬行，就会向各个物体上攀爬，如果父母将孩子抱起来，他们则会在父母的身上攀爬。而当他们会站立、行走之后，更是酷爱攀爬，成人应当理解幼儿的这种行为，在安全的前提下，允许他们自由地进行攀爬活动。

对于幼儿年龄大一点时，可以让他们去攀爬各种攀爬设备，登小山，甚至可以鼓励他们爬树。

（二）中小型移动性运动器械

图8-2-5　自制体育器材

每种器械都有不同的锻炼目标，同时可以有“一物多玩”的游戏方法。尤其是中小型器械和自制的简单器材。

圈、袋类：塑料圈、呼啦圈、铁环、跳袋等。

绳、棒类：皮筋、跳绳、体操棒等。

运行类：三轮脚踏车、平衡车、滑板车等。

钻爬类：钻杆、隧道、拱形门等。

投掷类：篮球架、沙袋、手靶、脚靶等。

自制简单器材：毽子、沙包、梅花桩等。

（三）球类活动

各种大小的球，均可提供给幼儿进行活动、玩耍，深受幼儿的喜欢，如塑料球、气球、乒乓球、保龄球等。利用各种球，幼儿可进行滚、抛、拍打、踢等活动。球类活动对于幼儿的四肢协调、力量、柔韧性、协调性以及视觉运动能力等都具有重要的价值。

1. 篮球

篮球活动可在练习基本动作“投掷”的基础上组织幼儿开展，能进一步提高幼儿投掷动作的能力以及动作的协调性、灵敏性。

幼儿的篮球活动主要以抛接球、掷准动作为主，再增加追逐、抢球等内容，还可培养幼儿的团结合作的能力与态度。

2. 足球

足球活动内容丰富多彩，幼儿可以练习用脚来控制球的简单技巧，深受幼儿喜欢。足球活动可使幼儿腿部的肌肉力量、耐力得到增强，还可提高下肢的灵活性、协调性以及柔韧性，发展腿部动作的控制能力及整个身体的平衡性、协调性与灵敏性。可组织幼儿进行人数较少、规模较小的足球比赛，在身体活动的同时教育幼儿要遵守规则，培养果断、勇敢的良好品质和集体意识。

为幼儿选择篮球、足球的器材时应注意要选择较为柔软、适合幼儿玩耍的球，如橡胶球、儿童篮球、儿童足球等。

真题解析

（2013年上半年《保教知识与能力》考题）根据《幼儿园教育指导纲要（试行）》，幼儿园体育教育的重要目标是（　　）

A. 培养运动人才

B. 获得比赛奖项

C. 培养幼儿对体育的兴趣

D. 训练技能

【答案解析】C。幼儿园体育的重要目标是培养幼儿自主参与体育锻炼的兴趣和良好的习惯，体验运动的快乐，增强体质，发展幼儿的身体素质和初步的运动能力，提高幼儿的健康水平，为幼儿一生的可持续发展奠定基础。

（2016年上半年《保教知识与能力》考题）为了让幼儿在户外运动中一物多玩，最适合的做法是（ ）

A. 教师集体示范　　B. 幼儿自由探索

C. 教师分组讲解　　D. 教师逐一训练

【答案解析】B。户外活动中让幼儿自由探索，可以鼓励幼儿的发现性学习，打破运动器材本身的局限性，促进幼儿的创新意识，从而达到一物多玩的目的。

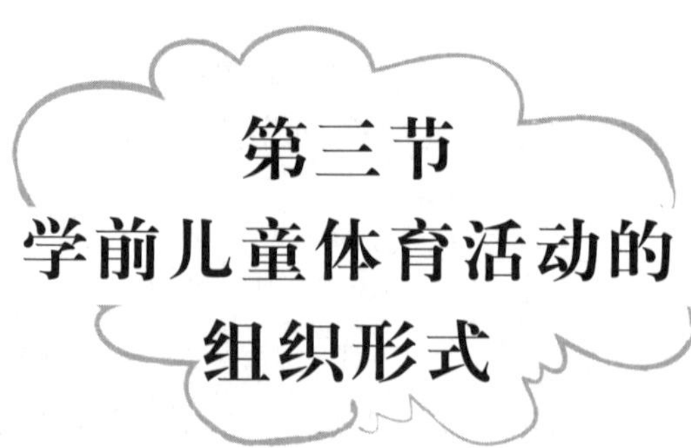

第三节 学前儿童体育活动的组织形式

幼儿园的体育活动组织形式多种多样，包括早操活动、体育课、户外活动、室内活动、运动会、远足等。各组织形式都具有自身的特点，教师应结合幼儿园的实际情况选用多种组织形式进行合理的设计，以实现幼儿体育活动的目标。

一、早操

早操是早晨开展的体育活动组织形式，是开启一天生活的体育锻炼。不能简单地认为早操活动只是做简单的幼儿体操，而是早晨进行活动的总称。

（一）早操活动的基本内容

早操活动一般包括以下基本内容：

（1）一定时间和距离的走、跑交替热身活动。

（2）排队和变换队形的练习。

（3）模仿操、徒手体操或轻器械体操等操节练习。

（4）简单的舞蹈律动动作。

（5）负荷量不大的集体体育游戏，分散玩（自选）器械活动等。

由于季节、气温及各幼儿园场地、器械存在差异，不同幼儿园、不同班级选择的活动内容必然存在差异，但基本上由以上内容组成。

（二）早操活动的基本结构设计

早操活动的结构是指一次早操活动中各个环节的安排以及各环节中的活动内容、组织工作的安排顺序和时间的分配等。[①]早操活动的结构没有固定模式，一般常用五段式结构，也有三段式、四段式结构。学前儿童早操基本结构一般可分为五个部分：热身运动、队列队形练习、操节运动、体能运动和放松活动。

1. 热身运动

热身运动也叫作入场、热身环节，它是早操的起始环节，目的在于组织和集中学前儿童的注意力，让儿童身体各器官组织的机能由安静状态迅速进入运动状态，为做操和其他身体锻炼活动的开展做好准备，达到热身的目的。入场环节一般选取节奏欢快、中速行进的带歌词的音乐比较好。儿童在入场环节可以边从活动室走到活动场地，边做手上舒展类或情景类动作，如：拍手、绕环、扩胸、开火车、慢跑、慢踏步等。热身环节，也可以选择一些小型或者小范围内的游戏活动。

2. 队列队形练习

队列队形变化与训练，也是热身运动的一种延续，为学前儿童的早操活动做好充分准备。小班主要是练习一个跟着一个走；中班可以进行简单的队形变换。如：切段分队走，从纵队变为走圆圈等；大班则可以练习左右分队、并队走，原地向左右转、花样走等。此环节选取的音乐一般是进行曲音乐，节奏适中，变换明显，铿锵有力，多是二八拍或四八拍。如《玩具进行曲》《刨冰进行曲》《快乐进行曲》等。

3. 操节运动

操节运动是早操活动的主要部分，是指学前儿童在音乐伴奏下做各类基本体操，是锻炼儿童身体各部分动作的重要内容。教师在创编中要根据本地区、本园、本班儿童的动作发展特点，因地制宜、因人而异地创编各种操节，以促进儿童身心健康。从早操的形式看，有徒手操和轻器械操。其中徒手操又包括徒手体操、模仿操、韵律操和武术操。

①黄保法，陈丽影．对早操活动结构的探讨[J]．早期教育，2000，(13)：32-33.

徒手操的主要类型及特点

体操类型	儿歌或配乐	动作特点	适合年龄段
徒手体操	欢快活泼、旋律简单优美、节奏感较强的儿童音乐。	徒手操主要由规范的基本动作组成，一般包括八大基本操节：如头部运动、上肢运动、扩胸运动、体侧运动、体转运动、腹背运动、跳跃运动、整理运动等。与模仿操相比，徒手操更加强调动作的节奏、动作编排的规律和动作的规范化。	小班、中班、大班皆适宜。
模仿操	形象性强，常常与儿歌相配合，幼儿容易理解，容易记忆。	模仿操包括模仿生活、劳动、军事技能和其他运动项目的动作，模仿动、植物的动作。对动作正确性的要求不高，模仿得像就行了，幼儿容易学会并掌握。形式和内容丰富多样，自由活泼，幼儿可以自由发挥。	小班开展得比较多。
韵律操	欢快活泼、旋律简单优美、节奏感较强的儿童音乐。	韵律操将简单的舞蹈动作、律动动作与徒手体操动作有机地结合。注意：应尽量减少臀部的震动、扭动或摇摆。	大班较多开展。
武术操	雄浑、刚劲有力。	由武术动作组成，如冲拳、击掌等。动作快速有力，节奏明快，能表现出勇武有神的气概。	大班开展得较多。

轻器械操是指学前儿童在徒手操的基础上，手持较轻的器械所做的各种体操动作练习。轻器械操一般适用于中、大班的幼儿。幼儿园常做的轻器械操有易拉罐操、纸棒操、筷子操、铃操、小红旗操、球操、铃鼓操、圈操、棍棒操、花操等。

轻器械操除了具有徒手体操的动作要求以外，还需要根据所持器械的特点，做一些特殊的体操动作，例如，哑铃操需做各种击铃动作，小红旗操需做刚劲有力的拉臂动作，铃鼓操需做拍鼓、摇铃的动作，球操需做托球、举球的动作等。这样便增加了体操动作的难度，加大了活动量，同时提高了儿童参与活动的兴趣和积极性。

4. 体能运动

体能运动是操节的补充，目的是让儿童在音乐伴奏下，利用身体或器械练习走、跑、跳、钻、爬等基本动作，发展儿童身体的协调性、灵敏性等体能素质。早操中的体能运动一般都采用密度大、运动频率高、时间短、动作简单、趣味性强的体育器械游戏，或是一些运动量大、情节简单的音乐游戏。

5. 放松活动

放松活动是早操的结束部分，一般通过安排一些较平静的身体活动或做一些轻快的律动、歌舞表演、放松小游戏等，让学前儿童在愉快轻松的气氛中逐渐放松，使身体机能由兴奋状态逐步转入安静状态。例如，放松活动可以让儿童便步走，边走边要求儿童做呼吸，也可以做些放松动作，并适当做些柔韧性和静力性练习动作，使儿童心率逐步恢复正常，让儿童在愉快轻松的气氛中逐渐放松，待儿童呼吸均匀，情绪稳定后，走回活动室。

二、体育教学活动

体育教学活动是依据各个年龄段幼儿的体育活动目标和发展的需求，有目的、有计划的，以全班或小组形式进行的教学活动的方式。幼儿体育教学的内容包括身体基本技能的练习、基本体操的练习和提高身体素质等方面，主要以体育游戏为主要的活动形式，并且必须遵循幼儿的身心发展特点和规律，避免成人化、小学化等。

(一)学前儿童体育教学活动的目标设计

1. 目标表述应明确、具体，便于检测

活动目标的表述应该明确、具体，便于检测，不能过于笼统、空泛和抽象。一个完整的活动目标表述应包括发展内容和发展水平两个部分。如下：

学会跳绳动作，能连续跳3次以上。

改进从高处往下跳的落地动作，做到主动屈腿缓冲，动作轻稳。

发展立定跳远能力，做到起跳时蹬腿和摆臂协调一致，落地轻稳，跳跃距离不少于50厘米。

目前制定活动目标普遍存在的一个问题是：目标内容结构不完善，过于笼统、空泛。如“练习立定跳远”、“发展助跑跨跳能力”、“学会跳绳动作”等，只有发展内容，没有对可能达到的发展水平进行具体描述。

2. 目标表述全面而有重点

“全面”是指活动的目标内容应包含通过开展活动所能获得的发展效益的诸

方面，应贯彻全面育人的教育目标，不能只提发展动作或体能。一般来讲，可以从情感、认知、技能三个方面来进行表述。如小班体育教学活动“小山羊找妈妈”，其目标表述如下：

情感目标：愉悦幼儿的身心，让幼儿喜欢参加体育活动，在活动中增强成功感和自信感。

认知目标：发展观察、分析、判断能力，培养模仿、创新、竞赛意识与能力。

技能目标：学会“小山羊找妈妈”游戏，改进变向跑、钻、爬和躲闪动作，学会简单的“远离对手”、“以逸待劳”躲闪策略，发展四散追、捉、跑能力，提高身体协调性和灵活性。

“重点”是指每次活动只能集中精力重点发展某一项或几项能力，不要面面俱到地“蜻蜓点水”式地去练、去指导，毕竟活动时间、人的精力总是有限的。

3. 目标确定的难度适当，具有一定的挑战性

目标的难度要适度，符合该年龄阶段大多数儿童在基本动作发展和体能素质方面的基本要求，目标确定同时要有一定的挑战性，应是经过一定的努力后才能达到的。过难，儿童望而生畏，经过努力仍然无法达到，就会挫伤锻炼的积极性；过低，则难以发挥和发展他们的发展潜能。

（二）活动内容的选择与分析

活动内容是为了达到体育教学活动目标而选用的体育知识和技能的体系。当前市场上有众多的体育教学参考书，教师应根据教育性、科学性、兴趣性和可行性等原则选择和改编体育教学内容。在选择活动内容时，需要做以下分析：活动内容的广度分析方面，幼儿必须达到的知识和技能的范围有哪些？活动内容的深度分析方面，幼儿必须达到的知识深浅或技能复杂的水平如何？各活动内容之间有什么联系？教学内容的先后顺序如何安排？这些内容能引发和满足幼儿的兴趣和需要吗？

在选择具体的活动内容时还应当兼顾递进关系和合理重复内容，即由简而难、由轻而重、由短而长。递进的内容需要经常反思与调整，要按螺旋式呈现教学内容。如：手膝爬→手足爬→肘膝爬。

此外，还要考虑与正在实施的主题活动相配合，通常是以基本动作为核心，利用主题做活动设计背景。如主题是“春天来了”，在设计“走”的基本动作时，可以让儿童模仿动物走的动作，同时运用其他领域如语言、社会、科学等儿童已经

学过的知识，创造和设计以学习动作为主的活动内容。

（三）活动条件的准备

设计活动必须从幼儿园主客观条件出发，要实事求是地全面分析本园教师自身的体育专业素养、分析幼儿人数以及场地设备的条件。各地区（如南方和北方，东部和西部地区）、各幼儿园（如公办和民办）、各个季节可利用的课程资源有很大的差异。比如在北方的冬天，可以开展“雪孩子”为主题的体育教学活动，设计“雪孩子滚雪球”、“雪孩子护送果子”的体育游戏情节；在南方的夏季，可以开展以“水”为主题的体育教学活动，设计“打水仗”的体育游戏情节；地处农村的幼儿园，虽然没有城市幼儿园那种塑料器械，但可以就地取材，利用稻草、竹竿、木桩等材料来开展体育教学活动。

此外，要注意观察幼儿动作发展的经验与水平，地区和园之间可能有差异，个别幼儿之间也会有差异，据此调整相应的体育教学目标和内容。如选用“小青蛙跳荷叶”作为发展立定跳远能力的活动，就应了解幼儿的跳准能力、模仿能力和观察能力以及对青蛙的认识。

（四）活动过程的设计

学前儿童体育教学的活动过程一般包括三个环节：第一阶段为开始部分，也叫准备部分（引导热身、故事化引导、音乐律动带动、口令带动等）；第二阶段为基本部分（动作教学、发展体能的游戏等）；第三阶段为结束部分（放松、总结、归还器材等）。

体育教学活动各个环节的任务、内容与时间安排

环节	任务	内容	时间占比
开始部分	集中儿童注意力，引发他们参与学习和运动的积极性，同时通过热身活动，克服身体各器官、组织的惰性，提高其活动能力，为活动做好适应性准备。	做一些简单的队列队形练习，向儿童说明活动的要求和主要内容；做一些基本的体操和模仿操；开展一些运动负荷不大、有利于发展儿童体能的游戏；进行一些简单的舞蹈和律动等。	10%—20%
基本部分	学习新的或较难的活动内容，巩固和提高已学过的各类动作和游戏等。	基本动作教学；幼儿操的学习；发展体能的游戏等。	60%—80%

（续表）

环节	任务	内容	时间占比
结束部分	通过一些放松身体的游戏或动作使儿童肌肉放松，疲劳消除，让身体由兴奋状态逐渐恢复到安静状态。	轻松自然的走步；徒手放松练习；简单、轻松的操节或舞蹈；安静的游戏；简单的评价与小结；组织儿童收拾场地与器材等。	10%—20%

三、户外体育活动

（一）户外体育活动的意义

户外体育活动是幼儿园体育活动重要的组织形式之一，也是幼儿喜爱的体育活动形式之一，它能使幼儿在自然环境中进行体育活动，呼吸新鲜的空气，感受阳光，对提高幼儿对自然环境变化的适应能力，增强抵抗力都具有积极作用。

（二）户外体育活动的内容

1. 利用各种大、中、小运动器械

利用各种大型运动器械活动，如攀岩墙、滑滑梯、荡桥等；中型运动器械活动，如独轮车、高跷、自行车等；小型运动器械活动，如球、圈、沙包、纸棒等。

图 8-3-1

图 8-3-2

图 8-3-3

图 8-3-4

2. 利用环境的户外体育活动

利用小山、小桥等进行攀爬，或赤脚在鹅卵石上、田埂上走或跑等。

图 8-3-5

3. 体育游戏

在户外时，可利用各种自制玩具，如废报纸、易拉罐、饮料瓶等进行各项游戏。

4. 体操

在户外的时候可让所有年龄段的孩子进行集体幼儿操，如徒手操、模仿操等。

四、室内体育活动

室内体育活动是指在室内进行的各种体育活动的总称。不受天气的影响，所以能保证幼儿每日体育活动的开展，在内容、形式、目标等方面与户外体育活动相互补充。

（一）室内体育活动的意义

（1）在气候不佳的情况下，依然能开展每日体育活动，保证幼儿每日体育活动不少于一小时。

（2）丰富幼儿体育活动形式。

（3）由于室内空间的局限性，幼儿参与活动时必须轮流进行，能让幼儿学会等待与遵守规则。

（二）室内体育活动的注意事项

1. 将室内活动纳入幼儿园体育活动计划

要充分利用多余的教室或其余空间，并划分和安排好各个年级、班级的活动室以及器材。

2. 科学合理地安排室内体育活动

由于室内体育活动的场地或器材有限,应根据活动性质、人数选择合适的室内空间和器材。桌子、椅子、柜子、楼梯等,这些在户外并不是理想的体育器材,但在室内便成了主要的活动道具。在室内尽可能地让幼儿脱去鞋袜,赤足参加体育活动,这有利于幼儿脚底的触觉、运动感觉的发展。

3. 重视运动卫生工作

在室内开展体育活动时,要注意室内空气的流通,应将窗户打开,保持空气流通;教师需要全面观察,进行指导和帮助,以防幼儿在活动过程中受伤。

五、区域式体育活动

幼儿园区域式体育活动,是指根据幼儿园体育活动目标、内容和要求,在幼儿园内打破班级界限,因地制宜地创设若干运动区域环境,投放不同的运动器材,让幼儿自主选择、自由结伴,自主运动的一种体育活动组织形式。[①]

区域式体育活动是我国在20世纪90年代末逐渐开展的一种体育活动形式,它是一种特殊的体育活动组织形式,是针对传统户外体育活动内容和组织形式不够丰富而开展的一种新的探索和尝试,是对幼儿园体育活动基本组织形式的一种创新和补充。区域式体育活动是幼儿在一定的运动区域内自主自愿的游戏活动,与其他形式的体育活动相比,它有着环境的开放性、选择的自主性、内容的丰富性、组织的灵活性、人际交往的频繁性等特点。

(一)幼儿园区域式体育活动的环境创设

在创设区域体育活动环境中,我们可以充分利用本园的各种户外场地和器械资源、室内场所及社区环境,进行全面的规划,因地制宜、充分开发。区域体育活动环境的创设,应尽量体现出种类多样、搭配合理、季节特点鲜明等特征。

在区域设置上可以按基本动作划分,如:走跑区、跳跃区、投掷区、攀爬区、平衡区、综合区等;也可以按场地或器材特点来设置,如:玩球区、玩车区、嬉水区、玩沙区、轮胎区、勇敢者道路区等;如果球类活动较为丰富,还可以更细致地划分为足球区、篮球区、小球区等。在区域设置上既要有活动量大的,也要有活动量较小的;既有发展幼儿上肢动作的,也要有发展幼儿下肢动作的;既要有发展基

---

① 黄保法.我看区域体育活动[J].幼儿教育,2003(13):11.

本动作的，也要有练习综合身体素质的。在活动实施过程中，各区域既要保持相对稳定，又要根据季节变化、安全性、可操作性等特点进行适当的调整，以不断适应幼儿活动与发展的需要。①

图8-3-6 平衡区

幼儿园户外区域运动环境设计指标

功能分区	区域内容		
以动作划分	走跑综合区	平衡跳跃区	钻爬投掷区
以器械特点划分	球类区	车类区	感觉统合区
以场地划分	沙水区	轮胎区	球类区

各季节不同区域设置情况表

春秋季	夏季	冬季
钻爬攀滚区	玩水区	攀爬区
跳跃投掷区	钻爬区	跳跃投掷区
走跑平衡区	玩沙区	跑跳区
综合区(一)	浇水区	综合区(一)
综合区(二)	平衡区	综合区(二)

①冷小刚．区域体育活动存在的问题与对策[J]．早期教育，2006，(12)：8-9.

湖北荆州实验幼儿园户外区域运动环境设计情况表[①]

场地	已投放或拟投放器材	区域名	命题缘由
东操场	原木攀爬架、原木索桥、大型户外综合玩具、自制玩具、荡桥、跷跷板、中型秋千与滑梯、平衡圈。	平衡园	该区平衡设施比较多。
西操场	自制攀爬墙、中型滑梯、自制攀爬架、鲤鱼攀爬、投球区、大型户外综合玩具。	攀爬园	攀爬设施多,而且不能移动。
东边草坪	攀爬组合、沙地、攀爬架、投掷沙包、大型滑索。	拓展园	多数项目都是考验儿童综合能力的。
北操场	投球、跳跃、走跑、自由活动等。	区域自由体育活动	大片空地,可以利用现有资源自由开展。
小树林	攀爬、索桥、自制绳索组合、滑梯、钻爬、推车、轮胎拖车。	野趣园	树木比较多,适合开展寻宝、喂养小动物、种植植物等活动。

(二)区域式体育活动的组织与管理

1. 区域式体育活动的组织形式

区域体育活动是幼儿完全自主自愿的户外体育活动,它与其他的户外体育活动在组织形式上有所不同,一般来讲,区域式体育活动的组织形式主要有班级固定式、班级轮换式、年级同龄活动式和混龄活动式等。

幼儿园区域式体育活动的组织形式[②]

组织形式	基本做法
班级固定式	以班级为单位,每次固定在一个区域内进行活动。班级在固定的场地投放相应的区域材料,教师跟着幼儿并进行观察、指导。本班幼儿在这个区域活动,这是区域体育活动开始阶段的主要形式。
班级轮换式	全园或全年级以班级为单位,依次轮换到各个区域开展活动的区域活动模式,它更注重有目的地使幼儿熟悉活动区域的场地和器材,形成区域活动的常规。每个班级幼儿在一个区域玩一到两次,再轮换到下一个区域。
年级同龄活动式	打破班级界限,以年龄班为单位,分大、中、小三个活动场地,幼儿在本年龄班中自由活动。它也可以延伸出就近区域活动式,即相近的2—3个区域由2—3个班级共同活动,等等。

① 李红.幼儿园户外区角运动环境设计与运用[D].武汉:长江大学,2015.

②范慧静.幼儿园区域体育游戏[M].北京:地质出版社,2004.(引用时有改动)

(续表)

组织形式	基本做法
混龄活动式	打破班级、年级界限,混龄编排,使不同年龄的幼儿共同在各个区域进行活动的一种模式。可以是中大班混龄,也可以是全园所有班级(包括小中大三个年龄班)同时参加的混龄区域活动。

除了以上几种主要的组织形式外,各幼儿园在具体实施中也可以根据实际需要,在不同实施阶段引申出不同组合的实施模式。比如,小班年级采用班级轮换制,中大班采用年级同龄活动式;中大班两个年级采用混龄活动式(大带小),小班采用年级同龄活动式等。一般情况下,在区域式体育活动开展初期,采用班级固定式和班级轮换式效果比较好;待教师和幼儿熟悉了各区域,初步形成了区域运动常规后再来开展年级同龄活动式,在年级同龄活动式基础上再开展混龄活动式。如果幼儿园班级数少、幼儿人数也少,也可以直接采用混龄活动式。

总之,各幼儿园在实施中可以根据本园场地、器械、班级和幼儿人数等情况循序渐进、有步骤地开展区域体育活动。

2. 区域式体育活动的管理策略

(1)区域标志管理策略

在活动初期,各区应具有明显的标志和确定的活动范围,以便幼儿了解区域的位置,可爱的标识也会引起幼儿参与游戏的乐趣。制作区域标志时要注意:要标明运动的方向路线,标明运动场地的范围,标明运动应遵守的规则,标志尽量要卡通化、儿童化,以便吸引幼儿的兴趣。教师在平时日常活动中注意引导幼儿理解各区域标志的含义,同时鼓励幼儿相互进行监督。

(2)常规管理策略

常规内容包括体育器材取放常规、体育器材使用常规、换区域的常规、依据指令常规(如音乐)等。教师要注意引导幼儿理解常规、制定常规和遵守常规。例如在区域活动开展初期,教师可以通过集体介绍、参观等形式向幼儿明确区域体育活动内容和各种玩具的玩法及规则;在器械摆放上,可以在各个区域配备相应的器械柜和玩具架,并设置明显的标志,方便幼儿有序取放器械;区域转换可以通过播放各类不同音乐进行调控,如:音乐A响起表示幼儿开始选择体育区域,音乐B响起表示幼儿要放下手中的体育器械去参加别的区域的活动,音乐C响起表示区域体育游戏的结束。

（3）场地管理策略。

年龄组错开活动（分时段）：户外体育活动场地面积过小，可以采取年龄组错开锻炼的方式，分年龄段、分时段进行班级区域活动。

全园同时活动（分版块）：场地比较大的幼儿园，根据各班情况，统一安排各班同时、有序使用活动场地。在条件允许的情况下，可将场地合理地进行分割划块，按不同的版块与区域进行不同的运动游戏，以多内容、大密度有效地开展幼儿户外体锻活动。

（4）器材管理策略

器材投放要整齐、有序；投放器材种类要适宜，注意主副器材的搭配；取放器材的场地要宽敞；谨慎投放新器材。

（5）人力资源管理策略

各区域的管理由专人负责。每个区域可以指定2–3名人员作为区域负责人指导本区域活动的开展。各区域负责人的工作职责是：负责区域活动计划的指定，负责器材的投放和整理，指导幼儿有序地进行区域锻炼，区域活动反思与调整。

【实例链接】

可爱的小乌龟（小班）

◇活动目标

1. 喜欢参加体育活动，积极探索乌龟的各种爬行动作，体验爬行的乐趣。
2. 能运用纸板的不同玩法结合身体的各部位进行自然爬行，动作协调灵活。
3. 在活动中有不怕困难，会收拾、整理体育器械等的良好行为品质。

◇活动准备

1. 经验准备：幼儿了解乌龟的生活习性，并会朗诵儿歌《小乌龟》。

2. 物质准备：小乌龟龟壳饰品及头饰，沙包制成的红、绿小食品若干，废旧纸板（贴有“从头忙到脚”的运动标记）若干，游戏路线图，背景音乐。

◇活动过程

一、热身活动

活动导入：教师扮乌龟妈妈，幼儿扮乌龟宝宝。教师带领幼儿边念儿歌边做乌龟动作进入场地。

师：今天天气真晴朗，宝宝们，让我们一起来运动吧！

音乐起，幼儿随教师做热身运动：头、肩、腰、腿、膝、脚。

二、探索各种不同方式的动作"爬"

1.引导幼儿主动探索各种各样的动作"爬"

师：宝宝们，这里有这么大块的平地，让我们来锻炼一下爬的本领吧！

教师提出爬行的要求：看看谁和别人爬得不一样，试一试什么动作是爬得又快又省力的。

师：宝宝们，刚才你们都用了哪些动作进行爬的运动的？你们想一想怎样爬行是又快又省力的呢？我们一起来试一试吧。

2.创设情境，探索利用废旧纸板来进行各种玩法的爬行游戏。

教师出示沼泽、大海、悬崖的图片，引导幼儿利用纸板搭建通道、海底隧道和小桥进行爬行游戏。

(1)拼搭安全通道——练习转弯爬行

师：宝宝们，这里是一块沼泽地，妈妈今天只带了一样工具——纸板。我们利用它想想怎样来通过沼泽地吧！

(2)拼搭海底隧道——练习障碍爬行

师：宝宝们，前面是大海，可是我们没有船，我们怎样才能穿过去呢？

(3)拼搭小桥——练习在窄窄的独木桥上爬行

师：天快黑了，我们该回家了，可是前面有个悬崖，我们过不去，我们该怎么办呢？

三、游戏：乌龟背食

1.幼儿同教师共同布置游戏场地。

师：你们看，山那边有好多的食物，我们一会儿去把它运回来吧。

师：我们来看看，到达山那边要经过哪些地方呢？

教师出示线路图引导幼儿观察。

师：我们要走过沼泽、穿过大海、跨过悬崖才能到达有食物的地方。

2. 引导幼儿讨论游戏的规则。

(1)要排队上桥。

(2)在路上遇到危险不要害怕。

(3)运粮食时要互相帮助,把所有的食物都运回来。

3. 运“食物”。

幼儿在教师的鼓励下首先灵活地爬过“安全通道”,爬过“海底隧道”,再爬过“小桥”运走“食物”。教师参与游戏过程,鼓励幼儿在游戏时要勇敢,不怕困难。过程中,师幼共同评价游戏情况。

四、放松运动,结束活动

“小乌龟”跟着“妈妈”随音乐做放松活动。教师应鼓励幼儿先自己拍拍手臂、膝盖,再互相拍拍手臂、膝盖,最后睡在地上蹬蹬腿,自由放松。

(资料来源:重庆西南医院幼儿园 甘立锐)

送西瓜(中班)

◇活动目标

1. 乐于与同伴合作游戏,体验集体游戏的乐趣。
2. 尝试用不同的方法两两夹球侧身走。
3. 在活动中不怕困难,能主动想办法完成。

◇活动准备

1. 运动材料:皮球、大小不一的气球。
2. 场地布置:布置成瓜园。
3. 律动音乐。

◇活动过程

一、播放律动音乐,进行热身活动

1. 幼儿自由进行开汽车活动,跟随音乐活动身体。
2. 两两尝试合作开汽车的活动。

(在开汽车的热身活动中会出现一些情况,如有的幼儿在开车的时候不注意其他幼儿的车辆,发生了碰撞;两个人合作开车时意见不统一等。)

3. 讨论：怎样开汽车才不会撞到一起呢？

二、自由探索，寻找方法

1. 自由探索，第一次尝试运西瓜（皮球）

师：这里有好多西瓜，大家两两一组，帮忙运到对面去，好吗？但是，运西瓜的时候不能使用双手哟！

幼儿自由探索玩法，教师观察指导。

师：你们刚才是怎么运西瓜的？用了哪些方法？

（幼儿想的办法很多，有背靠背的、胸对胸的、肚子对着肚子的。交流后发现，胸对胸的方法最好，西瓜不会掉，走路走得稳。）

2. 第二次尝试运西瓜。

教师重点讲解胸脯夹球侧身走，个别幼儿示范并集体练习。

（练习中，有的幼儿不自觉地伸手帮忙运西瓜。）

师：我们运西瓜的过程中，两只手放在哪里最合适？手不碰到西瓜，而且走得稳，运得快？

3. 第三次尝试运小西瓜（气球）

师：气球和皮球相比，有什么不同？

（气球比皮球软一些）

师：我们要怎么运才不会弄破气球？

教师引导幼儿尝试运气球。

教师介绍游戏规则：幼儿分成两队，每队每次两个人一组，面对面用胸腹部夹住气球，从起点出发侧身走到终点，注意不能使气球爆裂，也不能让气球掉在地上，最先运完西瓜的一队为胜。

三、放松活动，互相评价

1. 幼儿自评和互评。

师：今天我们运西瓜，你们觉得哪些同学运得快、运得稳，没有掉落？他们是怎么合作的？

师：在运西瓜的过程中，你遇到了哪些困难？你想了哪些办法战胜困难？

2. 伴随音乐放松身体。

3. 幼儿和老师一起收拾器械，整理场地。

（资料来源：杨金凤．运动中成长[M]．上海：上海教育出版社，2011．有改动）

好玩的大脚板(大班)

◇活动目标

1. 乐意参与户外跳的游戏活动,并努力克服困难,挑战自己。

2. 能较灵活、协调地单双脚跳、转身跳。

3. 能与同伴商量,合作游戏,选择适合自己的路线,体验成功的乐趣。

◇活动准备

1. 材料准备:单脚、双脚的地垫、音乐《小白船》、地图。

2. 经验准备:幼儿能辨别左右脚。

◇活动过程

一、引入活动,热身锻炼

师:小朋友们,这是谁呀?(出示脚板印)今天我们要和大脚板导游去旅行!

师:现在让我们跟着大脚板导游一起来做热身运动吧!

教师示范,幼儿先进行振臂、弯腰等动作,再练习单脚跳、并脚跳、单脚连续向前跳、转身跳等动作。

二、布置场地,练习动作

师:大脚板导游告诉我们,首先要经过一片沼泽地。沼泽地很软,人踩在上面会陷下去,有生命危险。不过大脚板导游为我们准备了一些有脚印的地垫,只要我们按照脚印走,就能安全地走过沼泽地。

师:现在大脚板导游让小朋友们按照"左脚,双脚、右脚、左脚、双脚、右脚"的路线进行练习。

幼儿跟随老师的示范,进行练习。

师:大脚板导游觉得这样的路线对小朋友们来说太简单了,他要增加一点难度了,请小朋友认真听,他要大家按照"左脚、右脚、双脚、左脚、右脚、双脚"的路线来练习。

幼儿跟随老师的示范,再次进行练习。

师:大脚板导游给了我们两张地图,要求小朋友们按地图来布置路线。

教师出示地图。1号地图设计了"左脚、左脚、双脚、右脚、右脚、双脚、左脚、左脚"的路线,2号地图设计了"左脚、横着站立的脚、双脚、右脚、横着站立的脚、双脚、左脚、横着站立的脚、双脚”的路线。教师请喜欢1号地图的小朋友组成一个小组，请喜欢2号地图的小朋友组成一组，并按照地图布置好场地。

布置好场地后，教师引导幼儿进行练习。各组练习完一次以后交换场地，让幼儿练习另一张地图的路线。

三、小组比赛，勇敢挑战

师：刚才，小朋友们都练习得非常好。大脚板导游还想考考小朋友们的创造力，除了我们练习了的路线外，还能不能摆出与这几种路线都不一样的路线来？

幼儿自由布置路线。教师引导幼儿摆相反脚、倒着走的脚等路线。

师：请小朋友们自由组合分成两组，然后去摆一摆、跳一跳吧！

幼儿自由摆放地垫，跳自己布置的路线，再与其他小朋友的路线交换着玩儿。

师：大脚板导游说大家已经练习好本领了，现在要挑战通过这片沼泽地，再爬上前面的两座山。我们比一比，看哪组小朋友最先到达山坡吧！

比赛开始后，教师提醒小朋友在过沼泽地和爬山的时候，一定要注意安全。

四、放松运动，相互评价

1. 评价。

幼儿自评和互评。

师：你觉得在这次活动中，你克服了哪些困难，是怎样做的？哪些小朋友表现得最好，为什么？

2. 随音乐《小白船》做放松运动。

3. 收拾整理场地。

（资料来源：西南医院幼儿园 肖学如）

主要参考文献

教材类

1. 顾荣芳.学前儿童健康教育论(第三版)[M].南京:江苏教育出版社,2009.

2. 王潇.幼儿园健康教育与活动指导[M].上海:华东师范大学出版社,2015.

3. 叶平枝等.幼儿园健康领域教育精要——关键经验与活动指导[M].北京:教育科学出版社,2015.

4. 张首文,文岩.学前儿童健康教育[M].北京:清华大学出版社,2015.

5. 孙丽影.学前儿童健康教育活动设计与指导[M].北京:机械工业出版社,2017.

6. 单敏月.学前儿童健康教育与活动指导[M].上海:华东师范大学出版社,2017.

7. 王坚.学前儿童心理健康教育[M]. 北京:北京师范大学出版社,2015.

8. 陈雅芳.学前儿童健康教育与活动指导[M].北京:教育科学出版社,2012.

9. 李季湄,冯晓霞.3—6岁儿童学习与发展指南解读[M].北京:人民教育出版社,2013.

10. 教育部教师工作司.幼儿园教师专业标准(试行)解读 [M].北京:北京师范大学出版社,2013.

11. 尹坚勤,管旅华.幼儿园教师专业标准(试行)案例式解读[M].上海:华东师范大学出版社,2013.

12. 卢乐山,林崇德.中国学前教育百科全书(学科教育卷)[M].沈阳:沈阳出版社,1995.

13. 管旅华.《3-6岁儿童学习与发展指南》案例式解读[M].上海:华东师范大学出版社,2013.

14. 范慧静.幼儿园优秀健康教案活动设计80例[M].北京:中国轻工业出版社,2017

15. 郑淑敏.幼儿园健康教育课程案例集[M].北京:学苑出版社,2016.

16. 宋文霞,王翠霞.幼儿园一日生活环节的组织策略[M].北京:中国轻工业出版社,2012.

17. 吴超伦.幼儿园一日活动的探索与实践:保教结合操作手册[M].上海:上海科学技术出版社,2013.

18. 马虹.幼儿园保教管理工作指南[M].上海:华东师范大学出版社,2014.

19. 薛亮,陆杨.学前儿童营养与卫生[M].南京:东南大学出版社,2015.

20. 杨国军.中国0~6岁儿童膳食指南[M].北京:中国妇女出版社,2017.

21. 苏晖.幼儿园安全管理实用手册[M].北京:中国农业出版社,2016.

22. 幼儿快乐与发展课程编写组．幼儿园快乐与发展课程教师指导用书（大班）[M]. 北京：北京师范大学出版社，2004.

23. 陶金玲，许映建．幼儿园班级安全管理[M]. 北京：中国轻工业出版社，2014.

24. [德]敏特尔，[德]威默斯，刘敏．不要随便亲我[M]. 青岛：青岛出版社，2011.

25. 杰妮．桑德斯．儿童身体安全教育[M]. 辽宁：辽宁人民出版社，2016.

26. 徐德荣．幼儿心理健康教育互动40课[M]．上海：上海科学技术文献出版社，2008.

27. 胡萍．善解童贞[M]. 南京：江苏凤凰科学技术出版社，2017.

28. 黄世勋．儿童运动游戏创编与教学[M]. 北京：光明日报出版社，1989.

29. 黄世勋．幼儿园体育创新–基础理论和方法[M]. 北京：教育科学出版社，2003.

30. 何成文．幼儿体育活动的创新与实践[M]. 北京：北京师范大学出版社，2010.

31. 许卓娅．学前儿童体育[M]. 南京：南京师范大学出版社，2003.

32. 刘馨．学前儿童体育[M]. 北京：北京师范大学出版社，1997.

33. 谭星．幼儿园体育[M]. 北京：北京师范大学出版社，2001.

34. 朱清，侯金萍．幼儿园优秀体育活动设计99例[M]. 北京：中国轻工业出版社，2015.

35. 苟增强，刘建伟，罗萍，邢莉莉．幼儿园健康教育与活动指导[M]. 北京：北京师范大学出版社，2017.

36. 张首文，白秋红．幼儿园体育活动设计与指导[M]. 北京：人民邮电出版社，2017.

37. 范慧静．幼儿园区域体育游戏[M]. 北京：地质出版社，2004.

论文类

1. 李莉．幼儿园早操活动开展的现状及其改进策略[J]. 学前教育研究，2010，(8)：67—69.

2. 陆克俭．幼儿园早操的改革思考与实践创新[J]. 早期教育（教师版），2011，(8)：7—9.

3. 杜玉珍．浅谈幼儿园自编早操的编排策略[J]. 教育导刊·幼儿教育，2009，(8)：21—23.

4. 王英光．谈谈幼儿早操的创编[J]. 学前教育研究，2002，(6)：65.

5. 陈群峰．新理念下幼儿早操活动的探索与实践[J]. 内蒙古师范大学学报（教育科学版），2005，18(8)：43—45.

6. 艾洋志．幼儿园户外操活动研究[D]. 华中师范大学，2011.

7. 易静．幼儿园早操音乐适配研究[D]. 湖南师范大学，2014.

8. 黄保法，陈丽影．对早操活动结构的探讨[J]. 早期教育，2000，（13）：32—33.

9. 范慧静．构建科学的区本体育课程，促进幼儿体能全面发展（下）[J]. 早期教育，2016.（5）：56—57.

10. 黄保法．我看区域体育活动[J]. 幼儿教育，2003，（13）：11.

11. 冷小刚．区域体育活动存在的问题与对策[J]. 早期教育，2006，(12)：8—9.

12. 李红．幼儿园户外区角运动环境设计与运用[D]. 武汉：长江大学，2015.

参考答案

第一章

【答案解析】A。遗传素质是人身心发展的物质前提,也是儿童身心发展差异形成的自然物质基础。

【答案解析】C。对健康儿童定期或不定期地进行体格检查,称为健康检查。通过系统的检查,可以了解儿童生长发育和健康状况,尽早发现疾病或身体缺陷,以便及早采取矫治措施。健康检查是集体儿童机构保健工作中的一项重要内容。

【答案解析】赵老师的行为践行了教师职业道德规范,值得每一位教师学习。

首先,赵老师的做法践行了终身学习的职业道德规范。终身学习的职业道德要求教师要不断进取,要求教师要崇尚科学精神,树立终身学习理念,拓宽知识视野,更新知识结构,潜心钻研业务,勇于探索创新,不断提高专业素养和教育教学水平。材料中,赵老师不断参与教育教学研究,学习优秀教师的教育经验,提升自己的保育水平,取得了良好的教学效果,促进幼儿不断发展。

其次,赵老师的做法践行了关爱学生这一教师职业道德规范。关爱学生是教师的天职,热爱学生为教师的教学提供了感情基础,为培养学生的良好品德创造了契机。材料中,赵老师对行为不良或是问题家庭的学生始终不离不弃,给予爱与关注,帮助他们更加健康和阳光地成长。

因此,作为教师,要遵守教师职业道德规范,用心呵护每一位幼儿,不断钻研保育能力工作,促进幼儿不断发展。

第二章

【答案解析】D。幼儿健康教育的内容包括幼儿身体健康和幼儿心理健康教育。幼儿 身体健康教育包括体育锻炼、生活习惯、饮食与营养、安全自护;幼儿的心理健康教育包括学习表达和调节自己情绪的方法、锻炼独立生活和学习的能力。

【答案解析】B。幼儿园环境分为物质环境和精神环境。

【答案解析】A。学前儿童健康教育一方面要重视学前儿童在成人的指导下学习和掌握基本的保健与安全知识,另一方面又强调通过培养幼儿对体育活动的兴趣、提升动作的协调性和灵活性等加强体育锻炼、提升身体素质,这体现了保护与锻炼并重的原则。

【答案解析】C。其他领域的学习也可以帮助促进学前儿童身心健康发展,实现健康教育的某些目标。

第三章

【答案解析】A。选项B存在干扰教学活动的情况，且喝水不是所有幼儿的需要。选项C中，教师未尊重、接纳幼儿的感受和需要。选项D让幼儿坚持到下课的行为同样存在不尊重幼儿的情况。

【答案解析】C。教师组织管理幼儿睡眠时，在睡前应提醒幼儿先大小便，而不是为了避免遗尿而随时唤醒幼儿，影响幼儿睡眠质量。

【答案解析】B。《3-6岁儿童学习与发展指南》中指出，保证幼儿每天睡11-12小时，其中午睡一般应达到2小时左右。午睡时间可根据幼儿的年龄、季节的变化和个体差异适当增减。

【答案解析】正确组织幼儿进餐应做好以下工作：

(1)进餐准备：

教师带领值日生布置好餐桌，准备好餐具，为幼儿创设一个干净、安静的进餐环境。

(2)进餐过程：

a. 观察幼儿的食量，及时添饭，注意培养幼儿文明进餐的习惯。

b. 教师要教给幼儿正确的坐姿和使用餐具的方法。

c. 教育幼儿不挑食、不偏食。

d. 提醒幼儿细嚼慢咽，不洒饭菜、不弄脏衣服，不东张西望，不大声说话。

e. 为保证幼儿吃饭时的良好情绪，教师在幼儿进餐前后不要处理问题或批评幼儿。

f. 照顾幼儿吃好一顿饭的标志是：吃饭过程中，幼儿情绪好，食欲好，食量够，饮食习惯好，食物卫生。

(3)进餐结束：

a. 幼儿吃完最后一口饭才能离开座位，并把餐具、椅子整齐地放在指定的地方。

b. 养成饭后擦嘴、漱口的习惯。

c. 幼儿进餐期间，工作人员不应打扫活动室，以免污染吃饭的环境。

第四章

【答案解析】A。由于学前儿童比较喜欢吃糖果等甜食，加之乳牙牙釉质较薄，故导致学前儿童容易患龋齿。龋齿是学前儿童最常见的牙病，儿童会因为牙痛而影响食欲、咀嚼，进而影响消化、吸收和生长发育。有时还会引起牙髓炎、齿槽脓肿等并发症。龋齿是乳牙过早丢失的主要原因。乳牙早失，还会影响恒牙的萌出，导致恒牙萌出异常。

第五章

【答案解析】B。随着学前儿童生活自理能力的逐渐加强，学前儿童的主动性和好奇心也逐渐加强，因此行为表现向独立性和自动性方面发展，容易导致偏食和挑食。

【答案解析】B。食物中所含的养料物质就是营养素。食物中所含有的能维持人体健康、提供身体生长发育以及进行活动所需要的各种营养成分称为营养素。营养素通常分为七类，即碳水化合物(糖类)、脂肪、蛋白质、维生素、膳食纤维、无机盐(矿物质)和水。